SANS CROIX, POINT DE COURONNE

No Cross, No Crown.

A DISCOURSE

Shewing the

Nature and *Discipline*

Of the HOLY

Cross of Christ,

And That

The *Denyal* of *SELF*, and daily Bearing of Christ's Cross, is the alone Way to the *Rest* and *Kingdom* of *God*.

To which are added,

The *Living* and *Dying Testimonies* of divers Persons of Fame and Learning, in favour of this *Treatise*.

By *William Penn*.

And Jesus *said unto his Disciples; If any Man will come after me, let him Deny himself, and take up his daily* CROSS, *and follow me,* Luke 19. 23,

I have fought a Good Fight, I have finished my Course, I have kept the Faith Henceforth there is laid up for me a CROWN *of Righteousness, which the* Lord *the Righteous Judge shall give me at that Day; and not to me only, but unto all them also, that love his Appearing,* 1 Tim. 4. 7, 8.

The *Second Edition*, Corrected and much Enlarged.

London, Printed for *Mark Swaner* And Sold by *A. Sowl*, in *Devonshire*-Buildings; *B. Clark*, in *George-Yard*; and *J. Bringhurst*, at the *Book* in *Grace-Church-Street*, 1682.

Collection « Nouveau Monde »
dirigée par J. Henriette Louis

SANS CROIX, POINT DE COURONNE

Discours

Sur la Nature et la Discipline
de la Sainte
Croix du Christ,
Destiné à montrer que
Renoncer à soi-même et
Porter chaque jour la Croix du Christ, est la seule Voie
pour parvenir au Repos et au Royaume de Dieu.

par William PENN

Première partie

Traduite et annotée par Danièle FRISON-PRUDHOMME,
Professeur à l'Université de Paris X (Nanterre)
avec la collaboration de Jacques TUAL,
Maître de Conférences
à l'Université de La Réunion.

Avant-propos de : J. Henriette LOUIS

Introduction de : Jacques TUAL

Ouvrage réalisé avec le concours du
Centre National des Lettres.

DERVY-LIVRES
26, rue Vauquelin
PARIS V[e]
1988

ISBN : 2-85076-282-2
ISSN : 0765-0663

AVANT-PROPOS

En 1688, il y a tout juste trois cents ans, paraissait dans la revue La Bibliothèque universelle *une recension de la traduction en flamand de* No Cross, No Crown, *de William Penn, qui venait d'être publiée à Amsterdam. L'ouvrage était présenté au lecteur francophone par Jean Leclerc sous le titre français* Nulle couronne sans croix, *et ce titre traduit a pu faire croire qu'il s'agissait d'une première traduction de ce pamphlet en langue française* [1]. *Il n'en est rien.* No Cross, No Crown *n'a été publié pour la première fois en français qu'en 1746 dans une traduction de Claude Gay, sous le titre* Point de croix, point de couronne.

Claude Gay était un Français d'origine catholique qui devint membre de la Société religieuse des Amis (Quakers) en Angleterre en 1741 lors d'un de ses voyages outre-Manche. Il s'installa définitivement en Angleterre en 1745, et c'est alors qu'il apprit l'Anglais. Il traduisit une dizaine de livres et de tracts quakers en français [2].

---

1. Cf. Édith Philipps dans *The Good Quaker in French Legend,* Philadelphie, 1932, p. 24, et Peter van den Dungen, notice bibliographique de l'*Essai d'un Projet pour rendre la Paix de l'Europe solide et durable,* William Session, 1986, p. XIV. Je remercie Peter van den Dungen de m'avoir aidée par ses conseils dans mes recherches pour éclaircir ce point. Une vérification effectuée à la Bibliothèque Nationale a été déterminante pour cet éclaircissement.

2. Cf. Henry van Etten, *Chronique de la vie quaker française,* Société religieuse des Amis (Quakers), 1947.

Le second traducteur de No Cross, No Crown, *Edmond Philippe Bridel, était un Quaker d'origine française, professeur au Lycée français de Londres où il était le collègue et l'ami du futur chef des Girondins, Jacques-Pierre Brissot. Il traduisit successivement* No Cross, No Crown *(en conservant le titre* Point de croix, point de couronne*), traduction qui fut publiée en 1793, et l'*Apologie *de Robert Barclay, qui fut publiée en 1797.*

On peut s'étonner que ce pamphlet de William Penn, qui rejoint à certains égards l'œuvre littéraire de Saint François de Sales, mais s'adresse uniquement à des laïcs, n'ait pas été traduit en français avant 1746. Ainsi que Jean Tourniac l'indique dans sa préface à La vie de Madame Guyon écrite par elle-même [3], *il existait des affinités entre mystiques français et Quakers anglais au XVIIe siècle, et d'autre part les liens entre William Penn et la France sont nombreux mais bien mal connus en France. Un séjour du jeune étudiant à Saumur en 1661 et 1662 auprès du Maître Moyse Amyraut fut peut-être à l'origine de la conception de la Sainte Expérience de Pennsylvanie* [4]. *Une politique de coexistence pacifique avec l'Amérique française de la part de la Pennsylvanie, politique fondée sur des convictions philosophiques et religieuses, valut à William Penn une réputation de dissident et d'enfant terrible à la Cour d'Angleterre. Une lettre écrite à John Churchill, Duc de Marlborough, en 1709, est un véritable plaidoyer contre les guerres franco-britanniques, en faveur d'une coexistence pacifique en Amérique du Nord* [5].

On peut, de même, s'étonner que les deux traductions françaises de No Cross, No Crown *aient sombré dans l'oubli dans les pays francophones. A l'époque où la royauté temporelle venait d'être contestée en Angleterre par la décapitation de Charles Ier, William Penn indiquait les fondements de la Royauté spirituelle : est* Roi *celui qui règne sur sa propre violence, et qui crucifie son Moi. Le message de* No Cross, No Crown *est peut-être encore plus pertinent à présent qu'au XVIIe siècle. Quand on sait que le mot « penn »*

---

3. *La vie de Madame Guyon écrite par elle-même,* Édition présentée par Benjamin Sahler, Introduction de Jean Tourniac, Dervy-Livres, 1984.

4. Pierre Gourdin, « William Penn, un étudiant saumurois ignoré » *Bulletin de la Société des Lettres, Sciences et Arts du saumurois,* n° 127, février 1978, 69e année.

5. Cf. William Comfort, *William Penn and Our Liberties,* Philadelphia Yearly Meeting, 1976.

signifie « tête » en gallois [6]*, il n'est peut-être pas insignifiant de sortir William Penn de l'oubli en France, entre la célébration du millénaire du sacre de Hugues Capet et celle du bicentenaire de la Révolution qui allait conduire à la décapitation de Louis Capet. Pierre Brodin nous présente William Penn au dernier chapitre de son livre* Les Quakers en Amérique du Nord au XVIIe siècle et au début du XVIIIe, *premier ouvrage de cette Collection, et Jacques Tual retrace ici pour nous les grandes lignes de cette vie si remplie.*

William Penn et la Sainte Expérience de Pennsylvanie ont, en fait, fasciné les révolutionnaires français, si pressés d'abolir la royauté temporelle en France. Mais que de malentendus au sujet de la Pennsylvanie, confusions dont les Français ne sont pas encore sortis actuellement ! Quelques-unes de ces confusions sont évoquées par Jean Tourniac dans son article « René Guénon, les Quakers, Benjamin Franklin et la Couronne de France » [7]*. Grâce au travail courageux de Danièle Frison-Prudhomme, nous disposons désormais d'une troisième traduction de* No Cross, No Crown, *sous le titre* Sans Croix, Point de Couronne. *Souhaitons que les lecteurs francophones discernent dans cette œuvre le message prophétique qui transcende les conflits entre royalistes et républicains en suggérant de créer une République de Rois.*

Étampes, le 3 juillet 1987

J. Henriette LOUIS

---

6. Cf. Pierre Brodin, *Les Quakers en Amérique du Nord au XVIIe siècle et au début du XVIIIe*, Dervy-Livres, p. 311.

7. *Vers la Tradition,* n° 21 à 26, mars à août 1986, pp. 39 à 44.

INTRODUCTION

I

Au lecteur francophone qui s'interrogerait sur ce qui vaut à un des plus célèbres ouvrages de William Penn d'être traduit et réédité plus de trois cents ans après sa parution en Angleterre, nous répondrions que la vie remarquable de ce grand Quaker ainsi que la qualité philosophique de son œuvre sont des raisons suffisantes pour qu'un public moderne redécouvre *Sans Croix, Point de Couronne.* Dans cet ouvrage, comme dans les autres écrits de William Penn, le lecteur attentif décèlera rapidement nombre de maximes et de réflexions qui gardent encore, pensons-nous, une valeur d'exemple pour le temps présent. C'est que Penn, aristocrate et fils d'amiral, manifeste dans ses écrits l'énergie et l'imagination qui lui ont fait abandonner sinécures et privilèges pour atteindre l'idéal qu'il s'est fixé dès sa jeunesse : traduire en actes la révolution intérieure qu'a représentée la découverte spirituelle du Christ intérieur (« Inner Christ »).

Pas une ligne, pas un acte de la vie du dirigeant quaker qui ne tende vers le même but : proclamer et démontrer la prééminence d'une vie spirituelle éclairée par la « Lumière Intérieure » (« Inner Light ») et guidée par la « Voix Intérieure » (« Inner Voice »), sur le culte et le conformisme religieux des Églises officielles de l'époque. Pour William Penn, il s'agit dans un premier temps d'exprimer en paroles le fruit d'une expérience individuelle où Dieu, immanent à l'homme, conduit ce dernier vers sa régénérescence spirituelle, puis, dans un deuxième temps, de traduire ces paroles en actes : faire en sorte que la « Lumière Intérieure » illumine les moindres gestes du quotidien.

C'est là le but que s'est assigné dans *Sans Croix, Point de Couronne* un jeune étudiant et gentilhomme de vingt-quatre ans, emprisonné à la Tour de Londres pour avoir brocardé l'Église d'Angleterre et ses pasteurs. Il s'agit en effet d'une œuvre polémique où le combat spirituel rejoint le combat contre les puissances du siècle (« powers of the world »), ou puissances des ténèbres, selon la terminologie chère aux sectes millénaristes de l'Angleterre du XVIIe siècle. Un combat mené par ces saints de Dieu (« God's Saints ») ou plutôt ces « fous de Dieu » que sont les Quakers, à la tête desquels s'est placé William Penn. Ces Quakers ou Trembleurs, secte issue des bouleversements religieux de la Guerre Civile anglaise, furent dénommés ainsi par leurs contemporains, car ils enjoignaient à tous et à toutes de trembler à l'évocation du nom du Seigneur : *« we bid them tremble at the Lord's name »* dira George Fox. Délaissant ce sobriquet qui leur fut attribué par « les gens du siècle » (« those of the world »), ils se dénommaient entre eux tout simplement les « Amis » (« Friends »).

C'est dans cette perspective historique qu'il faut replacer l'œuvre de Penn, encore empreinte de la fougue et des vitupérations propres aux prophètes de l'Interrègne Cromwellien bien que notre auteur fasse en réalité partie de la deuxième génération quaker, celle des Robert Barclay (1648-1690), George Keith (1638-1716), dont le milieu social et l'éducation sont supérieurs à ceux des premiers prophètes paysans. Ceux-ci étaient en effet des fermiers, ou des petits propriétaires terriens, descendus de leurs brumes septentrionales du Westmorland et du Cumberland évangéliser, sous la conduite de George Fox, les grandes villes marchandes (Londres et Bristol) du Sud de l'Angleterre. C'est donc un contexte historique et social exceptionnel qui préside à la naissance du Quakerisme, tout aussi remarquable du reste que la personnalité de ses dirigeants.

A cet égard, la vie de William Penn constitue un

exemple frappant des bouleversements auxquels une âme à la recherche de Dieu se trouve sujette.

Né en 1644, il est le fils d'un homme qui sut toujours tirer parti des fluctuations politiques du siècle. Son père, en effet, Amiral de la république cromwellienne, se convertit à la cause Stuart à la Restauration de 1660, ce qui lui vaut d'être anobli par Charles II. Bien en cour, l'Amiral devient favori du frère du roi, le duc d'York, futur Jacques II. Faveur riche de conséquences pour le fils Penn et, indirectement, pour le mouvement quaker, car William a succédé dans les années 1670 à son père dans la faveur du duc d'York. Cette ascension sociale cache toutefois un paradoxe car elle n'a point empêché le jeune Penn d'entrer en rébellion ouverte contre sa famille, son milieu, voire la société anglaise, en raison de son adhésion à une des sectes les plus haïes et les plus persécutées de son temps. En outre, fortunes et privilèges octroyés par le pouvoir n'ont jamais été pour le jeune Penn qu'un moyen de promouvoir la cause du Quakerisme, non un but. Le cheminement du jeune prophète, ses hésitations, son courage, la grandeur d'âme dont témoigne sa vie, prouvent son attachement unique à la conquête de richesses célestes et non terrestres.

La rencontre d'un des jeunes hommes les plus doués de sa génération avec un mouvement religieux qui, bien que honni, a converti à son message, vers 1670, le chiffre considérable de 40 000 personnes environ (soit 1 % de la population anglaise de l'époque), était pour ainsi dire inéluctable.

Il était en effet normal qu'un mouvement qui contestait l'ordre établi, tant par sa théologie que par sa doctrine éthique, attirât à lui, puisque nous sommes en Angleterre, les esprits les plus dynamiques et les plus originaux de son époque. Ce mouvement, dix ans après la Restauration Stuart, est à son apogée et il achève dès 1666 de forger sa légende en se dotant, malgré les persécutions dont il est victime, d'une organisation interne solide en matière de culte et de gestion de son Église. Mais aussi cruciaux qu'aient été ces événements pour l'avenir du Quakerisme, le jeune Penn à cette date de 1666 n'y a point réellement part. Il n'est encore qu'un néophyte de 22 ans, transporté de joie, abasourdi et ravi par la découverte spirituelle qu'il vient de faire en se convertissant au message de la Lumière Intérieure.

La vie, ou plus exactement le chemin de croix entrepris par William Penn, est placée sous le signe de l'intelligence intellectuelle alliée à l'intelligence du cœur.

Cinq événements fondamentaux, perçus comme autant de « signes providentiels » ainsi que les qualifient les chiliastes du XVIIe siècle, vont infléchir le cours d'une vie que rien ne prédisposait à être consacrée à diverses formes de contestation de l'ordre établi.

La première étape majeure de la vie de Penn est sa prise de conscience en 1660 de l'immanence de Dieu à l'homme à travers la révélation de l'existence en lui d'une Lumière Intérieure ; expérience confirmée six ans plus tard par sa conversion définitive au Quakerisme en 1666 et son adhésion sans réserve au mouvement. Le deuxième événement majeur, conséquence et prolongement du premier, est l'incarcération de Penn à la Tour de Londres en 1668. Emprisonnement générateur de richesses spirituelles et d'écrits d'inspiration littéraire dont le *Sans Croix, Point de Couronne*. Le troisième événement important de la vie de William Penn survient deux ans plus tard en 1670 et connaît un grand retentissement dans le monde judiciaire britannique : le procès Penn-Mead, où se voit affirmée l'indépendance des jurés par rapport au pouvoir judiciaire. Le quatrième événement est le voyage en Hollande et en Allemagne (1677), riche d'enseignements spirituels, suivi de la dernière et importantissime étape d'une vie riche en péripéties : la fondation de la colonie pennsylvanienne en 1682.

C'est la rencontre de Penn avec la doctrine quaker, contestataire de l'Église et de l'ordre établi, qui marque la vie de William Penn d'un sceau indélébile. Sa conversion au Quakerisme n'est pourtant pas chose aisée et se déroule en plusieurs étapes. Le fils de l'Amiral Penn se révèle intellectuellement précoce puisque, à l'âge de quinze ans en 1659, il est inscrit à l'université d'Oxford pour y suivre des études classiques. Ayant rapidement assimilé les cultures grecque et latine ainsi que la patristique et la théologie de la Réforme anglicane qui constituaient alors le bagage indispensable de tout jeune homme promis à quelque avenir dans le siècle, William Penn ne semble point en avoir retiré les satisfactions spirituelles qu'il en attendait. Son jeune esprit — il a entre quinze et dix-sept ans lors de son séjour à Christchurch College — paraît être à la recherche de certitudes plus fondamentales ou plus radicales que celles qui lui sont proposées par les doctes théologiens d'Oxford.

Les universités d'Oxford et de Cambridge n'avaient pas été épargnées par les remous et les bouleversements suscités par la Guerre Civile puis par la Restauration. Mais si quelques collèges avaient été des bastions de la contestation puritaine, la plupart étaient demeurés des garants de l'orthodoxie anglicane. Bref, le confort et la quiétude doctrinale jusque-là bien établis avaient été quelque peu ébranlés par les bouleversements politiques de l'époque. Oxford et Cambridge étaient devenues la cible de divers prophètes, prophétesses et autres « messies » appartenant au large spectre du sectarisme puritain issu de l'Interrègne. Ceux-ci se sentaient investis d'une mission divine en allant évangéliser les universités qu'ils appelaient les *« pépinières formatrices du clergé mercenaire » (« hotbeds of an hireling ministry »)*. Hommes et femmes — au grand scandale d'un monde universitaire exclusivement masculin — appartenant aux sectes Ranters, Baptistes, Hommes de la Cinquième Monarchie, aux Quakers enfin, vinrent donc interpeller étudiants et professeurs retranchés dans ces refuges *« de la grande prostituée de Babylone »*, s'efforçant de ramener le monde académique à la pureté évangélique de l'Église primitive. Leurs objurgations ne furent pas totalement vaines puisque des étudiants, voire quelques professeurs, prêtèrent l'oreille à des discours qui contestaient l'ordonnancement du culte, la réalité des sacrements, la hiérarchie ecclésiastique, la théologie réformée et, par-dessus tout, l'alliance de l'Église avec l'État. Plus grave encore, fut mise en doute la légitimité du pouvoir ecclésiastique et politique s'exerçant à l'encontre de ceux qui se percevaient comme la vraie Église des saints de Dieu, êtres régénérés, totalement étrangers à la décadence moderne dans laquelle étaient tombées toutes les Églises officielles.

Tout, ou une partie de ce message, se trouve prêché à Oxford en 1660 par un natif de cette ville : le « héraut de la vérité » (« Publisher of Truth »), Thomas Loe, prophète quaker, que Penn a déjà eu l'occasion d'entendre prêcher en Irlande trois ans auparavant, en 1657. Loe s'écarte d'autant plus du dogme officiel qu'il affirme être à l'écoute d'un « Christ Intérieur » ou « Guide Intérieur », seul habilité à gouverner sa vie. Parmi son auditoire, le jeune Penn est instantanément saisi par la force de ce message, séduit aussi par la contestation radicale de l'ordre établi qu'implique la doctrine de la « Lumière Intérieure ». Enhardis par l'audace que leur confère cette conviction de la présence constante de Dieu en leur for intérieur, seule source de joie et d'autorité, Penn ainsi que d'autres étudiants de Christchurch College manifestent ouvertement leur désaccord avec nombre de positions dogmatiques de l'Église d'Angleterre. Ils sont aussitôt condamnés à une forte amende par les autorités universitaires. Convaincus de mener le bon combat contre la « grande prostituée », Penn et ses amis persévèrent dans leurs critiques, jusqu'au jour où, en dépit des puissants appuis de son père et à la veille de la Restauration de 1660, William est renvoyé de l'université pour agitation anticléricale.

Rentré chez lui, le jeune prophète ne désarme point et, faute de remettre en cause l'autorité ecclésiastique, s'en prend désormais à l'autorité paternelle qui lui offre l'occasion rêvée de mettre en pratique l'enseignement éthique des Amis. Appliquant systématiquement la règle de « Sobriété de Vie » (« Plainness of Life »), signe extérieur distinctif des Quakers à l'égard de leur siècle, William conteste sous le toit paternel tout ce à quoi son père, mais aussi une grande partie de la société anglaise du XVIIe siècle semblent fort attachés. Ayant adopté le sévère costume des Trembleurs (chapeau à larges bords sans ornements, jamais tiré, jamais enlevé en signe de déférence ou de salutation, costume sombre, sobre, sans boutons, dentelles ou passementeries, absence de perruque, de fards, etc.), l'aspirant Quaker s'emploie à mettre en pratique l'égalitarisme triomphant de la secte. Il tutoie inférieurs et supérieurs, son père y compris, rejette les marques de civilité ou de politesse, l'octroi de titres, le luxe et toute forme d'art. Tout ce à quoi son rang social et son éducation le destinaient en somme. William essayera en vain de calmer les indignations et la fureur paternelles en invoquant avec les Amis l'impossibilité où il se trouve de satisfaire « les convoitises de la chair » (« carnal lusts »). Ce refus de participer aux « jouissances babyloniennes » du siècle n'est au demeurant qu'une démarche classique du sectarisme puritain que les Trembleurs ont poussé, peut-être plus que d'autres, jusqu'à des limites insupportables pour leurs contemporains.

La tristesse de l'Amiral Penn a vite fait place à la rage de voir son fils se détourner délibérément d'une carrière de courtisan, garante de sa fortune et de celle de leur famille. L'Amiral, ne l'oublions pas, avait à l'époque de la Restauration Stuart un passé républicain à se faire pardonner. Que son fils appartînt à l'une des sectes les plus combattues par le pouvoir royaliste pouvait passer aux yeux de celui-ci pour de l'ingratitude. Faute de renoncer au culte de la sobriété, William Penn fut mis en demeure de quitter le domicile paternel. La compassion familiale à l'égard du fils égaré fut cependant si forte que William, dont le militantisme semblait plus hésitant un an après sa découverte de l'immanentisme quaker, fut réhabilité en 1661 dans l'affection de ses parents. Profitant de ces bonnes dispositions, le jeune homme est envoyé en France l'année suivante, dans l'espoir que la vanité et la futilité proverbiales de cette nation permettraient au jeune « touriste », parti aspirant Trembleur, d'en revenir gentilhomme accompli.

La victoire des « convoitises charnelles » sur le fanatisme religieux du fils Penn sembla à ce moment être totale. Dans une courte autobiographie : *« The Author's Life »* (1718) placée en tête de ses *Œuvres Complètes* (1726), Penn reconnaît être rentré de France parlant couramment le français et ayant troqué la sobriété de vie quaker contre le maniérisme et l'affectation auxquels ce pays, maître des galanteries, initiait alors les jeunes seigneurs anglais. J'étais devenu un *« parfait petit marquis »* conclut Penn, réprobateur. Notre apprenti courtisan a cependant omis de mentionner quelques détails concernant son voyage en France, qui n'a point été entièrement consacré à la vanité du siècle. En effet, l'autobiographie de Penn ne souffle mot du séjour qu'il effectua à la célèbre Académie de Saumur où, sous la tutelle du grand Moyse Amyraut, il semble qu'il ait étudié la philosophie un, voire deux semestres durant. Amyraut s'était écarté de positions strictement calvinistes et avait, grâce à son esprit de tolérance, de quoi séduire ce jeune chercheur épris de spiritualité. Les idées dont ce dernier s'imprégna à Saumur relancèrent-elles le conflit intérieur qu'il avait connu en Angleterre ? Ce ne sont là que conjectures. Il est certain en tout cas que l'Amiral Penn n'a point considéré ce passage à Saumur comme une occasion pour son fils de retomber dans ses égarements passés. Le séjour en France de William est donc un épisode réconfortant pour son père qui ne se doute point toutefois combien le vernis français pèse légèrement sur l'âme de son fils.

Fort de ce succès, l'Amiral Penn envoie son fils en Irlande gérer des domaines que la famille y possédait. Imprudemment semble-t-il, car c'est à Cork en 1666, que s'infléchira une seconde fois le cours du destin de William Penn. En effet, il y rencontre à nouveau Thomas Loe, le prophète d'Oxford déjà rencontré en Irlande en 1657, et qui en 1660 avait éveillé le jeune étudiant d'Oxford à une recherche spirituelle. Cette fois, l'entrevue des deux hommes aboutit à la conversion définitive de William au message de la Lumière Intérieure : il a vingt-deux ans. Conversion qui est aussi un engagement total de l'être, âme et corps. William vit alors son expérience spirituelle en Irlande comme une véritable « seconde naissance » qui tue en lui le « vieil Adam » (« old Adam ») et le transforme en un être régénéré dont la vie passée ne coïncide plus avec l'expérience présente.

Cette date décisive de 1666 est donc celle d'un nouveau combat mené quotidiennement par un homme désormais résolu à aller jusqu'au bout de son engagement religieux, jusqu'au martyre s'il le faut. William Penn participe alors activement à de nombreuses assemblées quakers en Irlande, illégales depuis la promulgation des lois royalistes contre les Conventicules (1664 et 1670). Son activité en 1667 finit par mener le jeune prophète en prison, et devient incontinent un signe providentiel. Cette première incarcération irlandaise est vécue comme un véritable signe d'élection divine, comme le prodrome de souffrances corporelles permettant à l'âme de se réjouir en s'affranchissant des servitudes de la matière. La palme du martyre lui est cependant refusée. Penn est rapidement libéré grâce aux interventions paternelles et autorisé à regagner le domicile familial où l'attendent d'autres épreuves.

En effet, c'est parmi les siens que William Penn sera appelé à soulever une croix que son propre père le contraindra à porter. Acceptant de fermer les yeux sur les excentricités confessionnelles de son fils, l'Amiral insiste néanmoins pour que William accepte de se découvrir et de saluer au moins les trois personnes suivantes : le roi Charles II, son frère le duc d'York, enfin son propre père. Hélas, c'est une requête à laquelle William ne peut accéder sous peine de trahir tout l'engagement éthique du Quakerisme, car, objecte-t-il, tous les êtres étant égaux et frères, on ne saurait traiter les uns différemment des autres. William est chassé de chez lui une seconde fois. Toutefois, l'amour paternel, le courage d'un fils tenant tête à son milieu et à l'opprobre public finissent par avoir raison de l'hostilité d'un père assez fier en définitive d'un fils si résolu à poursuivre la voie qu'il s'est tracée.

Un apaisement se produit qui permet à William Penn dès 1667 d'entreprendre une vaticination itinérante à travers l'Angleterre et de rédiger et publier plusieurs pamphlets. L'année 1668 voit la parution de trois ouvrages : *Truth Exalted, The Guide Mistaken,* et *The Sandy Foundation Shaken.* Leur contenu est immédiatement jugé offensant pour l'Église d'Angleterre et conduit l'évêque de Londres à faire emprisonner William pour hérésie doctrinale. L'accusation est grave, le dernier hérétique du royaume a été brûlé vif cinquante ans à peine auparavant sous Jacques Ier. Notre Quaker se retrouve donc enfermé dans le sinistre donjon de la Tour de Londres, attendant que l'on statue sur son sort. C'est une occasion supplémentaire d'appliquer les préceptes de la secte qui demandaient aux prophètes emprisonnés de transformer leurs sinistres geôles en temples de la méditation et de l'élévation spirituelles ; et William, en proie à une inspiration déclenchée par les contraintes de l'univers carcéral, de développer ce thème de la liberté intérieure tout au long de trois traités rédigés de 1668 à 1669 : *No Cross, No Crown,* qui nous occupe présentement, suivi de *A Letter to the Lord Arlington* et de *Innocency with Her Open Face,* permettent au jeune homme de clamer sa foi, non sans quelque modération de sa véhémence habituelle.

Le dernier ouvrage en effet, réfute les attaques dont *The Sandy Foundation Shaken* avait été l'objet de la part de l'évêque de Londres et justifie les positions éthiques du Quakerisme. Enfin, la notoriété du prisonnier, l'éloquence raisonnée qu'il déployait pour se défendre, sa fermeté d'âme, aboutissent à son élargissement quelques semaines après la parution de ces trois ouvrages. Penn n'écrivait-il point à l'ami qui s'employait auprès de son père à le faire libérer : *« Dis à mon père... que ma prison sera mon tombeau avant que j'aie bougé en quoi que ce soit de mes positions, car ma conscience n'appartient à aucun être ici-bas ; je n'ai point de raison d'avoir peur, Dieu réparera le mal causé... ».*

Avant l'âge de trente ans, William Penn est ainsi arrivé au terme de deux étapes capitales de sa vie, sa conversion au Quakerisme et son incarcération à la Tour de Londres. Ce furent des épreuves providentielles, faites pour tester la constance du « héraut de la vérité » qu'il ambitionnait d'être. A partir de 1670, Penn entreprend un périple différent où il lui faudra non pas défendre uniquement ses convictions mais promouvoir des idéaux de Liberté, d'Égalité et de Fraternité dans un siècle qui les refusait encore. La défense des libertés individuelles de la personne humaine au sein de la société anglaise du XVIIe siècle, déplace en effet le combat de William Penn d'un plan purement théologique et doctrinal à un plan éthique et novateur. L'engagement de Penn en faveur des libertés juridiques du citoyen constitue le troisième événement capital de sa vie.

Le pouvoir judiciaire, coupable de tous les excès à l'époque, est une cible de choix pour des Quakers comme Penn qui entendent proclamer la totale indépendance des jurés par rapport aux juges. On le voit lors du célèbre procès de William Penn et de William Mead, accusés de s'être réunis illégalement avec leurs coreligionnaires, et traduits devant un tribunal de l'Old Bailey à Londres composé de magistrats et d'un jury. La cour, présidée par le Lord Maire de Londres, se montre particulièrement féroce envers les deux prévenus quakers et tente par tous les moyens de les faire condamner pour sédition, délit sévèrement puni. Exhortant ses collègues magistrats à se montrer impitoyables, le Lord Maire fulmine et tempête contre les accusés et menace de sévir contre les douze jurés s'ils osent rendre un verdict de non-culpabilité, pratiques surprenantes mais fréquentes de la justice anglaise au XVIIe siècle. Ô surprise, les douze jurés ralliés derrière leur porte-parole — un dénommé Bushell — et exhortés à défendre leurs droits imprescriptibles, refusent de se laisser intimider de la sorte. Privés de boisson, de nourriture, de chauffage, de tabac et même de pot de chambre (!) pour la durée de leurs délibérations sur ordre de la cour, ces « douze hommes en colère » reviennent trois fois de suite en vingt-quatre heures déclarer devant le tribunal Penn et son compagnon non-coupables.

Libérés, non sans avoir été condamnés, ainsi que les jurés, à une forte amende pour « outrage à la cour », les deux Quakers eurent à cœur tout au long des débats tragi-comiques de ce procès, de souligner que l'indépendance des jurés mais aussi de tout citoyen anglais, se trouvait garantie et définie par un des grands documents constitutionnels de l'Angleterre : la Grande Charte (« Magna Carta ») de 1215. Ce procès devenait aussi en filigrane celui qu'intentait la tyrannie d'un prétendu joug-normand (« Norman Yoke ») à un peuple anglo-saxon né libre et fier de le demeurer. Mais l'affaire Penn-Mead n'a point eu uniquement pour but de conforter un mythe britannique, elle a fait jurisprudence et a abouti à garantir l'exercice de libertés individuelles (prévenus et jurés) au sein du système judiciaire.

D'autres incarcérations, d'autres procès ont encore jalonné l'apostolat de Penn mais celui-ci, enfin réconcilié avec son père décédé en 1670, va consacrer son énergie à d'autres causes qu'à la propagation d'idéaux éthiques. La polémique doctrinale et théologique dans les années 1670 à 1676 ainsi que la rédaction de tracts occupent une grande partie du temps de William Penn désormais devenu, grâce à sa stature intellectuelle, un des principaux théologiens du mouvement quaker. Invoquant l'aspect rationnel et irénique du Quakerisme, Penn alimentera de vives controverses théologiques avec les adversaires de la secte. Ainsi il se confronte à certains des protagonistes les plus éminents du grand débat théologique de la deuxième moitié du XVIIe siècle, où s'opposent sectaires non-conformistes et représentants de l'orthodoxie anglicane. En 1672, Lodowick Muggleton, messie exalté et vieillissant du millénarisme de l'Interrègne, en 1675 Richard Baxter, l'irénique pasteur non-conformiste, font l'objet d'une vive polémique où Penn soutient avec acharnement les thèses de l'immanentisme quaker. Ces controverses passionnées trouvent une large audience et donnent lieu à de véritables joutes oratoires publiques où, par exemple, Penn et Baxter s'affrontent six, voire sept heures d'affilée. Le débat théologique se poursuit aussi par voie épistolaire et notre auteur entretient une correspondance suivie avec deux nobles dames allemandes : Élisabeth, Princesse Palatine, amie de Descartes et de Leibniz, et l'une de ses dames de compagnie, Anne-Marie, Comtesse de Hornes. Ces contacts ont été amorcés lors d'un premier voyage sur le continent en 1671.

Ainsi le quatrième grand événement de la vie de Penn, le voyage en Europe effectué en 1677, est-il la conséquence, entre autres, de son activité polémique et épistolaire.

Les pays européens où était née et s'était développée la Réforme, la Hollande et l'Allemagne, n'avaient cessé d'exercer au XVIIe siècle un puissant attrait sur nombre de sectes anglaises. Les Anabaptistes, les Mennonites, les Baptistes, les Familistes, les Quakers aussi, voyaient en ces deux pays, et non sans raison, le berceau de leurs origines. L'existence de sectes allemandes et hollandaises proches des Quakers par leur théologie et leur éthique a motivé à la fin du mois de mai 1677 les principaux dirigeants quakers, Robert Barclay, John Furly, George Fox, George Keith, William Penn, à entreprendre un voyage de trois mois à travers la Hollande et l'Allemagne. L'idée d'un retour aux sources, mais aussi un élan de prosélytisme animent nos voyageurs, persuadés que le message de la Lumière Intérieure trouverait en Europe un terrain propice à son expansion.

Arrivés à Amsterdam, les Amis participent à une assemblée générale des Quakers de Hollande. De là ils se rendent à deux reprises chez la princesse Palatine à Herwerden qui se déclare, ainsi que le reste de sa maisonnée, enthousiasmée par ce que Keith, Furly, Barclay et Penn lui révèlent de la doctrine de la Lumière Intérieure. Ceci ne l'empêche point d'écrire en français à un correspondant qu'elle trouve *« un air endormi »* à Penn. Enfin, Fox et ses compagnons rendent visite à la secte des Labadistes de Wiewart, puis à celle des Collegiants. La rencontre entre George Fox et Galenus Abrahams, principal dirigeant des Collegiants hollandais, est significative en ce qu'elle symbolise les retrouvailles du Quakerisme avec sa source spirituelle, vu la similitude doctrinale des deux sectes.

Penn, notant scrupuleusement les impressions de son voyage (« His Travails into Holland and Germany » in *Œuvres,* I, 50-116), est, semble-t-il, convaincu d'avoir retrouvé chez les Collegiants les origines de l'immanentisme quaker. De même, grâce à l'accueil enthousiaste de la Princesse Palatine et de la Comtesse de Hornes, revient-il en Angleterre persuadé d'avoir déposé en Europe protestante le germe d'un éveil spirituel riche d'avenir. Cette vision du monde occidental se convertissant lentement mais sûrement au message quaker rejoint un autre projet de Penn formulé dès 1676. A la veille du voyage en Hollande et en Allemagne, William avait en effet entrevu la possibilité de fonder une société idéale qui répondrait en tous points à l'éthique quaker. Ce projet coïncidait avec l'offre faite à Penn de racheter des parts d'une entreprise de colonisation sur le continent nord-américain : le territoire du New Jersey.

La nouvelle vocation coloniale du dirigeant quaker est sans conteste la cinquième et dernière grande étape de sa vie. Elle oriente sa pensée vers une série d'interrogations nouvelles, tant philosophiques que politiques. Au lieu d'espérer l'avènement hypothétique du règne de la Lumière Intérieure sur l'ancien monde, ne vaut-il pas mieux bâtir la « Nouvelle Sion », « ex nihilo », dans un Nouveau-Monde où l'état de nature a préservé l'innocence des hommes ?

Futur administrateur de cette « Jérusalem terrestre », William Penn, conseillé par John Locke et le Quaker Edward Billing, a donc recherché le meilleur cadre constitutionnel pour un « gouvernement des saints ». Le projet finit par échouer, les Quakers n'y étant point majoritaires. Mais l'idée fait son chemin dans les années qui suivent, au cours desquelles Penn s'efforce auprès du Roi et du Parlement d'améliorer l'image du Quakerisme. Promouvant l'idée de tolérance religieuse dans un pays qui continue de ressentir dans les années 1670 les séquelles de la Guerre Civile, notre auteur suggère au souverain la possibilité d'employer outre-Atlantique l'énergie et les talents d'une secte jugée fort remuante dans son pays d'origine. Aussi Charles II ne fait-il point de difficultés pour accorder en 1682 au fils de l'Amiral Penn la pleine propriété d'une province du Nouveau-Monde en remboursement d'une dette contractée envers le père. C'est le Roi lui-même qui décida de baptiser « Pennsylvanie » la province du New Netherlands en hommage à la fidélité des Penn à sa couronne.

Conscient de l'aspect providentiel de cette faveur royale,

William Penn décide à 38 ans de consacrer son talent et sa fortune à la réalisation du grand dessein utopique quaker. Il s'attelle incontinent à la rédaction d'une constitution pour la Pennsylvanie, intitulée avec justesse : « Cadre de Gouvernement » (« Frame of Government »). Le projet utopique doit en effet reposer sur des bases juridiques et morales solides. Tolérance, fraternité, égalité et liberté sont les concepts fondamentaux dont s'imprègne la constitution de la Pennsylvanie. Averti par les errements des autres colonies puritaines d'Amérique, le Massachussetts notamment, où trois Quakers, deux hommes et une femme, furent pendus en 1659 et 1660, le colonisateur quaker s'est efforcé de transformer ces plantations terrestres en plantations célestes. La paix, la fraternité, l'amour entre les hommes, la tolérance s'y trouvaient théoriquement et juridiquement garanties.

Les Indiens par exemple, dont Penn admire la noblesse et les mœurs, y sont traités non en race inférieure, mais en êtres humains à part entière, attitude rare pour l'époque et dont les esclaves africains n'ont hélas point bénéficié. Il est vrai que le père de la Pennsylvanie voit dans la nation indienne une légendaire « tribu perdue d'Israël », aussi s'attache-t-il à lui accorder un statut, sinon d'égalité complète avec celui des colons européens, du moins lui assurant la protection de ses droits fondamentaux. Proscrivant la guerre contre les tribus indiennes, Penn s'efforce d'apprendre leur langue pour mieux les comprendre. Toutefois, la réalité n'a point toujours été à la hauteur des ambitions des pères fondateurs. Si les Indiens furent respectés tant que dura l'emprise quaker (1756) sur le gouvernement de la colonie, l'esclavage des Noirs y subsista jusqu'en 1774, bien que les Quakers américains de Germantown aient été en 1688 les premiers à dénoncer la cruauté de cet asservissement. Le concept de fraternité universelle qui animait l'esprit du Quakerisme n'a pas suffi à faire des esclaves noirs des frères libres.

Dans le domaine religieux d'autre part, la tolérance ne fut pas non plus totale. Ainsi l'athéisme et le catholicisme romain furent formellement bannis de la « Nouvelle Sion » bien que le « Cadre de Gouvernement » eût garanti l'accueil de tous ceux qui professeraient leur foi en un Dieu unique. En définitive, le travail et le commerce ainsi que le concept de tolérance deviendront les grandes vertus d'une Jérusalem quaker fondée sur le principe de la « Sobriété de Vie » (« Plainness of Life »). Aussi, pour éviter d'accueillir des perturbateurs de la sérénité coloniale, William Penn s'adressera-t-il surtout aux professants d'Allemagne et de Hollande pour venir irriguer de la sueur de leur front les sillons de la « Terre Promise ». C'est en ces termes bibliques que George Fox rédigeait des pamphlets, encourageant des candidats planteurs à partir cultiver la glèbe de la Nouvelle Sion, ce qui en même temps les amènerait à découvrir en eux l'existence de la Lumière Intérieure.

En 1682, afin de constater sur place l'avancement de son projet, William Penn traverse l'Atlantique pour un premier séjour de deux ans en Pennsylvannie. Entre-temps, Jacques II qui a succédé à son frère Charles, fait du dirigeant quaker un de ses courtisans familiers. Bientôt l'idée de tolérance faisant son chemin, un pardon général est proclamé en faveur de tous les dissidents religieux du royaume, y compris les catholiques. Ce sont les Déclarations d'Indulgence de 1687 et 1688 ; celles-ci contenaient du reste des mesures de clémence particulière pour les Quakers. Inquiété après la révolution de 1688 pour ses accointances avec une cour aux sympathies crypto-catholiques, Penn réussit néanmoins, sous le règne de Guillaume d'Orange, à se consacrer à son œuvre polémique et doctrinale. Mais c'est la Pennsylvanie, dont il doit presque constamment défendre les intérêts à Londres, qui continue d'accaparer ses pensées.

S'étant remarié en 1696, Penn s'embarque trois ans plus tard pour aller s'installer en famille en Pennsylvanie. Il entend désormais participer activement au destin de ce rêve colonial devenu réalité. En 1700, le grand Quaker devient effectivement gouverneur d'une colonie dont il avait jusque-là toujours délégué à d'autres le gouvernement. Or ce qui aurait dû constituer l'épilogue heureux d'une vie, tourne au drame.

Son titre de propriétaire de la colonie, accordé il vrai par le précédent régime, lui est subitement contesté par certains ennemis qu'il compte à la cour de Guillaume d'Orange. Penn se trouve alors obligé de revenir en Angleterre défendre en personne sa cause devant une commission parlementaire. Les choses s'apaisent dès l'accession au trône en 1702 de la fille de Jacques II, Anne, la faveur royale étant de nouveau accordée au fondateur de la Pennsylvanie. Mais c'est là un répit de courte durée. Pendant son absence, ceux qui l'ont remplacé à la tête de la colonie commettent erreurs et maladresses, et deviennent l'objet de récriminations qui, toutes, requièrent l'arbitrage du père-fondateur absent. Enfin Penn, qui jusqu'alors avait joui d'une grande aisance matérielle, est consterné d'apprendre en 1707 qu'il a perdu un procès intenté par la veuve d'un ancien intendant de ses domaines. La partie adverse, s'appuyant sur des faux témoignages, obtient du tribunal de l'Old Bailey que Penn soit assigné à résidence dans Londres une année durant jusqu'à la fin du procès. Cette humiliation contribue à briser cet homme de soixante-quatre ans. Criblé de dettes, il est alors obligé d'intenter une série de longs et coûteux procès. Pour comble de malheur, alors qu'il aurait précisément à ce moment-là eu besoin de toute son énergie pour faire front, une crise d'apoplexie le terrasse partiellement en 1712, diminuant sérieusement ses facultés mentales.

C'est ici que commencent les six dernières années pitoyables d'une vie marquée jusqu'alors par un courage exceptionnel et une vive intelligence. Diminué intellectuellement et physiquement, Penn subit un long calvaire, celui de la déchéance mentale d'un des derniers dirigeants réellement charismatiques du mouvement quaker. A la mort de William Penn en 1718, s'amorce un autre déclin, celui d'une Église quaker qui entre au début du XVIIIe siècle dans une phase de repli sur soi, voire de torpeur spirituelle dont elle ne s'éveillera en sursaut qu'à la fin du siècle des Lumières. Ce sursaut a été celui de l'appel du méthodisme des frères Wesley, mais c'est là une autre histoire.

Rien cependant ne saurait mieux traduire la vie et la pensée de William Penn que ses écrits. Ceux-ci se composent d'environ quarante-neuf lettres ou épîtres, de quarante-trois pamphlets, de dix ouvrages traitant de la doctrine quaker ou de l'application de celle-ci à la vie quotidienne, et pour finir, des trois traités suivants : *No Cross, No Crown (Sans Croix, Point de Couronne)* (1660), *A Brief Account of the Rise and Progress of the People called Quakers* (1694) et *Some Fruits of Solitude (Quelques Réflexions, Fruits de la Solitude)* (1693). Si les deux premiers ouvrages résument assez complètement les positions doctrinales et éthiques du fondateur de la Pennsylvanie, *Some Fruits of Solitude* connaîtra une notoriété équivalente à celle de *No Cross, No Crown* et qui dépassera largement celle de la plupart des écrits rédigés du vivant de Penn.

La popularité de *Sans Croix, Point de Couronne* et des *Fruits de la Solitude*, a sans doute tenu au fait qu'ils appartenaient à cette catégorie de livres appelés manuels de conduite dont protestants et catholiques au XVIIe siècle se montrèrent friands. Ces écrits annonçaient aussi une évolution des mœurs et du sentiment religieux s'écartant des excès langagiers du fanatisme chiliaste dont la littérature pamphlétaire de l'interrègne Cromwellien (1642-1660) s'était faite l'écho. Chez Penn en effet, point de ces élans prophétiques ou de ces vaticinations exaltées qui caractérisent les écrits des prophètes et des prophétesses de la première génération quaker. George Fox (1624-1691), James Nayler (1618 ?-1660), Isaac Penington (1616-1679), semblent effectivement appartenir à une autre époque, faite d'inspiration et d'enthousiasme messianique dont les accents ne parviennent que fort étouffés aux oreilles des Amis dans les années 1670.

Bien sûr, on retrouve encore çà et là chez Penn, jusque dans le *Sans Croix, Point de Couronne,* une précipitation du verbe et du style, une accélération des images et des métaphores se succédant sous la plume de l'auteur. Elles ne sont point sans rappeler l'étonnante et parfois surréaliste verve inspirée qui traverse le *Journal* de George Fox, ou encore certains pamphlets de Nayler ou de Penington. Pourtant, étant donné la violence des conflits qui opposent les Quakers à l'État à partir de 1660, on aurait pu penser que Penn dès les débuts de son apostolat aurait conservé le ton de ses aînés. Mais la deuxième génération de dirigeants quakers à laquelle il appartient est contrainte de récolter ce que la première avait semé : le choc en retour de leur contestation radicale de l'ordre établi dans l'Église d'Angleterre.

A la fin des années 1660, l'heure n'est plus au débat théologique. Le grand débat de la fin du XVIIe siècle en Angleterre sera avant tout d'ordre politique et social. Un glissement des idées et des conflits du plan religieux au plan politique s'est opéré en réaction contre les excès auxquels s'étaient livrées les sectes pendant l'interrègne républicain. Penn, en raison de sa naissance et des accointances avec le milieu politique et la cour, en raison aussi d'une formation intellectuelle aux horizons plus vastes que ceux des premiers Quakers, a senti combien le pays était las des conflits théologiques. Aussi contribue-t-il par ses écrits à transformer l'image du mouvement quaker et à calmer au nom de la tolérance l'âpreté des luttes idéologiques entre les diverses factions religieuses du royaume. William Penn souhaite en effet faire abandonner au Quakerisme l'image négative d'épouvantail qu'il avait acquise auprès des fidèles de l'Église établie. L'auteur de *Sans Croix, Point de Couronne* ne s'engage donc point à convertir ses contemporains à la doctrine de la Lumière Intérieure, tâche à laquelle s'étaient employés les premiers prophètes, mais à leur démontrer combien cette doctrine était en fin de compte, acceptable, tolérable et tolérante, raisonnable et raisonnée, voire, logique.

La raison et le sens commun plus que l'autorité du Christ Intérieur sont des arguments récurrents dans les pamphlets de Penn. Ne pourrait-on, demande-t-il, tolérer au sein du peuple, ces gens, les Quakers, chez lesquels la foi gouverne à parité avec la raison ? Ainsi dès 1669, date de parution du *Sans Croix, Point de Couronne*, la rigueur de la raison, conjuguée à une conviction religieuse profonde, se substitue-t-elle aux embrasements du millénarisme sectarien. Cette attitude annonce en fait certains concepts développés au siècle des lumières tout proche, époque où la raison et le sentiment remplaceront les divagations de l'enthousiasme religieux. C'est donc avec une grande lucidité mais aussi une grande conviction quant à la réalité de l'existence en chaque être d'une Lumière Intérieure que Penn s'efforce de traduire ses actes en paroles.

Dans cette perspective, *Sans Croix, Point de Couronne* n'est autre qu'une invitation faite au lecteur à suivre William Penn le long du chemin de croix spirituel d'un jeune Quaker de 24 ans. Cette épreuve, à l'inverse de l'exercice littéraire, avait d'abord consisté à transformer des paroles en actes.

Sans vouloir résumer le contenu d'un texte dont Danièle Frison-Prudhomme a su conserver le cachet malgré des archaïsmes et des imprécisions ou obscurités propres à de nombreux pamphlétaires au XVIIe siècle, nous voudrions ajouter quelques remarques quant à la structure et au contenu de l'ouvrage.

Sans Croix, Point de Couronne, comme nombre d'autres pamphlets de Penn dirigeant le lecteur vers une introspection spirituelle (*The Great Case of Liberty of Conscience* (1670), ou *An Address to Protestants* (1679)), contient de façon fort conventionnelle un exposé central de la doctrine de la Lumière Intérieure. Celui-ci s'accompagne ensuite de discussions annexes traitant des divers problèmes, soulevés par la théologie quaker.

William Penn émaille sa démonstration relative à la vérité fondamentale de cette doctrine, d'une multitude d'arguments et d'exemples sur le mode répétitif cher à la littérature pamphlétaire du XVIIe siècle. Justifiant ses assertions par un constant recours à des citations bibliques, ou encore citant les grands auteurs classiques (Platon, Aristote, Ovide, Sénèque, Plutarque), le prophète quaker se réfère également aux textes des Pères de l'Église, procédés habituels du débat théologique d'alors. De fait toute la deuxième partie de l'ouvrage, c'est-à-dire les chapitres dix-neuf à vingt-deux, sont presque exclusivement un recueil d'exemples, faits ou dires, attribués à des personnages célèbres réels mais aussi fictifs. Tout ceci étant conforme à une tradition intellectuelle remontant aux « exempla » de la scolastique moyenâgeuse. Dans *Sans Croix, Point de Couronne*, à partir du chapitre quatre, l'auteur fait appel aux opinions et à l'autorité morale de cent trente personnages masculins, auxquels on ajoutera toutefois douze femmes. Soixante-quinze des hommes cités appartiennent à la littérature et à la pensée antiques, ainsi que la plupart des femmes. Vingt autres personnages font partie de la tradition biblique et chrétienne, les trente-sept derniers sont des contemporains de Penn ; témoignant de la vaste culture du dirigeant quaker, on notera sa préférence pour les prophètes bibliques, incluant Job, Moïse, Isaïe, Daniel, Isaac, Salomon, mais aussi saint Paul, saint Pierre, saint Jean-Baptiste. Ceci n'empêche cependant point notre auteur de se servir des exemples négatifs que lui offrent les Écritures Saintes, ceux de Judas, de Jézabel ou de Simon le magicien. En même temps, il se sert d'auteurs inattendus comme William Tindale, cité pour un tract rédigé contre le lucre, d'un protestant français Pierre Charron, cité pour un autre opuscule, aujourd'hui oublié, contre l'avarice, ou encore d'Abraham Cowley pour une dénonciation du même vice. Mais plus hardiment encore, à l'instar de Maître Eckart, le grand mystique du XIVe siècle, Penn citera à l'appui de ses thèses, les « Maîtres Païens ». Pythagore, Socrate, Zénon d'Alexandrie étaient comme les Quakers, vertueux, et dénonçaient les mêmes vices en dépit du fait que ces gens *« ne connaissaient pas Dieu »*.

Si nous avons insisté sur les références utilisées dans *Sans Croix, Point de Couronne*, c'est que la présente édition n'a point retenu le catalogue que constituait la deuxième partie de l'ouvrage, c'est-à-dire les chapitres dix-neuf à vingt-deux de l'édition de 1682, version élargie de l'édition de 1669 où ces exemples étaient moins nombreux. Dans ces pages, des penseurs et héros antiques aussi divers que Cyrus, Ataxercès, Philippe de Macédoine, Ptolémée, Alexandre le Grand, Thémistocle, Périclès, Démosthène, Alcamène, Cléomène, Pausanias, Théopompe, Lycurgue, Scipion l'Africain, Marc Aurèle, Anaxagore, Héraclite, Démocrite, Diogène, Lucrèce, entre autres, sont invoqués pour soutenir la doctrine éthique des adeptes de la Lumière Intérieure. Sans doute plus intéressante pour un lecteur moderne et pour l'histoire des idées, aurait été la consultation d'une autre liste de personnages qui appartiennent, eux, à l'histoire européenne des XVIe et XVIIe siècles. Leur énumération révèle les affinités de Penn avec ces figures quasi légendaires de l'histoire d'Angleterre chez qui il a décelé les mêmes vertus morales qui animent Quakers et Quakeresses. Ainsi Michel de Montaigne, le Cardinal Wolsey (mais non point Thomas More, sans doute trop « papiste »), Sir Philip Sydney, le secrétaire d'État Walsingham, Sir Walter Raleigh surtout, offrent par leurs vies ou leurs paroles matière à réflexion sur la vertu.

Mais, compte tenu de la suppression des quatre derniers chapitres dans la présente traduction, qu'en est-il du contenu réel de *Sans Croix, Point de Couronne* ?

La première évidence est que les dix-huit chapitres de l'ouvrage se scindent en deux parties clairement définies : *a*) du chapitre I au chapitre VII, *b*) du chapitre VIII au chapitre XVIII.

Toute la première partie de l'ouvrage constitue au fond

la définition quaker du symbole de la Croix. Cette croix portée et portante du Christ Intérieur, représente en effet l'objet principal de la quête entreprise par les Trembleurs. Ces hommes et ces femmes se sont d'abord posés en « chercheurs spirituels » à l'image des premiers prophètes des années 1640 et 1650, issus en grande partie des rangs de ceux que l'on dénommait alors des « Seekers ». Résolument ancré dans cette optique de la quête spirituelle, l'auteur s'attachera, une fois accomplie « l'invention » de la croix, à décrire en quoi consiste l'épreuve essentielle subie par tout aspirant Trembleur : *« l'acte de soulever la croix » (« lifting up the cross »)*. Cette expression consacrée du Quakerisme, désigne le véritable rite de passage par lequel le néophyte affrontait les vexations et humiliations du monde extérieur lorsqu'il désavouait le siècle « disowning the world », rejetant sa vanité, ses mœurs, ses divertissements.

Prolongeant cette description de la passion quaker, la deuxième partie (Chapitres VIII à XVIII) du livre, s'attache à dénoncer minutieusement les vices majeurs qui assaillent l'homme. Penn propose ici une sorte de manuel de conduite éthique qui doit mener ses lecteurs à l'adoption d'une règle de sobriété de vie en toutes choses. La croix soulevée ainsi quotidiennement par le vrai chrétien, cesse dès lors d'être une source de douleur pour devenir fontaine de joie. Hélas, ce qui au départ n'est qu'une simple méthode pour combattre la vanité humaine et juguler ce que les Quakers appellent les « appétits charnels » « carnal lusts » « fleshly lusts », cesse vite d'être un moyen, pour devenir, à partir des années 1660, une fin.

En effet, perdant de vue le but initial de leur doctrine, les Amis, au lendemain de la Restauration, sans doute en raison des persécutions dont ils sont alors victimes, vont se réfugier dans une stricte observance de la lettre de leur doctrine sans réussir à en retenir l'esprit. Leurs tentatives pour se dépouiller des apparences, afin de permettre au rayonnement de la Lumière Intérieure d'éclairer la pénombre spirituelle dans laquelle se meuvent les hommes, sera en définitive, dans le meilleur des cas, un demi échec. Penn en compagnie de Barclay, de Fox, de Penington, aura beau condamner les Églises établies, protestantes ou catholiques, qui « judaïsent » en se réfugiant dans les formes extérieures et la lettre du dogme, il ne manquera point de tomber lui-même dans ce piège.

L'examen du *Sans Croix, Point de Couronne* est susceptible de révéler des contradictions inhérentes à la nature même de l'illuminisme quaker. Il est donc instructif de reprendre du début à la fin les points essentiels dégagés par le texte de Penn.

L'auteur s'emploie tout d'abord à faire l'historique de la décadence et des maux qui affectent la chrétienté au XVIIe siècle. Il oppose constamment les faux chrétiens aux vrais (Chap. I), comparant les Temps Apostoliques des Premiers Chrétiens à la déchéance de son époque (Chap. II). Aussi le combat spirituel intérieur et notamment le renoncement à Soi, synonyme du renoncement au vouloir égoïste, antagoniste de la volonté divine (Chap. III), constitue-t-il la seule issue possible. Cette lutte céleste est en effet la seule qui aboutisse au vrai exercice de la Croix (Chap. IV) dans l'acception qu'Ignace de Loyola accordait au terme d'exercice spirituel.

En fin de compte, seule l'abolition du royaume des apparences permet selon Penn de redécouvrir l'essence divine intérieure à chaque homme, et seul le culte intérieur prévaut sur le culte extérieur. De même, paraphrasant une expression présente dans les *Institutions* de Calvin, l'Église invisible prévaut sur l'Église visible (Chap. V). L'auteur en profite pour condamner, en accord avec les Églises issues de la Réforme, la « grande prostituée de Babylone », l'Église romaine. Les papistes en effet, au lieu d'aider les fidèles à trouver le Christ en eux-mêmes, ensevelissent les âmes sous le poids de vaines cérémonies. C'était là un avertissement plus ou moins voilé dirigé également contre l'Église établie d'Angleterre.

S'étant efforcé de faire comprendre au lecteur l'importance que l'introspection spirituelle occupait au sein de cet immanentisme chrétien qu'était le Quakerisme, Penn lui révèle les moyens essentiels pour accéder à cet état de réceptivité intérieure et s'y maintenir. Le but est en effet de pousser l'être à découvrir le Christ Intérieur (« Inner Christ ») en lui, ou encore de se mettre à l'écoute de la « Voix Intérieure » (« Inner Voice »). Le cœur et l'âme doivent désormais être guidés par ces seules entités. L'attente spirituelle et le silence sont alors les moyens d'accéder le plus efficacement possible à la grâce de la Lumière Intérieure. Penn parle ici d'un processus qui met l'accent sur la spontanéité et sur la sincérité du fidèle et décrit un état correspondant à « une vivante attente intérieure » (« Lively inward waiting ») (Chap. VI), à condition toutefois que l'individu manifeste une foi profonde.

Le but spirituel ne saurait pourtant être atteint tant que l'être demeure prisonnier des erreurs et des faiblesses de son « état charnel » (« carnal nature »). L'auteur se met donc en devoir de dresser le catalogue des principaux péchés qui empêchent l'homme d'appréhender la vérité.

La deuxième partie du *Sans Croix, Point de Couronne* s'emploie alors à décrire la façon dont l'orgueil, et ses dérivés, le mauvais emploi de l'argent, l'avarice autant que le luxe et la prodigalité, plongent l'homme dans le domaine des apparences et de la matière ; comment l'individu se transforme en un être fier et suffisant, plein de lui-même à l'idée de détenir quelque pauvre savoir (Chap. VII). On ne peut s'empêcher de voir derrière cette sélection incomplète des erreurs et de la bêtise humaines, le reflet des choix douloureux déjà effectués par le fils de l'Amiral Penn qui a 24 ans lorsque paraît son pamphlet. Notamment en ce qui concerne le rejet catégorique des us et modes vestimentaires de son milieu privilégié pour adopter ceux, beaucoup plus frustes, des Quakers.

Ainsi, un peu à la manière du Francis Bacon des *Essays*, les brefs chapitres VII à XVIII sont-ils consacrés chacun à la dénonciation d'un vice et de ses corollaires, par un homme qui les a tour à tour combattus. Le pouvoir, l'ambition et l'orgueil devraient se neutraliser mutuellement et ne point être à l'origine des guerres (Chap. VIII). Le chapitre suivant (Chap. IX) est entièrement consacré aux marques de respect et d'honneur dus à ses supérieurs ainsi qu'aux puissants de ce monde. Des coutumes et des usages auxquels les Trembleurs bien évidemment refusent de se soumettre. Le chapitre X traite du tutoiement qui n'est plus usité en anglais parlé à la fin du XVIIe dans quelque milieu social que ce soit. Or cette forme d'adresse est néanmoins employée systématiquement par les Amis tant dans leurs rapports mutuels que dans leurs rapports avec le monde qui les entoure. Ceci veut dire que Penn et les Quakers promeuvent ici une vision de plus en plus égalitaire de l'homme en société qui cesserait de se distinguer extérieurement de ses semblables.

Si l'uniformité de langage ou de costume devait idéalement contribuer à rendre les hommes égaux du moins quant aux apparences, reste le problème de la beauté et de la laideur, injustice apparente à laquelle notre auteur accorde une large place. On ne saurait toutefois faire de William Penn, à proprement parler un niveleur. Celui-ci n'envisage d'égalité entre les hommes qu'à un niveau spirituel et moral et non point social (Chap. XI). En effet, la règle de sobriété de vie (« Plainness of Life ») dans tous les aspects de la vie quotidienne, si elle tend à humilier les orgueilleux, véhicule également un objectif de justice économique. Celui-ci consisterait en une redistribution plus équitable du labeur et des richesses. Ainsi l'avarice apparaît-elle comme l'envers du miroir de la prodigalité, vices corollaires des dépenses somptuaires ; l'une et l'autre, en définitive, causes de l'iniquité sociale (Chap. XIII).

Les quatre derniers chapitres du *Sans Croix, Point de Couronne* sont à cet égard fort révélateurs, offrant à la perspicacité du lecteur une réflexion sur le corps humain, en même temps que sur le corps social. Non contents de ruiner le corps physique, les débordements de la table contribuent à ruiner l'âme et sont une insulte permanente faite aux pauvres. Empêchant l'homme de renoncer à lui-même à quelque degré que ce soit (Chap. XV et XVI), les plaisirs du siècle représentent un véritable obstacle spirituel pour le fidèle. En outre, et l'argument est relativement nouveau à l'époque, la convivialité et la bonne chère sont en fait une perte *« ... de temps précieux, grâce auquel un agonisant aurait pu accéder au Paradis... »* (Chap. XV, 8). Calculs hasardeux toutefois, car le temps, ici encore chez Penn, mesuré en termes de salut éternel, ne tardera pas à l'être au siècle suivant avec Benjamin Franklin, en termes d'argent *(« Time is money... »)*.

Les chapitres XVII et XVIII poursuivent l'argumentation au demeurant fort puritaine de Penn qui s'en prend désormais aux excès de la mode féminine et masculine. Mais l'auteur en veut également aux arts, au théâtre surtout, grands dévoreurs de l'âme et du temps... Soulignant certes avec justesse, que si les grands de ce monde avaient moins de besoins à assouvir, les paysans misérables seraient moins obligés de s'échiner à payer les coûteux loyers de leurs terres et de leurs fermes, l'auteur remarque qu'un changement d'attitude envers les pauvres ruraux permettrait enfin à ceux-ci de commencer à gagner quelque argent et, plus important, les conduirait peut-être à épargner. Cette ébauche d'une vision somme toute capitaliste du juste emploi de l'argent pousse notre auteur (Chap. XVIII) à développer les implications économiques de la règle de sobriété de vie quaker.

Exhortant ses compatriotes *« ... à convertir leur. temps et leur argent en choses plus utiles qu'en un vain luxe... »*, Penn voit dans la modération généralisée des appétits matériels de l'individu, un facteur d'enrichissement pour la nation. Adoptant un point de vue utilitariste, le *Sans Croix, Point de Couronne* prône la sobriété de mœurs et d'habitudes quotidiennes comme source de bénéfices spirituels mais surtout, économiques et politiques. Sans parvenir à formuler nettement des concepts modernes tels que le dégagement de surplus et la création de capital, implicites dans l'abstention de plaisirs matériels remplacés par une éthique du labeur, William Penn se félicite dans son ouvrage de ce que les *« saints et les Amis »* passent le plus clair de leur temps à honorer Dieu *« dans leur vie active »*, plutôt qu'à le gaspiller en divertissements.

Enfin, et ce cri poussé en défense des pauvres résonne encore avec quelque actualité aujourd'hui, le fondateur de la Pennsylvanie s'indigne de ce que, *« La sueur et le dur labeur du paysan, tôt levé, tard couché, dans le froid et sous la canicule, sous la pluie et sous le soleil, soient transformés en plaisirs, divertissements, et passe-temps d'un petit nombre d'individus... »* (Chap. XVIII, 10).

Nous le voyons, *Sans Croix, Point de Couronne* est un livre qui n'est pas aussi détaché de préoccupations encore actuelles, que la date et le contexte dans lequel il a été rédigé le laisseraient supposer. L'ouvrage de Penn se présente donc comme un traité de la guerre céleste, ou comme celui du combat spirituel individuel, qui n'a point éludé le combat social auquel la théologie quaker appelait ses fidèles. Les principaux aspects de la doctrine éthique du Quakerisme sont en effet représentés dans le pamphlet du jeune Penn. La différence entre lui et ses prédécesseurs, les « hérauts de la Vérité » des années 1650, tient cependant à l'extrême discrétion accordée par le *Sans Croix, Point de Couronne* à l'illuminisme millénariste, élément capital de l'inspiration quaker originelle. La formulation d'une éthique sociale rigoureusement énoncée, semble donc prendre ici le pas sur l'enthousiasme prophétique qui caractérisait la première décennie du mouvement.

L'œuvre de William Penn aura paradoxalement été plus conformiste que révolutionnaire, son principal souci ayant été d'intégrer, autant que possible, le Quakerisme au sein de la société où il avait brusquement, voire brutalement, surgi. Penn souhaitait en effet faire reconnaître à la société anglaise de la deuxième moitié du XVIIe siècle que les Trembleurs avaient été parmi les premiers promoteurs de l'idée de tolérance religieuse, idée que cette société faisait progressivement sienne.

Modération (« Temperance »), Sobriété (« Plainness ») et Tolérance (« Tolerance »), sont donc les maîtres-mots qui distinguent le Quakerisme et le XVIIe siècle finissant. Ils permettent de mieux comprendre l'effort accompli par un mouvement religieux jusqu'alors abhorré par les honnêtes gens, pour rejoindre les grands courants idéologiques et rationalistes se profilant à l'aube du XVIIIe siècle.

Par là même, les Quakers renonçaient définitivement à l'hypothétique avènement d'un grand bouleversement millénariste qui aurait obligé leur époque à accueillir le retour des « Temps Apostoliques » de la chrétienté primitive. S'intégrant finalement sans trop de heurts, dès les années 1680, à la société capitaliste naissante, la Société des Amis par la voix de ses prophètes a véhiculé nombre d'idées (Égalité, Fraternité, Liberté) qui, tout en ayant servi leur époque, ont puissamment façonné les temps modernes.

Jacques TUAL
Maître de conférences
à l'Université de La Réunion.

PRÉFACE DE LA TRADUCTRICE

1. L'œuvre

Sans Croix, Point de Couronne fut publié pour la première fois en 1669, sans mention de nom d'éditeur ni de lieu d'édition, sous la forme d'un pamphlet de 111 pages *in quarto,* portant le titre : *Sans Croix, Point de Couronne,* ou « plusieurs raisons valables contre le fait d'ôter son Chapeau, de rendre hommage aux titres de noblesse, d'employer le « vous » pour une personne au singulier, et contre les fanfreluches et les amusements du siècle... Pour la défense des pauvres Quakers méprisés contre les pratiques et les objections de leurs adversaires, par W. Penn junior, humble disciple de Jésus-Christ, dont il porte patiemment la Croix ».

Cette première version de l'ouvrage, rédigée par Penn pendant son emprisonnement à la Tour de Londres, était dédiée : « A mes Anciens Amis, F.S., E.B., H.S., J.C., I.N., M.L., T.C. » [1] L'œuvre comportait déjà deux parties : la première consistait en un développement (de trois chapitres seulement) sur le sujet annoncé dans le titre ; la seconde en soixante-huit « témoignages de grands et de pieux personnages, tant païens que chrétiens, contre les pratiques habituelles du

---

1. W.C. Braithwaite, dans son ouvrage intitulé : *The Second Period of Quakerism,* Londres-Philadelphie, 1919, p. 62n., donne la clé de ces initiales.

siècle », destinés à corroborer les arguments avancés dans la première partie.

Le titre du pamphlet, et, peut-être, l'idée d'y inclure des « Témoignages », ont pu être inspirés à William Penn par les dernière paroles que Thomas Loe lui avait adressées : « Porte la croix, et demeure fidèle à Dieu ; alors, il te donnera une couronne éternelle de gloire, que rien ne pourra t'enlever. Il n'est d'autre chemin pour accéder au bonheur que celui qu'ont emprunté les saints hommes de jadis. »

La seconde édition de *Sans Croix, Point de Couronne,* qui fait l'objet de la présente traduction, date de 1682. William Penn en signa la préface quelques jours avant de s'embarquer pour le Nouveau Monde afin de prendre possession des terres octroyées à son père, l'Amiral Penn, à titre posthume, et d'y établir la Pennsylvanie.

Cette seconde édition, publiée sous forme d'un volume *in octavo,* portait un titre différent de la première, à l'exception de la toute première ligne, qui demeure : *« Sans Croix, Point de Couronne ».* Le titre élargi définissait maintenant l'ouvrage comme : « Discours montrant la nature et la discipline de la Sainte Croix du Christ, et comment le Renoncement au Moi et le fait de porter chaque jour la Croix du Christ, est le seul chemin conduisant au repos et au royaume de Dieu ». Le nouvel ouvrage comprenait toujours, en deuxième partie, les « Témoignages », désormais intitulés : « Témoignages de la vie et de la mort de divers personnages renommés pour leur savoir et leur vertu, en faveur du présent traité ».

La seconde édition de *No Cross, No Crown* n'a, en fait, plus grand-chose à voir avec la première : outre l'ampleur que prend maintenant l'ouvrage, l'esprit en est différent. Les deux préfaces reflètent bien cette différence. L'édition de 1682 est une œuvre de maturité, dans laquelle Penn ne se contente pas de justifier les pratiques des Quakers, mais donne au lecteur un véritable guide de conduite chrétienne, en conformité avec les Saintes Écritures et la vie des premiers Chrétiens.

La dénonciation de l'orgueil est au centre de l'œuvre. L'orgueil est le péché capital, la source de tous les autres péchés, de toutes les déviations et de tous les maux qui affligent les hommes. Renoncer à l'orgueil et à tout ce qui en découle est la clé du salut.

Dans la préface à l'édition de 1669, Penn présente son ouvrage comme une réponse aux objections et aux attaques formulées contre lui-même par ses anciens amis. Depuis qu'il est devenu Quaker, en effet, il a renoncé aux usages et aux manières en vogue parmi l'aristocratie anglaise de la fin du XVIIe siècle, et a adopté le style de vie et les manières simples des Quakers, ce qui l'a mis en butte aux attaques et aux moqueries de sa famille et de ses anciens amis à la Cour. C'est pour leur répondre que Penn rédigea les trois chapitres qui constituent la première version de *Sans Croix, Point de Couronne :* chaque chapitre contient une série de « raisons » (*reasons* en anglais) pour justifier les différentes pratiques, conçues comme des « témoignages » *(testimonies)* de foi chrétienne, des Quakers. Chaque chapitre se termine par une suite d'exemples de personnages vertueux de l'Antiquité grecque ou romaine, afin de faire honte aux prétendus Chrétiens et de les inciter à plus de vertu. Le ton de l'ouvrage est vindicatif et rappelle celui des sermons exaltés ou des pamphlets apocalyptiques écrits par Penn immédiatement après sa conversion [1].

La version de 1682 reprend les arguments et les exemples utilisés dans la première édition, mais sous une forme remaniée et atténuée. Le ton est moins vindicatif, moins exalté, plus persuasif, plus raisonné. Penn affine sa pensée également : s'il est moins virulent, il devient, en revanche, plus exigeant dans le renoncement qu'il requiert du vrai Chrétien : pour être chrétien, il ne suffit pas de renoncer au « Moi illégitime », il faut aussi renoncer au « Moi légitime », c'est-à-dire aux biens et aux joies auxquels nous pouvons légitimement prétendre, sans commettre de péché. En matière de culte, le vrai Chrétien doit renoncer à toutes les cérémonies instituées par sa propre volonté, et se soumettre à la seule volonté de Dieu. C'est seulement par ce renoncement au Moi que l'homme portera vraiment sa croix à l'image du Christ, et qu'il pourra prétendre à la couronne de gloire, récompense des vrais Chrétiens. Car, sans croix, point de couronne.

Dans la version de 1682, Penn introduit également un

1. Comme *Truth Exalted* (1668), par exemple.

concept cher aux Quakers, et qu'avaient déjà développé, avant lui, George Fox dans son *Journal,* et Robert Barclay dans son *Apologie :* celui de l'illumination intérieure *(« the inner light »).* Dans *No Cross, No Crown,* Penn développe l'idée que chaque être humain possède en lui une parcelle de Vérité, une graine *(seed)* qui ne demande qu'à germer, de la connaissance du bien et du mal, et de la volonté de Dieu. Comme Fox avant lui, Penn n'exclut pas de la connaissance et du salut les non-Chrétiens. Cet universalisme est particulièrement visible dans les chapitres où il offre comme modèles au lecteur les sages de l'Antiquité classique, tels Socrate, Platon, Sénèque, Epictète, etc. (Ch. XIV. 8, ou Ch. XV. 9, par exemple). Et la seconde partie de l'ouvrage, non traduite ici, comporte plus de noms empruntés à la Grèce et à la Rome antiques qu'à la tradition chrétienne. Une telle largeur de vues, une telle tolérance, relativement rares au XVIIe siècle, étaient cependant communes chez les Quakers dès cette époque : ainsi Fox avait déjà émis l'idée que les Indiens d'Amérique et même l'Empereur de Chine, avaient en eux cette parcelle de la Lumière divine qui pouvait leur montrer le chemin du salut.

2. Les traductions en langue française

Dans la traduction de Claude Gay, *Point de Croix, Point de Couronne,* qui date de 1746, seule la première partie de l'œuvre est traduite. Claude Gay connaissait mal l'anglais. Du moins c'est ce qu'il écrit, en toute modestie, dans sa préface ou « Avertissement au lecteur » : « Je n'avais encore que quelque teinture de la Langue Angloise que j'eus au cœur de traduire ce Livre ». Mais, convaincu que le traité de William Penn pouvait être utile pour la propagation de la foi chrétienne et le salut des hommes, et notamment pour le salut de ses propres enfants, il se mit à l'ouvrage. Son but, écrit-il dans cette même préface, n'était pas d'atteindre à l'élégance du style, ni de rendre « la force entière de toutes les expressions » de l'auteur, mais de traduire en langue française le message de Vérité contenu dans l'ouvrage de Penn, et ainsi d'être utile « à tous ceux qui, en le lisant céderont aux Convictions de la Lumière de l'Esprit du

Christ ». Claude Gay, qui avait, semble-t-il, reçu lui-même la Lumière, et qui voulait la transmettre aux autres, parvient à son but dans sa traduction : s'il omet parfois certains passages, il rend bien la pensée de l'auteur et ce, dans une langue en réalité fort élégante. Et si l'on compare sa traduction aux traductions de son temps, qui sont souvent des paraphrases plus ou moins fidèles à l'original, il apparaît que, non seulement Claude Gay ne trahit pas Penn, mais que sa traduction est même très moderne pour l'époque, en ce sens qu'elle est fidèle au texte.

Le deuxième traducteur de *No Cross, No Crown,* Edmond Philippe Bridel, a réalisé une traduction *in extenso* de l'ouvrage, toujours sous le même titre. Ce deuxième *Point de Croix, Point de Couronne* comprend la longue liste de personnages exemplaires de la seconde partie. Paradoxalement, Bridel, qui était censé mieux connaître la langue anglaise que Claude Gay, propose une version beaucoup plus infidèle, et dans une langue plus ancienne, moins accessible au lecteur moderne, que celle de Claude Gay. Témoin cet extrait du chapitre III, paragraphe 5 [1], que Claude Gay traduit ainsi :

> « En second lieu, Comment et de quelle manière faut-il porter la Croix chaque jour ?
> Comme la Croix est spirituelle, la manière de la porter l'est aussi... »

et que Bridel rend ainsi :

> « Ici s'élève une autre question : Comment et de quelle manière doit-on porter la Croix de Christ ?
> La manière de porter cette croix, est spirituelle aussi bien que la Croix... » [2]

Bridel omet quelques passages de l'édition de 1682, mais parfois en ajoute d'autres : ainsi le paragraphe 5 du

1. Le texte anglais est le suivant : « But in the next place, how and in what manner is the cross to be daily borne ? » The way, like the cross, is spiritual... » (chapitre III, 5, 1981 (William Sessions Book Trust, York), p. 32.

2. Traduction française de Claude Gay, 1746, p. 33 ; traduction française de P. Bridel, Londres, 1793, p. 35.

chapitre XIV, qui ne comporte que quelques lignes (cinq, exactement) dans l'édition anglaise de 1682, occupe plus de deux pages dans la traduction de Bridel. De la même manière, au début du paragraphe 14 du chapitre XIII, le texte français comporte un passage de huit lignes [1] qui n'existe pas dans le texte anglais [2].

Par ailleurs, Edmond Philippe Bridel cite systématiquement le texte de la Bible lui-même, le met en italiques, et en donne en marge les références, même lorsque Penn, qui était profondément imprégné de la Bible, la cite sans s'en rendre compte, ou, du moins, sans en faire état et sans donner de références (voir, à ce sujet, le chapitre XV, fin du paragraphe 3, par exemple).

La traduction de 1793 pèche également parfois par inexactitude et manque de rigueur. Il arrive à Bridel d'être victime des « faux-amis » : ainsi, le terme anglais *conversation,* qui correspond à « commerce », ou « fréquentation », ou encore, dans certains cas, à « mode de vie », est invariablement rendu par « conversation » dans la traduction de Bridel. Dans un même esprit, le terme « morrice-dancer » [3] est rendu par « feseur de tours » [4], au lieu de « danseur de mauresque ».

En dépit de ces critiques, la traduction de Bridel représente un magnifique travail. Notamment les références bibliques qu'il donne constamment en marge du texte de Penn, même lorsque Penn ne cite pas véritablement la Bible, permettent au lecteur moderne de constater à quel point la pensée est nourrie de la Bible.

En tant que traductrice, je me dois de rendre hommage au travail de Claude Gay et Edmond Bridel, qui ont fait œuvre de pionniers, et ont défriché le texte riche et difficile de William Penn avant moi.

Dans la présente traduction, j'ai essayé de conserver, autant que possible, le style un peu ancien et fortement inspiré de la Bible, de l'auteur, en supprimant, cependant, les termes et tournures trop archaïques. Ainsi, les longues phrases, ou périodes, de l'original anglais, presque insuppor-

---

1. Bridel, p. 221.
2. *No Cross, No Crown,* éd. citée, p. 201.
3. *No Cross, No Crown,* ch. XVIII. 9, éd. citée, p. 281.
4. Bridel, p. 311.

tables pour un lecteur moderne, ont été remaniées pour rendre le texte plus accessible.

Enfin, pour la traduction des citations bibliques, que Penn emprunte à la Bible de 1611, j'ai eu recours à la traduction française de la Bible par Louis Segond [1], plutôt qu'à d'autres versions en français, du fait qu'il s'agit d'une version réalisée à partir de la Bible de 1611, écrite dans une langue qui n'est pas systématiquement modernisée et qui, donc, correspond mieux au texte dans lequel les citations bibliques sont insérées.

Pour la présente traduction, j'ai utilisé l'édition, de très bonne qualité, de William Sessions (William Sessions Book Trust, The Ebor Press, York 03 9HS, Angleterre), 1981.

Je remercie sincèrement Jacques Tual, qui, avec sa compétence de spécialiste du mouvement Quaker, a amicalement accepté de relire ma traduction et m'a suggéré un certain nombre d'améliorations.

Enfin, que Henriette Louis trouve ici l'expression de toute ma gratitude pour sa direction amicale et ses précieux conseils tout au long de ce travail.

Danièle FRISON-PRUDHOMME

---

1. *La Sainte Bible,* trad. Louis Segond, nouvelle édition revue, Londres, Société Biblique Britannique et Étrangère, 1945.

SANS CROIX,
POINT DE COURONNE

Discours

Sur la Nature et la Discipline
de la Sainte
Croix du Christ,
Destiné à montrer que
Renoncer à soi-même et
Porter chaque jour la Croix du Christ, est la seule Voie
pour parvenir au Repos et au Royaume de Dieu.

par William PENN

PRÉFACE DE WILLIAM PENN

Lecteur,

La grande affaire de la vie de l'homme est de répondre à la fin pour laquelle il a été créé, à savoir rendre gloire à Dieu et sauver son âme : tel est le décret divin, aussi vieux que le monde. Mais il se trouve que l'homme se désintéresse le plus de ce qui devrait lui tenir le plus à cœur, et qu'il dédaigne de s'enquérir de son être, de son devoir et de sa fin selon le plan divin ; il préfère consacrer ses jours (qui devraient être des étapes vers la béatitude) à gratifier l'orgueil, l'avarice et la convoitise de son cœur : comme s'il était né, ou plutôt avait été créé, pour lui seul, échappant ainsi au contrôle et au jugement d'une puissance supérieure. En désobéissant à la loi de Dieu inscrite dans son cœur ; en faisant ce qu'il savait ne devoir pas faire, et en ne faisant pas ce qu'il savait devoir faire, l'homme misérable s'est mis dans cette barbare et lamentable situation. Et aussi longtemps que ce fléau sévira chez l'homme, il fera de Dieu son ennemi, et il se rendra indigne de l'amour et du salut que Dieu a manifesté au monde par l'intermédiaire de son Fils Jésus-Christ.

Lecteur, si tel est ton cas, le conseil que je te donne est de te retirer en toi-même et d'examiner la condition de ton âme, car le Christ t'a donné la lumière nécessaire pour ce faire ; cherche soigneusement, en profondeur ; ta vie en dépend ; il y va du salut de ton âme. Il suffit de le faire une fois ; si tu t'abuses toi-même ce faisant, la perte est irréparable ; le monde ne suffirait pas à payer ta rançon : vas-tu donc, pour ce monde sans valeur, t'attarder, repousser l'heure de ton salut, et perdre ton âme ? Tu as, je le concède, affaire à un Dieu armé d'une grande patience ; mais cette patience aussi a des limites : n'incite donc pas ce Dieu qui t'a créé à te rejeter. Sais-tu ce qu'il en coûte ? C'est Tophet [1], c'est l'enfer, l'éternelle angoisse des damnés. Ô Lecteur, moi qui connais la crainte du Seigneur, je t'engage à être sérieux, diligent, et fervent dans ta quête du salut. Oui, moi qui connais également le réconfort, la joie et les plaisirs de la voie du Bien, je t'exhorte et t'invite à écouter les reproches et les condamnations de la lumière et de l'Esprit du Christ au sein de ta conscience, et à te soumettre au jugement que mérite tout pécheur. Le feu ne brûle que le chaume : le vent n'emporte que la paille : abandonne ton corps, ton âme et ton esprit à Celui qui redonne la vie à toute chose ; un ciel nouveau, une terre nouvelle, un amour nouveau, une joie nouvelle, une paix nouvelle, des œuvres nouvelles, une vie et une conversation nouvelles. Les hommes ont été corrompus et rendus impurs par le péché ; et ils doivent être sauvés par le feu, qui purifie du péché : c'est pourquoi le mot « Dieu » est comparé à un feu, et le jour du salut à une fournaise ; et le Christ lui-même à un raffineur et purificateur d'or et d'argent.

Lecteur, écoute-moi quelque temps ; je recherche ton salut ; tel est mon dessein ; veuille me pardonner. Un Purificateur est venu près de toi, sa grâce t'est apparue : il te montre les convoitises du monde, et il t'enseigne à les refuser. Reçois son levain, et il te transformera ; sa médecine, et il te guérira. Il est aussi infaillible que généreux : il ne réclame point d'argent, mais t'offre la certitude de guérir. Jadis, toucher son vêtement a suffi ; cela suffira encore : sa vertu est intacte, elle est inépuisable, car en Lui réside la plénitude ; béni soit Dieu pour sa puissance. Il lui a donné

---

1. Tophet : lieu souillé par les sacrifices qu'on offrait à Moloc, situé dans la vallée des enfants de Hinnom, au sud-est de Jérusalem.

le pouvoir d'aider les hommes, afin qu'Il puisse sauver tous ceux qui viendraient à Dieu par Lui : sois de ceux-là, et Il te transformera : oui, Il changera ton corps vil en Son corps glorieux. Il est, en vérité, le grand philosophe ; la sagesse de Dieu, qui change le plomb en or, et les choses viles en choses précieuses : car des pécheurs il fait des saints, et des hommes il fait presque des dieux. Que nous reste-t-il donc à faire pour être ainsi les témoins de sa puissance et de son amour ? C'est là qu'est la Couronne, mais où est la Croix ? Où sont la coupe amère et le baptême par le sang ? Eh bien, Lecteur, sois comme Lui ; vers cette joie transcendante, lève la tête au-dessus du monde ; alors, en vérité, ton salut sera proche.

La Croix du Christ est la voie du Christ pour accéder à la Couronne du Christ. Tel est le sujet du Discours qui suit, écrit tout d'abord pendant mon emprisonnement à la Tour de Londres, en l'an 1668, et aujourd'hui réédité, avec de grands développements, tant du sujet que des exemples [1], afin, Lecteur, de te gagner au Christ ; et, si tu y es déjà gagné, de te rapprocher encore de Lui. C'est un chemin dans lequel Dieu, dans son infinie bonté, a guidé mes pas dans la fleur de ma jeunesse, alors que j'avais quelque vingt-deux ans d'âge ; puis Il me prit par la main, et m'éloigna des plaisirs, des vanités et des espoirs du monde. J'ai goûté aux jugements et aux miséricordes du Christ, aux rebuffades et aux reproches du monde : je me réjouis de mon expérience, et je la dédie à ton service, en le Christ. C'est une dette que j'ai longtemps due, et qui s'est longtemps fait attendre. Je l'ai maintenant acquittée, et j'ai délivré mon âme. Je laisse mon œuvre à mon pays, et au monde des Chrétiens : que mon Dieu, si telle est Sa Volonté, la rende utile à eux tous, et détourne leur cœur de cette envie, de cette haine et de cette amertume qu'ils ont l'un pour l'autre, à propos des choses de ce monde, sacrifiant l'humanité et la charité à l'ambition et à la convoitise, semant sur la terre le trouble et l'oppression ; de sorte que, recevant dans leur cœur l'Esprit du Christ, dont les fruits sont l'amour, la paix, la

1. William Penn fait ici allusion à la seconde partie de son livre, qui n'est pas reproduite dans cette édition.

joie, la tempérance et la patience, l'amour du prochain et la charité, ils puissent, avec leur corps, leur âme et leur esprit, former une triple ligue contre le monde, la chair et le diable, qui sont les ennemis communs de l'espèce humaine ; et que, les ayant vaincus par une vie d'abnégation, grâce au pouvoir de la Croix de Jésus, ils puissent enfin accéder au repos éternel et au royaume de Dieu.

C'est ce que désire, c'est ce pour quoi prie,

Ami Lecteur,

Ton Ami Chrétien Fervent,

William PENN.

Worminghurst, Sussex,

le 1er du 6e mois, 1682.

I.

1. De la nécessité de la Croix du Christ en général ; et pourtant du peu de cas que les Chrétiens en font. **2.** *Dégénérescence de la Chrétienté, qui est passée de la pureté à la convoitise, et de la modération à l'excès.* **3.** *Comment les convoitises et les plaisirs de ce monde sont devenus le souci et la préoccupation des Chrétiens, au point que ceux-ci surpassent les infidèles en impiété.* **4.** *Comment cette défection constitue le second acte de la tragédie juive, pire que le premier : du mépris que les Chrétiens témoignent à leur Sauveur.* **5.** *Le péché est d'une essence unique dans le monde entier, et les pécheurs sont d'une même Église et sont les enfants du diable ; comment professer la religion ne rend les hommes mauvais que pires.* **6.** *Un loup n'est pas un agneau ; un pécheur, tant qu'il est pécheur, ne peut être un saint.* **7.** *Les méchants persécutent toujours les bons ; les faux Chrétiens ont persécuté les vrais, qui refusaient de se plier à leurs superstitions ; les étranges mesures temporelles que les faux Chrétiens ont prises concernant le Christianisme ; les dangers de cette auto-séduction.* **8.** *Conscient de cela, je me suis senti obligé de faire ce discours afin qu'il constitue une mise en garde contre les convoitises du monde, et une invitation à soulever chaque jour la Croix du Christ, qui est le chemin qu'Il nous a tracé pour parvenir à la béatitude.* **9.** *De l'auto-condamnation des méchants ; comment la religion et le culte consistent à exécuter la volonté de Dieu. De l'avantage que les bons ont sur les méchants au jugement dernier.* **10.** *Une supplication pour la Chrétienté, afin qu'elle ne soit pas rejetée aux grandes assises du monde. Elle est exhortée à examiner quels sont ses rapports avec le Christ : s'Il est son Sauveur, comment elle fut sauvée, et de quoi ; quelle est son expérience de ce grand-œuvre. Comment le Christ est venu pour sauver les hommes du péché et, par conséquent, de la colère divine ; non pour sauver les hommes dans le péché, mais pour les sauver du péché, et du salaire du péché.*

*

1. Bien qu'il soit d'une importance fondamentale pour l'âme des hommes de connaître la doctrine de la Croix du Christ et de lui obéir, car c'est l'unique porte pour accéder au véritable Christianisme, et le chemin que les anciens ont toujours emprunté pour parvenir à la béatitude ; il me faut constater, pourtant, avec un extrême regret, que cette doctrine est si peu comprise, si négligée, et, ce qui est pire, si amèrement contredite par la vanité, la superstition et l'intempérance des prétendus Chrétiens, que nous devons, soit renoncer à croire ce que le Seigneur Jésus nous a dit, à savoir que quiconque ne porte pas sa croix pour le suivre ne peut être son disciple (Luc xiv. 27) ; soit, si nous admettons que c'est là la vérité, en conclure, que la généralité des Chrétiens se trompent et s'illusionnent misérablement en ce qui concerne le Christianisme et leur propre salut.

2. Car, aussi enclins que nous soyons à regarder avec compassion et charité ces nations qui prétendent s'intéresser au saint nom du Christ, pourtant, si nous voulons aussi faire preuve de justice, il nous faut bien admettre, qu'en dépit de tous les gracieux avantages de la lumière, et de l'obligation à la fidélité, que le monde a reçus en ces siècles derniers grâce à la venue, à la vie, à la doctrine, aux miracles, à la mort, à la résurrection et à l'ascension du Christ, ainsi qu'aux dons de son Saint Esprit ; auxquels il faut ajouter les écrits, les œuvres, et le martyre de ses chers disciples à toutes les époques, il semble qu'il reste fort peu du Christianisme, hormis le nom ; lequel, usurpé aujourd'hui par l'ancienne nature et l'ancienne vie païennes, transforme ceux qui en font profession en de véritables païens déguisés. Car, bien qu'ils n'adorent point les mêmes idoles, ils adorent le Christ avec un cœur identique : et ils ne peuvent faire autrement tant qu'ils vivent dans les mêmes convoitises. Si bien que le Chrétien qui ne se détache pas du monde et le païen, sont de la même religion. Car, bien qu'ils dirigent leurs prières vers des objets différents, chez les uns comme chez les autres cette adoration n'est que contrainte et cérémonie, et la divinité qu'ils adorent vraiment est le dieu du monde, le grand seigneur des passions : devant lui, ils s'inclinent avec toute la puissance de l'âme et des sens. Que

mangerons-nous ? Que boirons-nous ? Quels vêtements porterons-nous ? Et comment occuperons-nous notre temps ? De quelle manière pouvons-nous amasser de l'argent, accroître notre pouvoir, agrandir nos domaines, et perpétuer et anoblir notre nom et notre lignée sur cette terre ? Cette basse sensualité est parfaitement comprise, et exprimée de façon très pathétique, par l'Apôtre Jean en ces termes : « La convoitise de la chair, la convoitise des yeux, et l'orgueil de la vie », qui, dit-il, « ne procède pas du Père, mais procède du monde, qui se complaît dans l'iniquité. » (I Jean 2, 16).

3. C'est une réflexion bien triste, mais une vérité que nul n'aurait l'audace de nier, que la convoitise des choses de ce monde emplit l'étude, le soin et les conversations de la malheureuse Chrétienté ! et, pour aggraver son malheur, elle a grandi au fil des siècles. Car, au fur et à mesure que le monde avance en âge, il devient pire ; et l'exemple de la dépravation d'époques révolues et de leur fin misérable, au lieu de dissuader notre époque, l'encourage ; si bien que les hommes d'aujourd'hui semblent renchérir sur l'impiété des hommes de jadis, et ont surpassé de si loin leur exemple, qu'au lieu d'augmenter en vertu au fur et à mesure que les temps s'améliorent, ils sont, de manière scandaleuse, tombés plus bas que ne vivaient les païens. Leur arrogance, leur concupiscence, leur impureté, leur ivrognerie, leurs jurons, leurs mensonges, leur envie, leur médisance, leur cruauté, leur traîtrise, leur convoitise, leur injustice et leur oppression sont chose si commune, et sont commis avec tant d'excès et d'ingéniosité, qu'ils ont scandalisé et aigri les infidèles au point que ceux-ci méprisent cette sainte religion, à laquelle leur bon exemple aurait dû les gagner.

4. Cette regrettable défection par rapport aux temps primitifs où la gloire du Christianisme était la pureté de ceux qui le professaient, je ne peux que l'appeler la seconde et la pire partie de la tragédie inaugurée par les Juifs contre le saint Sauveur de l'humanité. Car les Juifs, sous l'emprise de l'ignorance, et victimes d'une prévention extrême devant

Son apparence peu conventionnelle, refusèrent de Le reconnaître lorsqu'Il vint ; ils le persécutèrent pendant deux ou trois années, et finalement Le crucifièrent en une journée. Mais la cruauté des faux Chrétiens dure plus longtemps : à l'instar de Judas, ils ont tout d'abord professé de croire en lui, puis, pendant plusieurs siècles, ils L'ont bassement trahi, persécuté et crucifié : par une apostasie perpétuelle manifestée dans leur conduite, très éloignée de la sainteté et de l'abnégation préconisées dans sa doctrine, ils ont, par leur vie, donné le démenti à leur foi. C'est de ceux-là mêmes que l'auteur de l'épître aux Hébreux nous dit qu'ils « Crucifient à nouveau en eux-mêmes le Fils de Dieu et l'exposent à l'opprobre » (Hébreux vi. 6) ; Jean, dans l'Apocalypse, dépeint leur cœur souillé comme « La place de la grande cité que l'on nomme symboliquement Sodome et Égypte, là même où notre seigneur a été crucifié » (Apocalypse xi. 8). Et, de même que le Christ a dit jadis : un homme n'a de pires ennemis que ceux de sa propre maison, de même aujourd'hui les ennemis du Christ sont principalement ceux qui professent son nom ; ils crachent sur lui, ils le clouent et le transpercent, ils le couronnent d'épines, et ils lui donnent à boire du vinaigre et du fiel (Matthieu xxvii. 34). Et ce n'est guère difficile à comprendre : car ceux qui vivent dans le même principe et le même état corrompu que jadis les Juifs qui Le crucifièrent extérieurement, ne peuvent que Le crucifier intérieurement ; puisque ceux qui rejettent la grâce aujourd'hui dans leurs cœurs sont de la même engeance et de la même génération que les Juifs au cœur endurci qui résistèrent à la grâce qui leur apparut alors dans et par le Christ.

5. Le péché est d'une seule et même nature dans le monde entier ; car, même si un menteur n'est pas un ivrogne, ni un blasphémateur un proxénète, ou encore à proprement parler un meurtrier, ils appartiennent pourtant tous à la même Église ; ce sont tous des branches issues de la même mauvaise souche, tous de la même parenté. Ils n'ont qu'un seul père, le diable, ainsi que le Christ l'a dit à ceux qui se proclamaient Juifs et qui représentaient l'Église visible en ces temps-là ; Il a refusé de les écouter lorsqu'ils se réclamèrent d'Abraham et de Moïse, et leur a simplement déclaré que « celui qui commettait le péché était esclave du péché » (Jean viii. 34, 35). Ils ont fait le travail du diable, ils ont donc été les enfants du diable. La démonstration sera toujours valide pour les mêmes motifs, et s'applique donc encore : « Vous êtes esclaves de celui à qui vous obéissez » (Romains vi. 16) ; et, comme l'a dit Jean à l'Église de jadis : « Que nul ne vous égare ; qui commet le péché est du diable » (1 Jean iii. 7, 8). Judas fut-il jamais meilleur Chrétien pour avoir crié, Salut à Toi, Maître, et pour avoir embrassé le Christ ? En aucune manière ; ce fut là le signal de sa trahison ; les marques qui devaient permettre aux Juifs assoiffés de sang [1] de Le reconnaître et de s'emparer de Lui. Il L'appela Maître, mais il le trahit ; il L'embrassa, mais il Le vendit afin qu'Il fût tué ; voilà le résultat de la religion des faux Chrétiens. Si on leur demande : « le Christ est-il votre Seigneur ? », ils s'écrieront : « A Dieu ne plaise qu'il en fût autrement ; oui, Il est notre Seigneur. » Très bien ; mais si on leur demande : « Observez-vous ses commandements ? », ils répondront : « Non, pourquoi le ferions-nous ? » « Comment, dans ce cas, êtes-vous ses disciples ? » « C'est une chose impossible », rétorquent-ils. « Quoi ! Voudriez-vous que nous observions ses commandements ? Aucun homme ne le peut. » Comment ! Serait-il impossible d'accomplir ce sans quoi le Christ a dit qu'il était impossible d'être Chrétien ? Le Christ serait-il déraisonnable ? Moissonnerait-Il là où Il n'aurait pas semé ? Exigerait-Il quelque chose là où Il n'aurait pas donné les moyens ? C'est ainsi qu'à l'instar de Judas ils L'appellent Maître, tandis qu'ils se joignent aux méchants de ce monde pour Le trahir ; et qu'ils L'embrassent et L'étreignent tant qu'il s'agit d'une profession apparente, mais Le vendent ensuite pour gratifier les passions qu'ils cherchent à assouvir. Ainsi que Dieu l'a dit jadis, ils L'asservissent par leurs péchés, et aussi pour leurs péchés (Esaïe xliii. 24).

6. Que nul ne s'illusionne ; « on ne cueille pas des raisins sur un buisson d'épines, ni des figues sur des chardons » (Matthieu vii. 16) : un loup n'est pas une brebis,

---

1. W. Penn a adopté ici un cliché de l'époque. Cependant, dès le XVIIe siècle, les Quakers ont souvent réagi contre l'antijudaïsme de leurs contemporains.

pas plus qu'un rapace n'est une colombe. A quelque culte, à quelque société, à quelque Église que tu appartiennes, la vérité révélée par Dieu à l'humanité est que ceux qui possèdent pourtant l'apparence de la sainteté, mais qui, par leur vie dénuée de mortifications en nient la puissance, ne constituent pas la véritable Église, mais la fausse : cette dernière, bien qu'elle se proclame l'épouse de l'Agneau, ou Église du Christ (Apocalypse xxi. 2 ; xxii. 17), est en fait ce mystère d'iniquité, cette mystérieuse Babylone, justement appelée par le Saint Esprit mère des prostituées et de toutes les abominations (Apocalypse xvii. 5) : parce qu'elle est déchue de la chasteté et de la pureté chrétiennes et qu'elle est tombée dans toutes les abominations de Babylone, la somptueuse cité païenne de jadis, très célèbre pour avoir été le siège des rois de Babylone, et à cette époque le lieu du plus grand luxe et du plus grand orgueil au monde. Ce qu'elle était alors, la Babylone mystique l'est de nos jours : la grande ennemie du peuple de Dieu.

7. Il est vrai que ceux qui sont nés de la chair haïssent et persécutent ceux qui sont nés de l'esprit, qui sont circoncis dans leur cœur. Il semble que ces derniers ne peuvent reconnaître ou adorer Dieu selon ses[1] inventions, ses méthodes et ses prescriptions, et qu'ils ne peuvent recevoir comme doctrine ses vaines traditions, pas plus qu'ils ne peuvent se conformer à ses coutumes et à ses manières corrompues dans leur conversation. Voyant cela, d'apostate elle devient persécutrice. Il ne lui suffit pas de faillir elle-même à la pureté de jadis, d'autres doivent la suivre. Elle ne laissera point de repos à ceux qui ne la rejoindront pas dans cette dégénérescence ou qui refuseront sa marque. Qui serait plus sage qu'elle, la mère Église ? Personne : et nul ne saurait livrer combat à la bête sur laquelle elle est montée, ces puissances terrestres qui la protègent, et qui font vœu de la soutenir contre les protestations de ses dissidents. L'apostasie et la superstition

---

1. Le possessif renvoie, ici, à la Babylone mystique, à la fausse Église.

sont d'éternelles manifestations d'orgueil, et ne supportent pas la contradiction : il faut se conformer ou périr. C'est pourquoi les témoins de la foi assassinés, et le sang des âmes qui sont sous l'autel (Apocalypse vi. 9) se trouvent à l'intérieur des murailles de cette Babylone mystique, la grande cité des faux Chrétiens, et lui sont imputés par le Saint-Esprit dans l'Apocalypse. On ne saurait s'étonner de ce qu'elle mette à mort les esclaves qui jadis crucifièrent le Seigneur : mais on s'étonne et on crie à la barbarie lorsqu'elle tue son époux et assassine son Sauveur (titres dont elle semble faire tant de cas, qui lui ont été si profitables et dont elle se recommande volontiers, bien qu'elle n'y ait aucun droit). Mais ses enfants sont si totalement sous l'emprise des ténèbres, et ce à cause de leur désobéissance continue à la manifestation de la lumière divine dans leurs âmes, qu'ils oublient ce que les hommes étaient jadis, ou ce qu'ils devraient être aujourd'hui ; et qu'ils ne reconnaissent pas le Christianisme pur et véritable lorsqu'ils le rencontrent, tout en se faisant gloire d'en faire profession. Leurs critères concernant le salut sont si charnels et si faux qu'ils appellent le bien le mal et le mal le bien, qu'ils font d'un diable un Chrétien, et d'un saint un diable. Si bien que, alors que la licence inique de leur vie est matière à lamentation, et, pour eux-mêmes, cause de perdition, cette croyance commune, cependant, qui fait qu'ils pensent pouvoir être des enfants de Dieu tandis qu'ils désobéissent à ses saints commandements, des disciples de Jésus bien qu'ils se détournent de sa croix, et des membres de sa véritable Église, sans tache ni ride, bien que leur vie en soit précisément pleine, cette croyance est, de toutes les erreurs qu'ils inventent, la plus néfaste à leur salut éternel. Car ils sont en paix dans le péché, et en sécurité dans leur transgression. Leur vain espoir fait taire leurs convictions, et étouffe toute tentative appliquée de repentir ; si bien que leur erreur quant à leur devoir envers Dieu est aussi nocive que leur rebellion contre lui. Ainsi marchent-ils au bord de précipices, et se bercent-ils d'illusions jusqu'à ce que la tombe les engloutisse, et que le jugement de Dieu tout-puissant brise leur léthargie et détrompe leurs pauvres âmes misérables en leur inspirant les tourments des méchants, en récompense de leur œuvre.

8. Tel a été, et tel sera, le sort de tous les Chrétiens attachés au siècle : c'est une fin si terrible que même s'il n'existait aucun devoir envers Dieu, ni aucune obligation envers les hommes, puisque je suis homme et instruit des œuvres terribles du Seigneur dans la voie et l'accomplissement de mon propre salut, la compassion à elle seule suffirait à m'inciter à dissuader les hommes de rechercher les convoitises et les superstitions du monde, et à inviter ceux qui professent le Christianisme à connaître et à obéir, dans leur vie quotidienne, la Croix du Christ, comme la seule voie qu'il ait tracée et qu'Il ait fixée aux hommes pour atteindre au salut ; afin que ceux qui aujourd'hui ne font qu'usurper le nom (de Chrétiens) puissent réellement le devenir, et que, par le pouvoir de la Croix, à laquelle ils sont aujourd'hui morts au lieu d'être morts au monde grâce à elle, ils puissent participer à la résurrection qui est en Jésus-Christ et accéder à une vie nouvelle. Car ceux qui sont véritablement en Christ, c'est-à-dire, ceux qui ont été sauvés par Lui, et qui croient en Lui, sont de nouvelles créatures (Galates vi. 15). Ils ont reçu une volonté nouvelle, qui exécute la volonté de Dieu et non plus la leur propre. Ils prient véritablement, et ils ne se moquent pas de Dieu lorsqu'ils disent : « Que ta volonté soit faite sur la terre comme au ciel ». Ils possèdent de nouveaux centres d'intérêt, qui se portent sur des choses d'en haut (Colossiens iii. 1-3) et font du Christ leur trésor éternel. Ils ont une foi nouvelle (I Jean v. 4), qui triomphe des pièges et des tentations de l'esprit du monde en eux, ou tel qu'il se manifeste à travers les autres ; et, enfin, ils accomplissent des œuvres nouvelles qui ne sont pas le produit de superstitions, ou de l'invention humaine, mais les purs fruits de l'Esprit du Christ œuvrant en eux, tels que l'amour, la joie, la paix, la douceur, la fortitude, la tempérance, l'amour du prochain, la foi, la patience, la bénéficence, la bonté, contre lesquels il n'existe point de loi ; et ceux qui n'ont pas l'Esprit du Christ, et qui ne cheminent pas de concert avec Lui, ne sont pas des siens, comme l'a dit l'Apôtre Paul (Romains viii. 9) ; aussi la colère de Dieu et la condamnation de la loi tombera sur eux. Car s'il n'y a pas de condamnation pour ceux qui sont en Christ, qui ne marchent pas dans le chemin de la chair, mais dans la voie de l'Esprit, selon la doctrine de Paul, ceux qui ne suivent pas le chemin tracé par l'Esprit Saint et par sa doctrine, ceux-là n'appartiennent pas au Christ : c'est-à-dire qu'ils ne croient pas en Lui et n'ont aucun droit de s'attendre à être sauvés par Lui : en conséquence, ceux-là sont condamnés.

9. La vérité est que la religion des méchants est un mensonge : « il n'est point de paix », dit le prophète, « pour les méchants » (Esaïe xlviii. 22). Il ne peut y en avoir, en vérité ; ils sont réprouvés par leurs propres consciences, et condamnés dans leurs propres cœurs, au sein de leur désobéissance. Où qu'ils aillent, la désapprobation les suit, et maintes fois aussi la terreur de Dieu : car c'est un Dieu offensé qui les tourmente et qui, par sa lumière, étale leurs péchés devant eux. Parfois, ils s'efforcent de L'apaiser par leur adoration et leur dévotion formaliste et matérielle, mais en vain ; car la véritable adoration de Dieu consiste à faire sa volonté, qu'ils transgressent, eux. Tout le reste est compliment hypocrite, comme l'homme qui a dit qu'il irait et qui n'est point allé (Matthieu xxi. 30). Parfois, ils se réfugient dans les sports et la compagnie mondaine pour noyer la voix de celui qui les réprimande, et pour émousser ses traits, pour chasser des pensées importunes, et se mettre à l'abri de celui qui trouble leurs plaisirs ; mais le Tout-Puissant, tôt ou tard, est certain de les rattraper. Il est impossible à ceux qui rejettent les termes de sa grâce d'échapper à sa justice finale. Les rebelles impénitents à sa loi pourront alors chercher refuge dans les montagnes et dans les cavernes de la terre : ce sera en vain. Son œil clairvoyant pénétrera leur retraite la plus reculée, et fera jaillir dans cette obscurité une lumière qui terrifiera leurs âmes coupables et qu'ils ne parviendront jamais à éteindre. En vérité, leur juge est avec eux ; ils ne peuvent pas plus se débarrasser de lui que d'eux-mêmes : il est au milieu d'eux, et il les suivra de près. Le même esprit qui porte témoignage pour les esprits des justes, portera témoignage contre eux. Bien plus, leurs propres cœurs s'élèveront constamment contre eux ; et « si notre cœur nous condamne », dit l'Apôtre Jean, « Dieu est plus grand que notre cœur et il connaît toutes choses » (1 Jean iii. 20) ; ce qui signifie qu'il

est impossible d'échapper aux jugements de Dieu, dont la puissance est infinie, étant donné que l'homme n'est pas capable d'échapper à la condamnation de son propre cœur. C'est ce jour-là que les Chrétiens vaniteux et orgueilleux apprendront que Dieu ne fait pas de différences entre les personnes, que toutes les sectes et tous les noms seront engloutis, pour ne former que deux catégories : les brebis et les boucs, les justes et les méchants ; et les bons eux-mêmes seront mis à l'épreuve ; ce qui a conduit le saint homme à s'écrier : « Si le juste est sauvé à grand-peine, qu'adviendra-t-il de l'impie et du pécheur ? » (1 Pierre iv. 18). Si leurs pensées, paroles et actions doivent être mises à l'épreuve et doivent être examinées par le Juge impartial du ciel et de la terre, comment, dans ce cas, les impies seraient-ils exemptés ? Non ; Celui qui ne peut mentir nous a dit qu'ils seront nombreux alors à crier : « Seigneur ! Seigneur ! », et qu'ils feront état de leur foi, et énumèreront les œuvres qu'ils ont faites en son nom, afin de se Le concilier ; et pourtant ils seront rejetés par cette sentence terrible : « Écartez-vous de moi, vous qui commettez l'iniquité ; je ne vous connais point » (Mathieu vii. 23). Comme s'il avait dit : « Allez-vous-en, pécheurs ; quoique vous ayez professé mon nom, je ne veux point vous connaître ; vos mensonges iniques et vains vous ont rendus indignes de mon saint royaume : partez d'ici et allez auprès des dieux que vous avez servis au milieu de vos chères et adorées convoitises, et dans le monde d'iniquité que vous avez tant chéri et célébré : qu'ils vous sauvent maintenant, s'ils le peuvent, de la colère qui va s'abattre sur vous, et qui est le salaire des méfaits que vous avez commis ». Ici s'achève l'œuvre de ceux qui construisent sur du sable ; le souffle du Juge la fera s'écrouler et la chute en sera terrible. Oh ! c'est maintenant que le juste aura gain de cause contre le méchant. Ainsi que s'écria jadis un apostat : « Que je meure la mort du juste et que ma fin dernière soit semblable à la sienne » (Nombres xxiii. 10). Car la sentence maintenant n'est plus la même, et le Juge sourit ; Il jette un regard d'amour sur ses brebis, et Il les invite par ces mots : « Venez, vous les bénis de mon Père » (Matthieu xxv. 34), vous qui par une longue et patiente pratique du bien avez longtemps attendu l'immortalité ; vous avez été les vrais compagnons de mes souffrances et de ma croix et, avec une fidélité infatigable, vous avez obéi à sa sainte volonté, vous avez vaillamment enduré jusqu'au bout, tournés vers moi, l'Auteur de votre précieuse foi, attendant la récompense que j'ai promise à ceux qui m'aiment et qui ne me font point défaut : Oh ! entrez dans la joie du Seigneur, et héritez du royaume préparé pour vous depuis le commencement du monde.

10. Ô Chrétienté ! mon âme prie avec grande ferveur pour que, après avoir hautainement fait profession du Christ et de sa religion douce et sainte, ta vie impie et pécheresse ne t'envoie pas aux grandes assises du monde et ne te fasse pas perdre finalement un aussi grand salut. Écoute-moi une seule fois, je t'en supplie : le Christ peut-il être ton Seigneur et toi ne Lui point obéir ? ou, encore, peux-tu être son serviteur et ne Le jamais servir ? « Ne t'égare pas, ce que l'homme sème, il le récoltera » (Galates vi. 7). Il n'est aucunement ton Sauveur tandis que tu rejettes sa grâce dans ton cœur, cela même par quoi Il devrait te sauver. Allons, de quoi t'a-t-il sauvé ? T'a-t-il sauvé de tes désirs impurs, de tes affections mondaines, et de tes vaines conversations ? Si tel n'est pas le cas, alors Il n'est aucunement ton Sauveur. Car, bien qu'Il se soit offert comme le Sauveur de tous, Il n'est pourtant véritablement un Sauveur que pour ceux qui sont rachetés par Lui ; aussi ne seront-ils pas sauvés par Lui, ceux qui vivent dans ces péchés qui les ont éloignés de Dieu et dont Il était venu les sauver.

C'est pour racheter l'homme du péché, de la mort et de la colère divine, qui constituent son salaire, que le Christ est venu ; mais ceux qui ne sont pas sauvés, c'est-à-dire pas délivrés, par le pouvoir du Christ dans leurs âmes, du pouvoir que le péché a exercé sur eux, ceux-là ne seront jamais sauvés de la mort et de la colère divine, qui sont le salaire assuré du péché dans lequel ils vivent.

Regarde donc à quel degré les hommes remportent la victoire sur ces mauvais penchants et ces désirs de la chair auxquels ils se sont soumis : c'est dans cette mesure qu'ils seront sauvés véritablement et qu'ils deviendront les témoins de la rédemption apportée par Jésus-Christ. Son nom témoigne de son œuvre : « Et tu l'appelleras Jésus, car il sauvera son peuple de ses péchés » (Matthieu i. 21). « Vois », dit Jean, parlant du Christ, « l'Agneau de Dieu qui enlève les péchés du monde » (Jean i. 29). C'est-à-dire, regarde Celui que Dieu a envoyé pour éclairer les hommes, et pour sauver tous ceux qui Le reçoivent, et qui reçoivent sa lumière et sa grâce dans leurs cœurs, et qui chaque jour soulèvent leur croix et Le suivent ; ceux qui préfèrent se priver du plaisir de gratifier leurs désirs plutôt que de pécher contre Sa volonté, qu'Il leur a révélée, ou que de faire ce qu'ils savent ne point être juste.

II

1. Par ce qui précède, la Chrétienté peut voir combien elle est dégénérée et corrompue, et aussi comment son prétendu Christianisme ne la rend que pire. **2.** *Mais par la repentance et la propitiation du sang de Jésus, elle peut obtenir la miséricorde de Dieu.* **3.** *Il est la lumière du monde qui condamne les ténèbres, c'est-à-dire l'iniquité du monde ; et il faut le connaître de l'intérieur.* **4.** *La Chrétienté, comme l'auberge de jadis, est pleine d'autres invités : elle est incitée à croire en le Christ, à le recevoir et à faire appel à lui.* **5.** *De la nature de la vraie foi : elle donne le pouvoir de vaincre toute apparence du mal ; ceci conduit à considérer la Croix du Christ, qui est ce qui a tant manqué.* **6.** *Le ministère apostolique : son but et ses effets bienheureux ; le caractère des temps apostoliques.* **7.** *La gloire de la croix et son triomphe sur le monde païen. C'est un critère qui permet à la Chrétienté de voir ce qu'elle n'est pas et ce qu'elle devrait être.* **8.** *Son déclin, et la cause de celui-ci.* **9.** *Les malheureux effets qui s'ensuivirent.* **10.** *En étudiant la cause, on peut plus aisément connaître le remède, à savoir : n'ayant pas fidèlement pris la croix chaque jour, il s'ensuit que le remède doit être de la prendre chaque jour.*

*

1. Par tout ce qui a été dit, Ô Chrétienté ! et par cette aide supérieure, si tu voulais bien y avoir recours (à savoir la lampe que le Seigneur a allumée en toi et qui n'est pas totalement éteinte), il apparaît à l'évidence tout d'abord que ta dégénérescence est profonde et totale, toi qui fut jadis le temple du Seigneur et qui es devenu une cage d'oiseaux impurs et qui, d'une maison de prières, as fait un repaire de brigands, une synagogue de Satan, et le réceptacle de tous les esprits souillés. Ensuite que, en dépit de cette défection manifeste, tu as néanmoins jugé ton être corrompu

en te fondant sur ta profession de foi chrétienne et tu t'es affreusement abusé d'espoirs de salut. La première faute rend ton mal grave ; mais la seconde le rend presque incurable.

2. Pourtant, du fait que Dieu est miséricordieux afin qu'on Le craigne, et puisqu'Il ne prend point de plaisir à voir les pauvres pécheurs, non, pas même les apostats (Ezéchiel xviii. 20, 23, 24), souffrir une mort éternelle, mais qu'Il désire que tous parviennent à la connaissance et à l'obéissance de la Vérité et soient sauvés, Il a envoyé son Fils comme propitiation et L'a donné comme Sauveur pour enlever les péchés du monde entier, afin que ceux qui croient en Lui et qui Le suivent, connaissent la justice de Dieu dans la rémission de leurs péchés et l'effacement éternel de leurs transgressions (Matthieu i. 21 ; Luc i. 77 ; Romains iii. 25 ; Hébreux ix. 24-28 ; 1 Jean ii. 1, 2). Contemple maintenant le remède ! c'est une médecine infaillible, inventée par Dieu ; un élixir précieux, en vérité, et dont l'efficacité est garantie ; c'est la panacée à laquelle aucune maladie n'a jamais résisté.

3. Mais, diras-tu, qu'est-ce que le Christ et où peut-on Le trouver et comment doit-on Le recevoir et faire appel à Lui, afin d'être souverainement guéri ? Je te réponds donc, tout d'abord, qu'Il est la grande lumière spirituelle du monde, qui illumine tous ceux qui viennent au monde ; et par laquelle Il leur fait voir leurs actions noires et mauvaises, et leur reproche de les avoir commises. Ensuite, Il n'est pas loin de toi (Actes xvii, 27), comme l'a dit l'Apôtre Paul en parlant de Dieu aux Athéniens. « Vois », dit le Christ lui-même, « je me tiens à la porte et je frappe. Si quelqu'un entend ma voix et ouvre la porte, j'entrerai chez lui et je prendrai la Cène avec lui, et lui avec moi » (Apocalypse iii. 20). De quelle porte peut-il s'agir, sinon de celle du cœur de l'homme ?

4. Toi, comme l'auberge d'antan, tu as été plein d'invités : tes affections ont entretenu d'autres amants ; il n'y a pas eu de place pour ton Sauveur dans ton âme. Aussi le salut n'est point encore venu dans ta maison, quoiqu'il soit venu à ta porte et qu'il se soit souvent proposé, et que, depuis longtemps, tu fasses profession de le désirer. Mais s'Il vient et s'Il frappe à nouveau, c'est-à-dire si sa lumière brille encore, s'il te reproche à nouveau tes méfaits, il y a un espoir que ton heure ne soit point passée et que le repentir ne soit point déjà caché à tes yeux ; mais que son amour te soit encore offert, et qu'il continue saintement de t'inviter à te sauver.

Aussi, Ô Chrétienté ! crois, reçois, et fais appel à Lui comme il convient. Ceci est une nécessité absolue pour que ton âme puisse vivre pour toujours avec Lui. Il a dit aux Juifs : « Si tu ne crois point que Je Suis, tu mourras dans tes péchés ; et là où je vais tu ne peux aller » (Jean viii. 21, 24). Et parce qu'ils ne L'ont pas cru, ils ne L'ont pas reçu, ni aucun de Ses bienfaits. Mais ceux qui L'ont cru L'ont reçu ; et à tous ceux qui L'ont reçu, son propre disciple bien-aimé nous relate : « à ceux-là il a donné le pouvoir de devenir les fils de Dieu, nés non pas du sang, ni du vouloir de la chair, ni du vouloir de l'homme, mais de Dieu » (Jean i. 12, 13). C'est-à-dire, ceux qui ne sont pas les enfants de Dieu selon la coutume, les préceptes et les traditions des hommes, et qui s'appellent son Église et son peuple, étrangers au vouloir de la chair et du sang ainsi qu'à l'imagination de l'homme charnel qui ne connaît point le pouvoir et la régénération de l'Esprit Saint, et proches de Dieu ; c'est-à-dire agissant selon sa volonté et selon l'édification et la sanctification de son Esprit et la parole de vie qu'il a mise en eux. De tels hommes ont toujours su faire une juste mise en pratique du message du Christ, car en vérité c'est pour eux qu'Il fut fait propitiation, réconciliation, salut, justice, rédemption et justification.

C'est pourquoi je te dis, à moins que tu ne croies que Celui qui se tient à la porte de ton cœur et qui frappe, et qui étale tes péchés devant toi, et qui t'appelle au repentir, est bien le Sauveur du monde, tu mourras dans tes péchés, et là où Il est allé, tu n'iras jamais. Car si tu ne crois point en Lui, il est impossible qu'Il te fasse du bien, ou qu'Il accomplisse ton salut ; le Christ n'œuvre pas contre la foi, mais par elle. Il a été dit jadis : « En certains lieux il ne fit pas beaucoup de miracles, parce que les hommes ne croyaient pas en lui » (Matthieu xiii. 58 ; Marc vi. 5). De sorte que, si tu crois vraiment en Lui, ton oreille sera attentive à sa voix en toi, et la porte de ton cœur s'ouvrira lorsqu'Il frappera. Tu seras réceptif à ce que sa lumière te découvrira, et les enseignements de sa grâce te seront très chers.

5. Il est de la nature de la vraie foi d'engendrer une sainte crainte d'offenser Dieu, une profonde révérence pour ses préceptes, et une écoute des plus attentives au témoignage intérieur de son Esprit, car c'est ce par quoi ses enfants en tous temps ont été conduits sains et saufs vers la gloire. Car, de même que ceux qui croient vraiment reçoivent le Christ dans toutes les offres qu'Il fait à l'âme, de même ceux qui Le reçoivent ainsi accueillent avec Lui le pouvoir de devenir les fils de Dieu ; c'est-à-dire une force et une aptitude intérieures à faire tout ce qu'Il exige ; la force de mortifier leurs passions, de contrôler leurs affections, de résister à leurs impulsions mauvaises, de faire abnégation d'eux-mêmes, et de vaincre le monde dans ses apparences les plus séduisantes. Telle est la vie de la sainte Croix du Christ, qui est l'objet du discours qui suit, et que toi, Ô homme, tu dois soulever si tu as l'intention d'être le disciple de Jésus. Et tu ne peux prétendre recevoir le Christ, ou croire en Lui, tandis que tu rejettes sa croix. Car, de même que recevoir le Christ est le moyen désigné par Dieu pour atteindre au salut, de même soulever chaque jour la croix à Son exemple constitue le seul vrai témoignage de L'avoir accueilli en soi, et, donc, la preuve suprême de fidélité fixée par Lui : « Si quelqu'un veut venir à ma suite, qu'il renonce à lui-même et prenne sa croix, et qu'il me suive » (Matthieu xvi. 24).

C'est là, Ô Chrétienté, ce dont tu as tant manqué, et dont le défaut s'est avéré la seule cause de ce que tu sois misérablement déchue de la pureté initiale du Christianisme. Y songer sérieusement est ton devoir, et te sera aussi d'une grande utilité pour te relever.

Car, de même que la connaissance de la cause d'une quelconque maladie aide le médecin à formuler un jugement juste et sûr dans la prescription de son remède, de même cela t'éclairera grandement sur le chemin de ta guérison de connaître et de peser la cause première de cette chute et de cette maladie spirituelle qui t'afflige. Pour y parvenir, il faudra procéder à un examen général de ton état primitif et, en conséquence, des œuvres de ceux qui ont été les premiers à travailler dans les vignes du Seigneur ; et si cela nous entraîne dans quelques répétitions, l'importance et la dignité de cette question les feront admettre au lecteur, sans qu'il soit besoin de nous en excuser.

6. Le travail d'apostolat, nous dit l'un des premiers à s'y être consacré, était de convertir les hommes « des ténèbres à la lumière, et du pouvoir de Satan à Dieu » (Actes xxvi. 18). C'est-à-dire qu'au lieu de céder aux tentations et aux incitations de Satan, qui est le prince des ténèbres ou le prince du mal (le premier terme étant une métaphore de l'autre), par le pouvoir duquel leur entendement était obscurci et leur âme maintenue au service du pêché, ils devraient tourner leur esprit vers l'apparition du Christ, Lumière et Sauveur du monde ; qui, par Sa lumière, brille dans leur âme et, par là, leur donne la connaissance de leurs péchés, afin qu'ils puissent devenir les enfants de la lumière et marcher dans la voie de la justice. Et pour cette œuvre sainte de réforme le Christ a doté ses apôtres de son esprit et de son pouvoir, afin qu'ainsi les hommes ne puissent plus dormir dans la sécurité du péché et l'ignorance de Dieu, mais qu'ils s'éveillent à la justice, afin que le Seigneur Jésus puisse leur donner la vie ; c'est-à-dire qu'ils puissent renoncer au péché, s'interdire le plaisir du mal, et, par un vrai repentir, tourner leur cœur vers Dieu dans l'exercice du bien, où se trouve la paix. Dieu, en vérité, bénit les travaux fidèles de ces pauvres ouvriers, qui étaient pourtant ses ambassadeurs extraordinaires auprès de l'humanité, au point qu'en l'espace de quelques années, plusieurs milliers, qui avaient vécu sans Dieu dans le monde, sans le connaître ni le craindre, sans loi, en véritables étrangers à l'œuvre de son esprit dans leurs cœurs, captifs des désirs de la chair, furent intérieurement frappés et vivifiés par la parole de vie. Leurs yeux s'ouvrirent à la venue et au pouvoir de notre Seigneur Jésus-Christ en tant que juge et législateur dans leurs âmes, Lui dont la lumière et l'esprit saints révélèrent et condamnèrent les choses cachées des ténèbres et engendrèrent en eux un pur repentir d'avoir commis ces œuvres mortes ; cela afin qu'ils pussent servir le Dieu vivant dans un esprit nouveau. Si bien qu'à partir de ce moment ils ne vécurent plus pour eux-mêmes, et ne furent plus entraînés par les diverses passions qui, jadis, les avaient séduits et éloignés de la vraie crainte de Dieu. Au contraire, « la loi de l'Esprit qui donne la vie » (Romains viii. 2), par laquelle ils vainquirent la loi du péché et de la mort, fut leur délice, et ils passèrent leurs jours et leurs nuits à méditer dessus. Leur respect pour Dieu ne fut plus le produit de l'enseignement des hommes (Esaïe xxix. 13), mais de la connaissance qu'ils avaient reçue par son œuvre et par la marque qu'il avait imprimée sur leurs âmes. Ils avaient quitté leurs anciens maîtres, le monde, la chair et le diable, et ils s'étaient abandonnés à la sainte direction de la grâce du Christ, qui leur enseigna à « renoncer à l'impiété et aux passions du monde et à vivre sobrement, justement et religieusement dans le présent siècle » (Tite ii. 11, 12). Telle est la Croix du Christ, en vérité, et là est la victoire qu'elle donne à ceux qui la soulèvent ; par cette croix ils moururent chaque jour à l'ancienne vie qu'ils avaient menée, et, se tenant soigneusement sur leurs gardes vis-à-vis des mouvements secrets du Mal dans leurs cœurs, ils écrasèrent le péché à sa conception, c'est-à-dire lors de la tentation. Si bien que, comme le conseillait l'Apôtre Jean, ils « se sont gardés, afin que le Mauvais n'ait point de prise sur eux » (1 Jean v. 18).

Car la lumière, que Satan ne peut supporter, et par laquelle le Christ les a éclairés, a découvert le diable dans toutes ses approches et ses assauts sur l'esprit ; et le pouvoir qu'ils ont reçu par leur obéissance intérieure aux manifestations de cette lumière sainte, leur a donné la force de lui résister et de le vaincre dans tous ses stratagèmes. C'est ainsi que là où jadis rien n'était examiné, rien ne passa plus sans examen ; chaque pensée fut soumise au jugement, et la naissance et l'inclination de cette pensée fut aussi soumise à approbation, avant qu'ils lui accordassent place dans leur esprit. Il n'y eut plus aucune crainte de prendre des ennemis pour des amis, tandis qu'ils montaient cette garde stricte au guichet même de leur âme. Désormais le vieux ciel et la vieille terre, c'est-à-dire les vieilles conversations terrestres, et le vieux culte charnel, c'est-à-dire le culte juif ou culte des ombres, disparut rapidement, et chaque jour toutes choses devinrent nouvelles. Il n'était plus Juif celui qui l'était extérieurement ; et la circoncision ne fut plus celle de la chair ; mais devenait Juif celui qui l'était intérieurement, la circonsision étant désormais celle du cœur, selon l'esprit, et non selon la lettre ; et ce Juif nouveau recevait sa louange, non des hommes, mais de Dieu (Romains ii. 28, 29).

7. En vérité, la gloire de la croix brillait de manière si visible à travers la vie d'abnégation de ceux qui la portaient, que les païens en furent frappés d'étonnement ; et, en peu de temps, leurs autels furent ébranlés, leurs oracles discrédités, la multitude frappée, la cour envahie, les armées vaincues, si bien que les prêtres, les magistrats et les généraux se rallièrent derrière elle en cortège triomphant, tels les trophées de son pouvoir et de sa victoire.

Et, tandis qu'une telle intégrité régnait parmi les Chrétiens, puissante était la présence, et invincible le pouvoir, qui les accompagnait : il éteignait le feu, il domptait les lions, il détournait le tranchant des épées, il mettait hors d'usage les instruments de torture, il convainquait les juges et il convertissait les bourreaux (Hébreux xi. 32-40 ; Esaïe xliii. 2 ; Daniel iii. 12-30). En somme, les moyens que leurs ennemis employaient pour les détruire ne faisaient que les grandir ; et, par la profonde sagesse de Dieu, ceux qui dans toutes leurs entreprises tentaient d'éteindre la vérité en devenaient les principaux propagateurs (Daniel vi. 16-28). Désormais, ni pensée vaine, ni parole inutile, ni action impropre ne furent autorisées ; non, aucun regard immodeste, aucun habit de cour, aucune mise légère, aucune civilité de pure forme, aucun honneur personnel ; et ces obscénités contraires aux mœurs et ces vices scandaleux, qui sont aujourd'hui en vogue parmi les Chrétiens, ne purent trouver d'exemple ou de complicité parmi eux. Leur souci n'était point comment gaspiller le plus agréablement leur temps précieux, mais comment le mettre à profit (Éphésiens v. 15,

16), afin qu'ils pussent en avoir suffisamment pour atteindre à l'essentiel salut ; ce à quoi ils s'employèrent soigneusement, avec crainte et en tremblant : non point avec des bals et des masques, des théâtres, de la danse, des fêtes et des jeux ; non point. S'assurer de leur élection et de leur vocation céleste leur était bien plus cher que les pauvres joies vaines de cette terre. Car, ayant vu, comme Moïse, Celui qui est invisible, et ayant découvert que sa bonté et son amour étaient meilleurs que la vie, et la paix de son Esprit supérieure aux faveurs des princes — du fait qu'ils ne craignaient pas la colère de César —, ils choisirent de réconforter les vrais pèlerins du Christ dans leurs afflictions, plutôt que de s'adonner aux plaisirs du péché qui ne durent qu'une saison ; car ils estimaient ses reproches supérieurs aux trésors périssables de cette terre. Et si les tribulations du Christianisme étaient plus estimables que les joies du monde et les reproches de l'un supérieurs à tous les honneurs de l'autre, alors certes, le monde n'offrait aucune tentation qui pût ébranler l'intégrité de la Chrétienté.

8. Par cette brève esquisse de ce qu'était la Chrétienté d'antan, tu peux voir, Ô Chrétienté présente, ce que tu n'es point, et, en conséquence, ce que tu devrais être. Mais comment se fait-il qu'une Chrétienté si douce, si compatissante, si généreuse, si endurante, si tempérée, si sainte, si juste et si bonne, si semblable au Christ, dont elle portait le nom, soit devenue désormais une Chrétienté superstitieuse, idolâtre, persécutrice, orgueilleuse, passionnée, envieuse, méchante, égoïste, ivrogne, concupiscente, impure, menteuse, blasphématrice, proférant des malédictions, avide, tyrannique, malhonnête, et dotée de toutes les autres abominations connues sur terre ?

A mon sens, la raison indiscutable de cette dégénérescence est le mépris intérieur de ton esprit pour la lumière du Christ qui brille en toi, qui t'a tout d'abord montré tes péchés et t'en a fait reproche, et t'a ensuite enseigné et donné le pouvoir de les rejeter et de les combattre. Car, de même que ta crainte de Dieu et ta sainte abstinence du mal te furent, tout d'abord, enseignées, non point par les préceptes des hommes, mais par cette lumière et cette grâce qui te révélèrent les pensées et les desseins les plus secrets de ton cœur, et qui étalèrent tes péchés devant toi et t'en firent reproche (aucune pensée inutile, aucune parole, aucune action mauvaise, n'échappant à leur jugement) ; de même, lorsque tu commenças à mépriser cette lumière et cette grâce, à te montrer négligent dans cette sainte garde que tu montais jadis dans ton cœur, et lorsque tu cessas d'y faire le guet, comme jadis, pour la gloire de Dieu et ta propre paix, l'ennemi acharné du bien de l'homme ne fut pas long à tirer avantage de ce relâchement, et te surprit souvent par des tentations dont l'adéquation avec tes penchants rendit sa victoire sur toi des plus faciles.

En bref, tu as négligé de prendre le saint joug du Christ, de porter ta croix chaque jour ; tu as été négligent dans tes sentiments et tu n'as pas tenu de registre, ni fait de compte, de tes actions. Au contraire, tu as refusé de vérifier les comptes dans ta propre conscience, avec le Christ, ta lumière, l'Évêque tout-puissant de ton âme et le Juge de tes œuvres : ainsi, la sainte crainte a décliné et l'amour s'est refroidi, la vanité s'est développée et le devoir est apparu pesant. Alors, le formalisme a pris la place du pouvoir de la sainteté ; la superstition a remplacé l'institution du Christ : et, tandis que le souci du Christ était de tirer l'esprit de ses disciples loin d'un temple extérieur et loin des rites et des cérémonies charnels, vers le culte intérieur et spirituel de Dieu, comme il convient à la nature de la divinité, un culte mondain, humain, plein de pompe, est institué à nouveau, et une prêtrise, un temple et un autel mondains sont rétablis. Ce fut alors que les fils de Dieu, une fois de plus, découvrirent que les filles des hommes étaient belles (Genèse vi. 2), c'est-à-dire, que s'obscurcit le regard que le repentir avait ouvert et qui ne voyait nulle beauté hors du Christ, et que les yeux de la concupiscence s'ouvrirent à nouveau à l'instigation du dieu du monde. Alors, ces plaisirs du siècle qui font oublier Dieu à ceux qui les aiment (plaisirs qui avaient été, jadis, méprisés pour l'amour du Christ) commencèrent à retrouver leur ancienne beauté et leur attrait dans tes affections, et, de là, redevinrent l'étude, le souci et la jouissance de ta vie.

Il est vrai que les formes extérieures du culte demeurèrent, ainsi qu'un respect nominal et verbal pour Dieu et le Christ, mais ce fut tout ; car la crainte d'offenser la sainte croix disparut, le pouvoir de la sainteté fut nié, l'abnégation oubliée, et, si tu fus féconde en inventions concernant les ornements rituels, tu t'avéras stérile, en revanche, quant aux fruits bénis de l'Esprit. Or, mille coquilles ne remplacent pas un noyau, pas plus que de nombreux cadavres ne remplacent un homme vivant.

9. C'est ainsi que la religion déclina : de chose vécue, elle devint tradition ; le culte, de pouvoir, devint pure forme ; de vie, il devint lettre morte ; et, au lieu de présenter des requêtes pleines de vie et de force, animées par le sentiment d'un besoin profond et par l'assistance du Saint-Esprit (grâce auquel les anciens priaient, luttaient, et obtenaient de Dieu ce qu'ils désiraient), on ne vit plus qu'un marmonnement de routine, un formalisme morne et insipide, fait de courbettes et de simagrées corporelles, de vêtements et d'ornements, de parfums, de voix et de musique, plus appropriés à recevoir quelque prince terrestre qu'à célébrer le culte céleste du seul vrai Dieu immortel, Esprit éternel et invisible.

Au fur et à mesure que ton cœur devenait charnel, ta religion le devenait à son tour ; et, comme tu ne l'aimais point telle qu'elle était, tu la façonnas à ton goût, oubliant ce qu'avait dit le saint prophète : « Le sacrifice des méchants est en abomination à l'Éternel » (Proverbes xv. 8) et ce que disait Jacques : « Vous demandez, et vous ne recevez pas » (Jacques iv. 3). Pourquoi ? « Parce que vous demandez mal » ; c'est-à-dire avec un cœur qui n'est pas juste, mais faux, et non mortifié, un cœur qui n'est pas dans la foi qui purifie l'âme et qui, en conséquence, est incapable de recevoir ce qu'il demande. Si bien qu'on peut affirmer sans se tromper que l'observance des formes cultuelles n'a fait qu'aggraver ton état spirituel, parce que tu es tentée de croire que ta religion te rend meilleure, alors qu'il n'en est rien [1].

1. « Tu », « toi », « ton », se rapportant à la Chrétienté, et non au lecteur, on ne s'étonnera pas que les participes passés soient accordés au féminin.

10. Maintenant, après avoir vu comment tu es misérablement déchue du Christianisme primitif, et en avoir compris la véritable cause (à savoir, d'avoir négligé de porter chaque jour la Croix du Christ), il t'est facile de t'informer du moyen de te racheter.

Car, vois par quelle porte tu es sortie : c'est par cette même porte que tu dois rentrer ; et, de même qu'abandonner et négliger ta croix de chaque jour t'a perdue, de même reprendre et supporter chaque jour ta croix te rachètera à coup sûr. C'est de cette manière que les pécheurs et les apostats deviennent les disciples de Jésus. « Quiconque », dit le Christ, « veut venir après moi et être mon disciple, qu'il renonce à lui-même et prenne sa croix chaque jour et qu'il me suive » (Matthieu xvi. 24 ; Marc viii. 34 ; Luc xiv. 27). Rien d'autre ne pourra te sauver ; note-le ; car, de même que c'est suffisant, c'est absolument nécessaire : sans la croix, point de couronne ; sans la mort, point de vie éternelle. Et il n'est que juste que ces affections mauvaises et barbares qui ont crucifié le Christ à nouveau soient, à leur tour, crucifiées par sa sainte croix.

III

1. En quoi consiste la Croix du Christ ? C'est une image, mais c'est vraiment le pouvoir divin qui mortifie le monde. 2. Elle est appelée ainsi par l'Apôtre Paul s'adressant aux Corinthiens. 3. Où la croix apparaît-elle et où doit-elle être portée ? A l'intérieur : là où sont les passions, là même où elles doivent être crucifiées. 4. L'expérience enseigne cela à chacun ; assurément, le Christ l'affirme : c'est de l'intérieur que provient le meurtre, etc., et c'est là la maison où l'homme fort doit être entravé. 5. Comment doit-on porter la Croix ? : spirituellement, en faisant abnégation de soi-même, en refusant le plaisir du péché ; en plaisant à Dieu et en obéissant à sa volonté telle qu'Il la manifeste à l'âme par la lumière qu'Il lui donne. 6. Ceci montre la difficulté, et pourtant la nécessité de la croix.

*

La croix de chaque jour étant alors, et toujours, ô Chrétienté !, le chemin de la gloire, afin que ce qui suit, et qui se rapporte entièrement à sa doctrine, puisse se présenter à ta conscience avec la plus grande force et le plus grand avantage, tu dois te demander avec le plus grand sérieux :

Premièrement, Qu'est-ce que la Croix du Christ ?

Deuxièmement, Où doit-on soulever la Croix du Christ ?

Troisièmement, Comment et de quelle manière doit-on la porter ?

Quatrièmement, Quelle est la grande œuvre et le grand but de la croix ? A cette rubrique seront amplement étudiés les péchés qu'elle crucifie, ainsi que les méfaits qui accompagnent ces péchés.

Cinquièmement, et enfin, j'ajouterai maints témoignages de personnages, tant vivants que morts, de grand renom (soit pour leur qualité, leur érudition, ou leur piété), afin de confirmer l'ensemble de mon traité.

Tout d'abord, Qu'est-ce que la Croix du Christ ?

1. La Croix du Christ est une image, empruntée à l'arbre extérieur, ou croix de bois, sur laquelle le Christ s'est soumis à la volonté de Dieu et a souffert la mort aux mains des méchants. Si bien que la croix mystique est cette grâce et ce pouvoir divins qui s'oppose aux désirs charnels des hommes, qui apporte la contradiction à leurs affections corrompues, et qui constamment s'élève contre les appétits incontrôlés et charnels de leurs esprits. C'est pourquoi on peut avec justesse l'appeler l'instrument par lequel l'homme meurt complètement au monde et se met en conformité avec la volonté de Dieu. Car rien d'autre ne peut modifier le péché, ni faciliter notre soumission à la volonté divine en des choses qui sont autrement très contraires à notre nature.

2. En conséquence, la prédication de la croix, dans les temps primitifs, fut justement appelée par Paul, cet apôtre célèbre, versé dans les choses de l'esprit, « le pouvoir de Dieu », quoique considéré, alors comme aujourd'hui, par ceux qui sont perdus comme « une absurdité ». Ce qui signifie que, pour ceux dont l'esprit était véritablement las et lourdement chargé, et qui avaient besoin d'un libérateur, ceux pour qui le péché était pesant et odieux, la prédication de la croix, par laquelle le péché devait être mortifié, était, dans leur esprit, le pouvoir de Dieu, ou une prédication du pouvoir divin par laquelle ils devenaient les disciples du Christ et les enfants de Dieu ; et qu'elle agissait sur eux avec tant de puissance que nul ne pouvait les empêcher de l'aimer malgré des quolibets dictés par l'orgueil ou par la licence. Mais que, pour ceux qui marchaient dans la voie large du siècle, qui s'adonnaient sans contrainte à leurs péchés et qui consacraient leur temps et leurs efforts à satisfaire leurs appétits corrompus, pour qui tout joug et tout frein étaient, et sont, intolérables, pour ceux-là la prédication de la croix était, et demeure, une folie.

3. Bien : mais où donc apparaît cette croix, et où doit-on la soulever ?

Je répondrai : de l'intérieur, c'est-à-dire, dans le cœur et dans l'âme ; car, là où est le péché, là se trouve la croix. En effet, tout mal provient de l'intérieur : le Christ lui-même l'a enseigné : « De l'intérieur », dit le Christ, « du cœur de l'homme viennent les pensées mauvaises, les adultères, les fornications, les meurtres, les vols, la convoitise, la méchanceté, la tromperie, l'impudicité, le regard malin, le blasphème, l'orgueil, la folie : tous ces maux viennent de l'intérieur, et souillent l'homme » (Marc vii. 31-23).

Le cœur de l'homme est le siège du péché, et lorsqu'il est souillé il doit être sanctifié : et là où vit le péché, là même il doit mourir : il doit être crucifié. L'habitude du mal a fait que les hommes trouvent naturel de faire le mal ; et, de même que l'âme gouverne le corps, de même une nature corrompue régit l'homme tout entier ; mais, toujours, tout vient de l'intérieur.

4. L'expérience enseigne à tous les fils et à toutes les filles d'Adam de convenir de ceci ; car les tentations de l'ennemi sont toujours dirigées contre l'esprit, qui est interne : si elles échouent, l'âme ne pèche point ; mais si elles réussissent, la convoitise est immédiatement conçue (c'est-à-dire que naissent des désirs incontrôlés) ; or, la convoitise, lorsqu'elle a conçu, enfante le péché ; et le péché, une fois consommé, c'est-à-dire commis, entraîne la mort (Jacques i. 15). C'est là à la fois la cause et l'effet, la véritable généalogie du péché, son commencement et sa fin.

En tout cela, le cœur de l'homme méchant est l'officine du diable, son atelier, son lieu de résidence, où il exerce son pouvoir et son art. En conséquence, la rédemption de l'âme est justement appelée la destruction des œuvres du diable, qui amène la justice éternelle (1 Jean iii. 8 ; Daniel ix. 24). Lorsque les Juifs, blasphémant contre le Christ, qui avait chassé les démons, tentèrent de déprécier ses miracles en les imputant à Beelzébub, Il leur dit : « nul ne peut entrer dans la maison d'un homme fort et piller ses biens, sans avoir auparavant lié cet homme fort » (Matthieu xii. 29). De même que cela montre l'opposition qui existait entre

Beelzébub et le pouvoir par lequel il fut dépossédé, de même cela nous enseigne que les âmes des méchants sont la maison du diable, et que ses biens, ses œuvres mauvaises, ne peuvent être détruites qu'après avoir d'abord enchaîné celui qui les a accomplies et qui garde la maison. Tout ceci permet de comprendre où l'on doit soulever la croix, qui est le seul moyen d'enchaîner l'homme fort, de piller ses biens, de résister à ses tentations : à savoir à l'intérieur, dans le cœur de l'homme.

5. Mais ensuite, comment, et de quelle manière, doit-on porter la croix chaque jour ?

La manière de porter cette croix, comme la croix elle-même, est spirituelle : elle consiste en une soumission intérieure de l'âme à la volonté de Dieu, telle qu'elle se manifeste par la lumière du Christ dans la conscience des hommes, bien qu'elle soit contraire à leurs propres inclinations. Par exemple, lorsque le mal paraît, ce par quoi il se montre, dit aussi aux hommes qu'ils ne devraient pas lui céder ; et ce conseil, s'ils le suivent, leur donne le pouvoir d'échapper au mal. Mais ceux qui regardent et contemplent la tentation finissent par y succomber et sont vaincus par elle : d'où il s'ensuit crime et jugement. En conséquence, de même que la Croix du Christ représente cet esprit et ce pouvoir en les hommes (bien qu'il ne procède pas d'eux, mais de Dieu) qui contrarie et réprouve leurs convoitises et leurs affections charnelles ; de même, la manière de prendre la croix est un total abandon de l'âme à ce que la Croix découvre et exige : ne plus songer au plaisir terrestre ou à la satisfaction ou à l'intérêt de la chair, car c'est là le moyen de se laisser captiver en un instant, mais sans cesse monter la garde contre toutes les manifestations du mal, et, au moyen d'une obéissance engendrée par la foi (c'est-à-dire par un amour sincère et la confiance en Dieu), offrir de bon cœur à la mort sur la croix cette mauvaise partie d'eux-mêmes, ce Judas en eux, qui, incapable de supporter le feu de la bataille et manquant de patience à l'heure de la tentation, serait, en raison de ses affinités avec le tentateur, enclin à livrer leurs âmes entre les mains de ce dernier.

6. Oh ! ceci fait voir à chacun, par sa propre expérience, combien il est difficile d'être un vrai disciple de Jésus. Le chemin est étroit, en vérité, et la porte très petite, si l'on veut que pas un mot, pas même une pensée, n'échappe à la sentinelle (Matthieu xxiv. 42 ; xxv. 13 ; xxvi. 38-41) ; ou n'échappe au jugement : il faut tant de circonspection, tant de précautions, tant de patience, tant de constance, tant de sainte crainte et de tremblement (Philippiens ii. 12). Ceci facilite l'interprétation de ce proverbe difficile : « La chair et le sang ne peuvent hériter le royaume de Dieu » (1 Corinthiens xv. 50) ; ceux qui sont les captifs des convoitises et des affections de la chair, ceux-là ne peuvent porter la croix ; et ceux qui ne peuvent porter la croix ne porteront jamais la couronne. Pour régner, il est nécessaire de souffrir d'abord (2 Timothée ii. 12 ; Romains viii. 17).

IV

1. Quelle est la grande œuvre de la croix ? La réponse à cette question est d'importance primordiale. 2. L'œuvre de la croix est l'abnégation. 3. En quoi consistèrent la coupe et la croix du Christ ? 4. En quoi consistent notre coupe et notre croix ? 5. Notre devoir est de suivre le Christ, notre capitaine. 6. De la distinction entre le Moi légitime et le Moi illégitime. 7. En quoi consiste le Moi légitime. 8. Comment il faut y renoncer dans certains cas, à l'exemple du Christ et selon sa doctrine. 9. D'après le modèle que nous a laissé l'Apôtre. 10. Le danger de placer le Moi légitime au-dessus de notre devoir envers Dieu. 11. Comment la récompense du renoncement au Moi nous encourage à le pratiquer. 12. Cette doctrine est aussi vieille qu'Abraham. 13. Comment son obéissance est un acte de foi mémorable. 14. L'exemple de renoncement au Moi de Job : sa résignation. 15. Moïse aussi en est un exemple puissant : comment il méprisa la cour de Pharaon. 16. Son choix. 17. La raison de ce choix, à savoir, l'espoir d'une récompense. 18. Esaïe n'est pas un exemple négligeable, lui qui, de courtisan qu'il était, devint un saint prophète. 19. Ces citations s'achèvent avec l'exemple du saint Daniel ; sa patience et son intégrité, et le succès qu'elles remportèrent auprès du roi. 20. De nombreuses illustrations pourraient confirmer cette sainte doctrine. 21. Il faut que les hommes renoncent à tout, s'ils veulent être sauvés. 22. Le chemin de Dieu est le chemin de la foi et du renoncement. 23. Exhortation, par laquelle l'auteur supplie instamment tous les hommes de veiller à ces choses.

*

1. Mais quatrièmement, quelle est la grande œuvre, la grande affaire, de la croix par rapport à l'homme ?

Réponse 1. Il est, en vérité, d'importance primordiale de répondre vraiment, simplement, mais complètement, à cette question, de sorte que tout ce qui a été dit auparavant semble servir seulement de préface. Y répondre mal ne serait rien moins qu'égarer l'âme sur le chemin de son salut. Aussi poursuivrai-je la question avec l'aide de Dieu, et avec tout ce qu'Il m'a donné de connaissance, ainsi qu'avec l'expérience que j'ai acquise depuis plusieurs années que je suis son disciple.

2. La grande œuvre et la grande affaire de la Croix du Christ par rapport à l'homme est le renoncement au Moi. Cette expression, d'une grande profondeur, est en contradiction complète avec le monde ; on ne la comprend guère, et on l'embrasse encore moins dans le monde ; et, en dépit de tout cela, il faut pourtant s'y soumettre. Le Fils de Dieu nous a précédés, et, par la coupe amère qu'Il a bue, et le Baptême qu'Il a enduré, Il nous a laissé un exemple que nous devrions suivre sur ses pas. Ce qui Lui a fait poser cette question difficile à la femme de Zébédée et à ses deux fils, lorsqu'elle lui demanda que l'un soit assis à sa droite et l'autre à sa gauche dans son royaume : « Êtes-vous capables de boire de la coupe dont j'ai bu, et d'être baptisés du baptême dont je suis baptisé ? ». Il semble que leur foi était forte, car ils ont répondu : « Nous en sommes capables ». Sur quoi Il leur a répondu : « Vous boirez, en vérité, de ma coupe, et vous serez baptisés du baptême dont je suis baptisé » ; mais Il laissa à son Père le soin de les récompenser (Matthieu xx. 21-23).

3. Quels étaient cette coupe dont Il a bu, et ce baptême qu'Il a enduré ? Je répondrai que c'étaient le renoncement et le don de Lui-même par l'Esprit éternel à la volonté de Dieu, en subissant les tribulations de sa vie et les souffrances de sa mort sur la croix pour le salut de l'homme.

4. En quoi consistent donc la coupe et la croix que nous devrions boire et soulever ? C'est le renoncement à

nous-mêmes, par le même esprit, et l'offre d'exécuter ou de supporter la volonté de Dieu pour son service et sa gloire, qui constitue la vraie vie et la vraie obéissance à la Croix de Jésus. La voie demeure étroite, mais auparavant elle n'était même pas tracée. Car lorsqu'il n'y avait personne pour aider, personne pour décacheter les sceaux, pour dispenser la connaissance, pour diriger le cours de la guérison de l'homme misérable, Il est venu dans la grandeur de son amour et de sa force. Et, quoique revêtu des infirmités d'un homme mortel, fortifié à l'intérieur par la toute-puissance d'un Dieu immortel, Il est passé par toutes les détresses et toutes les difficultés de l'humanité et, le premier, il a parcouru le chemin, qui n'était point encore tracé, du salut.

5. Oh viens ! suivons-Le, ce Capitaine de notre salut, jamais las et toujours vainqueur, auprès de qui tous les grands Alexandres et les puissants Césars du monde sont moins que le plus pauvre des soldats de leur camp n'était auprès d'eux. Il est vrai qu'ils étaient tous de grands princes, dans leur genre, et aussi de grands conquérants, mais selon des principes très différents. Car le Christ s'est abaissé pour sauver l'humanité ; tandis que ces princes ont, sans compter, ruiné des peuples pour accroître leur renommée. Ils ont vaincu les autres, mais pas eux-mêmes ; le Christ s'est conquis Lui-même, et a toujours vaincu les autres. Il est donc, par le mérite, le Prince et le Conquérant le plus excellent. En outre, tandis qu'ils agrandissaient leur empire par la rapine et le sang, Il agrandissait le sien par la souffrance et la persuasion. Jamais Il n'employa la force, alors qu'eux triomphèrent toujours par la violence. La misère et l'esclavage suivirent toutes leurs victoires, tandis que Sa victoire apporta une plus grande liberté et une plus grande félicité à ceux qu'Il vainquit. Dans tout ce qu'ils firent, ils cherchèrent à satisfaire leur plaisir ; dans tout ce qu'Il fit, Son but fut de satisfaire son Père, qui est Roi des rois et Seigneur des seigneurs.

C'est ce modèle très parfait de renoncement que nous devons suivre, si jamais nous voulons parvenir à la gloire. Pour ce faire, il nous faut étudier le renoncement dans ses caractéristiques véritables et toute son étendue.

6. Il existe un Moi légitime et un Moi illégitime : et on doit renoncer aux deux pour l'amour de Celui qui, en soumission à la volonté de Dieu, renonça à tout afin de nous sauver. Et, bien que le monde ne soit pas vraiment encore, en aucune partie, préparé à recevoir cette leçon de renoncement au Moi légitime, puisque chaque jour il sacrifie avec la plus grande avidité aux plaisirs du Moi illégitime ; pourtant, pour considérer mon propos dans son ensemble, et du fait qu'il peut se trouver certains qui soient suffisamment avancés dans cet exercice spirituel pour en tirer quelque profit, je vais du moins en parler brièvement.

7. Le Moi légitime auquel nous devons renoncer est cet agrément, cette aise, cette jouissance, et cette abondance, qui, eux-mêmes, sont si loin d'être mauvais qu'ils consistent en la bonté et en les bienfaits que Dieu nous envoie : par exemple un mari, une femme, un enfant, une maison, de la terre, la renommée, la liberté, et la vie elle-même. Ce sont là les faveurs de Dieu, dont il nous est permis de jouir avec un plaisir légitime et de profiter honnêtement. Mais lorsque Dieu l'exige, à quelque moment que le prêteur les réclame ou qu'il lui plaise de mettre nos affections à l'épreuve en nous demandant de nous en séparer ; je dis, lorsqu'ils sont mis en compétition avec Lui, il ne faut pas les préférer, mais il faut y renoncer. Le Christ Lui-même est descendu de la gloire de son Père, et, de plein gré, s'est fait homme de peu de renommée, afin de nous faire acquérir quelque mérite auprès de Dieu ; et, renonçant à la qualité qui était sienne de pouvoir en toute justice se prétendre l'égal de Dieu, Il s'est humilié à prendre la pauvre forme d'un serviteur, et ce, jusqu'à la mort ignominieuse sur la croix (Philippiens ii. 5-8).

8. C'est la doctrine qu'Il nous enseigne par ces paroles : « Celui qui aime, père, mère, fils ou fille, plus que moi, n'est pas digne de moi. » (Matthieu x. 37). Ou encore : « Quiconque d'entre vous ne renonce pas à tout ce qu'il a, ne peut être mon disciple » (Luc xiv. 33). Et il a dit sans ambages au jeune homme riche que, s'il voulait avoir la vie éternelle, il fallait qu'il vendît tout ce qu'il avait et qu'il le suivît (Marc x. 21, 22) ; cette doctrine affligea le jeune homme, comme elle afflige ceux qui, comme lui, en dépit de leurs grandes prétentions à la religion, en vérité préfèrent leurs richesses au Christ. Cette doctrine du renoncement est la condition du bonheur éternel : « Celui qui veut venir après moi, qu'il renonce à lui-même, qu'il prenne sa croix et qu'il me suive » (Matthieu xvi. 24).

9. Ceci a fait quitter aux honnêtes pêcheurs leur profession légitime, afin de Le suivre, lorsqu'Il les y a appelés, et a fait abandonner à d'autres, qui attendaient la consolation d'Israël, leurs domaines, leur réputation, leur liberté, et aussi leur vie, pour le déplaisir et la colère de leurs parents et du gouvernement sous lequel ils vivaient, tout cela pour l'avantage spirituel qu'ils tiraient de leur fidélité à sa sainte doctrine. Il est vrai que beaucoup, dans la parabole de la fête, cherchèrent des excuses pour ne pas Le suivre : certains avaient acheté des terres, certains s'étaient mariés, et d'autres avaient acheté des attelages de bœufs, et ne pouvaient venir (Luc xiv. 18-20). C'est-à-dire qu'un amour immodéré des choses de ce monde les retenait : leurs jouissances légitimes, d'abord faites pour leur être utiles, devinrent leurs idoles ; ils les adorèrent au-dessus de Dieu et ils refusèrent de les quitter pour venir à Dieu. Mais cela leur fut compté et reproché ; et, par là, nous pouvons voir le pouvoir du Moi sur l'homme du monde, et le danger qu'un tel homme court à abuser des biens légitimes. Quoi ! ta femme te serait plus chère que ton Sauveur ! et ta terre et tes bœufs passeraient avant le salut de ton âme ! Oh ! prends garde que tes réconforts ne s'avèrent pas tout d'abord des pièges, et ensuite des malédictions ; les surestimer est provoquer Celui qui te les a donnés pour te les reprendre ensuite. Viens, et suis Celui qui donne à l'âme la vie éternelle.

10. Malheur à ceux dont le cœur se trouve dans leurs possessions terrestres, car, lorsqu'ils les perdront, ils perdront aussi leur ciel. C'est le péché de la plupart des hommes que d'être trop attachés aux réconforts de ce monde. Et c'est lamentable de contempler à quel point leurs affections sont embarrassées et enlisées dans les commodités et les biens de cette terre. L'homme qui fait vraiment preuve de renoncement est un pèlerin ; mais l'homme égoïste est un habitant du monde : l'un s'en sert, comme on fait des bateaux, pour se transporter ou naviguer lors d'un voyage, c'est-à-dire pour arriver au port ; l'autre ne cherche rien, quoi qu'il prétende, sauf trouver son contentement et ses aises en ce bas monde, et s'y trouve si bien que, s'il le pouvait, il ne le quitterait point. Cependant, il ne se donne point la peine de penser à l'autre monde, jusqu'au moment où il comprend qu'il ne peut continuer à vivre plus longtemps dans celui-ci : mais alors, hélas ! il risque d'être trop tard : ce n'est pas vers Abraham qu'il peut aller, mais vers Dives [1] : l'histoire est aussi vraie qu'elle est triste.

11. Mais, d'un autre côté, ce n'est pas pour rien que les disciples de Jésus renoncent à eux-mêmes ; et, en vérité, le Christ Lui-même avait en vue la joie éternelle : « En vue de la joie qui lui était présentée », dit l'auteur de l'Épître aux Hébreux, « il a souffert la croix » (Hébreux xii. 2) ; c'est-à-dire qu'Il a renoncé à Lui-même, qu'Il a enduré les reproches et la mort aux mains des méchants, et qu'Il a méprisé la honte, à savoir, le déshonneur et la dérision du monde. Il n'a pas eu peur et n'a point reculé ; Il a méprisé tout cela ; et Il est assis à la droite du trône de Dieu. Et, pour encourager ses disciples, et les consoler, lorsque Pierre lui demanda ce que recevraient ceux qui avaient tout abandonné pour Le suivre, Il leur répondit : « En vérité, je vous le dis, vous qui m'avez suivi dans la régénération,

1. L'auteur fait ici référence au personnage allégorique de Dives, qui incarne la richesse, et auquel est opposé le personnage de Pauper, dans un certain nombre d'œuvres médiévales, notamment dans un long traité en prose composé au début du XVe siècle par le moine Henry Parker et intitulé *Dives and Pauper* (éd. P. H. Barnum, E.E.T.S., o. s. 275, Londres (O.U.P.), 1976), où Pauper, qui est, en fait, un frère mendiant fort érudit, explique à Dives les raisons pour lesquelles il faut mépriser les biens de ce monde et lui rappelle les paroles du Christ : « Heureux les pauvres... car le royaume des cieux leur appartient » (Luc vi. 20).

lorsque le Fils de l'homme sera assis sur le trône de sa gloire, vous serez de même assis sur douze trônes, et vous jugerez les douze tribus d'Israël » (Matthieu xix. 27-29), alors qu'ils étaient dans un état d'apostasie et ne croyaient plus à la vie et au pouvoir de la sainteté. Cette réponse était adressée à ses disciples, aux compagnons les plus intimes de ses tribulations, aux premiers messagers de son royaume. Mais ce qui suit s'adresse à tous : et « quiconque aura quitté à cause de mon nom ses frères, ou ses sœurs, ou son père, ou sa mère, ou sa femme, ou ses enfants, ou ses terres, ou ses maisons, recevra le centuple, et héritera la vie éternelle » (Matthieu xix. 29). C'est l'espoir de cette récompense, cette couronne éternelle de justice, qui, de tous temps, a suscité, dans les âmes des justes, une sainte indifférence, un saint mépris pour le monde. C'est ce même espoir qui a donné aux martyrs leur constance, et qui, par l'effusion de leur sang, a permis le triomphe de la Vérité.

12. Ce n'est pas là une doctrine nouvelle : elle est aussi vieille qu'Abraham (Genèse xii). Dans plusieurs circonstances extraordinaires, sa vie fut faite de renoncement. D'abord, lorsqu'il quitta son pays, où nous pouvons bien imaginer qu'il était établi dans l'abondance, ou, du moins, dans l'aisance. Et pourquoi ? : parce que Dieu l'appela. En vérité, ceci devrait être une raison suffisante, mais la dégénérescence du monde est telle qu'en fait ce n'en est pas une. Et la même action, induite par les mêmes motifs, pour laquelle Abraham a été loué, serait aujourd'hui, chez n'importe qui, tournée en dérision. Tant les hommes sont enclins à ne point comprendre ce qu'ils approuvent, et à mépriser, chez leurs contemporains, les mêmes actions qu'ils prétendent admirer chez leurs ancêtres.

13. Mais Abraham obéit. La conséquence en fut que Dieu lui donna un pays puissant. Ce fut là la première récompense de son obéissance. La suivante fut qu'il eut un fils dans son vieil âge ; et, ce qui donnait plus de prix à cette bénédiction, après que, selon la nature, sa femme eut dépassé l'âge d'enfanter (Genèse xxi. 1, 2). Pourtant, Dieu réclama ce fils chéri, leur enfant unique, la joie de leurs vieux jours, le fils d'un miracle, et dont dépendait l'accomplissement de la promesse faite à Abraham. C'est ce fils, dis-je, que Dieu réclama. C'était une grande épreuve, qui, penserait-on, aurait très bien pu faire fléchir sa foi et ébranler son intégrité, ou, du moins, jeter le trouble en Abraham : « C'est là un ordre déraisonnable et cruel : c'est le fait du tentateur, ce ne peut être le fait de Dieu. Car, peut-on concevoir que Dieu m'ait donné un fils pour me demander de le sacrifier ? Que le père doive être le bourreau de son fils unique ? Ou encore, qu'il exige de moi que je renonce au fils de sa propre promesse, par lequel l'alliance qu'il a faite avec moi devait s'accomplir ? Cela est incroyable. » C'est là, dis-je, ce qu'Abraham aurait tout naturellement pu répondre, pour résister à l'appel de Dieu et se laisser aller à sa grande affection pour son bien-aimé Isaac. Mais le bon vieil Abraham, qui connaissait la voix qui lui avait promis un fils, ne manqua pas de la reconnaître lorsqu'elle exigea qu'il rendît ce fils. Il ne discuta point, quoique cela lui parût étrange, et que, en tant qu'homme, il éprouvât quelque surprise et quelque horreur. Il avait appris à croire que Dieu, qui lui avait donné un fils par un miracle, pouvait en faire un autre pour préserver, ou lui rendre, ce fils. Ses affections ne pouvaient entraver son devoir, et encore moins triompher de sa foi ; car il avait reçu ce fils d'une manière qui ne lui permettait pas de mettre en doute ce que Dieu lui avait promis.

Il s'inclina devant la voix de cette Toute-Puissance, construisit un autel, y attacha son fils unique, alluma le feu, et étendit la main pour prendre le couteau ; mais l'ange arrêta le coup : « Arrête, Abraham, tu as prouvé ton intégrité ». Que s'ensuivit-il ? un bélier servit au sacrifice, et Isaac lui fut rendu. Ceci montre qu'il suffit de peu, lorsqu'on est entièrement résigné, et que le Tout-Puissant se contente d'un petit sacrifice, lorsqu'Il approuve les sentiments de notre cœur. Si bien que ce n'est pas le sacrifice qui rend le cœur agréable à Dieu, mais c'est le cœur qui rend le sacrifice acceptable.

Souvent, Dieu s'en prend à nos joies les plus chères, et nous demande ce à quoi nous tenons le plus, et ce dont nous sommes le moins enclins à nous séparer. Non pas pour nous en priver complètement, mais pour éprouver l'intégrité de notre âme, pour nous mettre en garde contre les excès, et afin que nous puissions nous souvenir de Dieu, auteur de ces bienfaits que nous possédons, et que nous vivions sans trop nous y attacher. Je parle par expérience : la meilleure manière de conserver nos jouissances est d'y renoncer ; et, si cela est dur, il est doux de se les voir rendre, comme ce fut le cas d'Isaac pour son père Abraham, avec encore plus d'amour et de bénédiction qu'auparavant. Ô monde stupide ! Ô Chrétiens mondains ! qui n'êtes pas seulement des étrangers, mais des ennemis pour cette foi si parfaite ! et dont, tant que vous demeurez ainsi, vous ne pourrez connaître les récompenses !

14. Mais Job ne le cède guère à Abraham : son renoncement fut également insigne. Car, lorsque les messagers porteurs de ses tourments s'acharnèrent sur lui, lui apportant malheur sur malheur, jusqu'à ce qu'il fût presque aussi nu qu'au jour de sa naissance, la première chose qu'il fit, fut de se prosterner, d'adorer la puissance et d'embrasser la main qui l'avaient dépouillé. Il était si loin de se plaindre, qu'en conclusion de la perte de ses biens et de ses enfants, il prononça ces mots : « Je suis sorti nu du sein de ma mère, et nu je retournerai dans le sein de la terre. L'Éternel a donné, et l'Éternel a ôté ; que le nom de l'Éternel soit béni ! » (Job i. 21). Quelle foi profonde, quelle patience, quelle résignation, que celles de cet homme excellent ! On eût pu penser que les nouvelles répétées de son infortune suffiraient à détruire sa confiance en Dieu : elles ne la détruisirent point ; elles la soutinrent. En vérité, il nous explique pourquoi : son Rédempteur vivait. « Je sais », dit-il, « que mon Rédempteur vit » (Job xix. 25, 26). Et on eut la preuve qu'il le savait : car Dieu l'avait sauvé du monde : son cœur n'était point prisonnier de ses joies ici-bas ; son espoir vivait au-dessus des joies temporelles et des peines mortelles ; il n'était point tenté par les unes, ni ébranlé par les autres ; mais il croyait fermement que lorsque, après sa peau, les vers auraient dévoré son corps, il verrait cependant son Dieu avec ses yeux. C'est ainsi que le cœur de Job

était à la fois soumis à la volonté de Dieu et conforté par elle.

15. Moïse est, après Job, l'exemple de renoncement le plus remarquable dans l'histoire sainte, avant les temps de l'incarnation du Christ sur terre. Il avait été sauvé, encore enfant, par une providence extraordinaire, et, semble-t-il, par ce qui suit, pour servir Dieu de manière exceptionnelle : la fille de Pharaon, dont la compassion préserva la vie de Moïse, lorsque le roi décréta le massacre des enfants mâles des Hébreux (Exode i. 15, 16), le prit pour fils et lui donna une éducation à la cour de son père. Les grâces de sa personne et ses capacités remarquables, jointes à l'amour qu'elle lui portait et à sa recommandation auprès de son père pour qu'il lui donnât de l'avancement devaient faire de lui, sinon un successeur éventuel, du moins un premier ministre potentiel de ce prince riche et puissant. Car l'Égypte était alors ce qu'Athènes et Rome furent par la suite, c'est-à-dire le pays le plus renommé pour sa culture, son art et sa gloire.

16. Mais Moïse, destiné à une autre œuvre et guidé par un principe supérieur, n'eut pas plus tôt atteint l'âge de raison, que l'impiété des Égyptiens et l'oppression de ses frères dans ce pays devinrent pour lui un fardeau insupportable. Et quoiqu'un homme aussi sage et aussi bon ne pût manquer de cette généreuse et sincère reconnaissance envers la fille du Pharaon qui l'avait comblé de tant de bienfaits, il avait pourtant également vu ce Dieu qui était invisible (Hébreux xi. 24-27). Et il n'osait pas vivre dans l'aisance et l'abondance de la maison du Pharaon, tandis qu'on exigeait de ses pauvres frères qu'ils fissent des briques sans paille (Exode v. 7, 16).

C'est ainsi que, la peur du Tout-Puissant s'emparant du plus profond de son cœur, il refusa noblement d'être appelé le fils de la fille de Pharaon, et il choisit de mener une vie d'affliction, avec les Israëlites, si méprisés et opprimés, et d'être le compagnon de leurs tribulations et de leurs malheurs, plutôt que de jouir des plaisirs du péché pour un peu de temps, estimant que l'opprobre du Christ (qu'il souffrit pour avoir fait ce choix contraire au monde) était un plus grand trésor que toutes les richesses de ce royaume.

17. Il n'était d'ailleurs point aussi fou qu'ils le pensaient. La raison était de son côté : car il est dit qu'il avait en vue l'espoir de la récompense et qu'il ne refusa un petit bénéfice que pour en obtenir un plus grand. En cela, sa sagesse transcendait celle des Égyptiens : car ceux-ci avaient donné la préférence au monde présent, qui est aussi incertain que le temps, et avaient ainsi perdu le monde qui n'a pas de fin. Moïse vit plus loin, et pesa les joies de cette vie dans les balances de l'éternité : il découvrit qu'elles étaient de peu de poids. Il gouverna sa conduite, non pas en vue de possessions immédiates, mais en vue de la nature et de la durée de la récompense. Sa foi corrigea ses affections, et lui enseigna à sacrifier les plaisirs du Moi à l'espoir qu'il avait d'une récompense future, d'une qualité supérieure.

18. Esaïe fut, lui aussi, un exemple remarquable de ce bienheureux renoncement : de courtisan qu'il était, il devint prophète, et il abandonna les intérêts mondains du premier état pour la foi, la patience et les souffrances du second. Car son choix, non seulement lui fit perdre la faveur des hommes, mais leur méchanceté, enragée par son intégrité envers Dieu, manifestée dans les reproches courageux et fervents qu'il leur adressait, finit par faire de lui un martyr, car ils eurent la barbarie de le scier en deux sous le règne du roi Manassé. Ainsi mourut cet excellent homme, qu'on appelle communément le Prophète Évangélique.

19. J'ajouterai, entre beaucoup d'autres, un exemple de plus : celui de la fidélité de Daniel. Jeune homme sage et saint, Daniel, lorsque ses intérêts extérieurs furent mis en concurrence avec son devoir envers Dieu Tout-Puissant, les abandonna tous ; et, au lieu de se préoccuper de sa propre sûreté, comme oublieux de lui-même, et courant ainsi les plus grands dangers, son souci principal fut comment

préserver l'honneur de Dieu, par sa fidélité à la volonté divine. Et quoique tout d'abord cela l'exposât à la ruine, cependant, comme en témoignage de grand encouragement pour tous ceux qui, comme lui, choisiront de conserver une conscience pure en des temps contraires, en fin de compte cela fut la cause de son grand avancement dans le monde. Et, par sa persévérance, le Dieu de Daniel fut rendu fameux et terrible, même aux yeux des rois païens.

20. Que dirai-je de tous les autres, qui ne se sont attachés à rien, afin d'exécuter la volonté de Dieu, qui ont abandonné les joies de ce monde et ont exposé leur bien-être et leur vie, aussi souvent que la vision céleste le leur demandait, provoquant la colère et l'envie de princes dégénérés et d'une Église apostate ? Ce fut le cas, notamment, de Jérémie, d'Ezéchiel, et de Michée, qui, après avoir renoncé à eux-mêmes, en obéissance à la voix divine, scellèrent leur témoignage de leur sang.

Ainsi, le renoncement était la pratique et la gloire des anciens, qui furent les prédécesseurs de la venue du Christ dans la chair : espérerons-nous parvenir au ciel sans lui maintenant, alors que notre Sauveur lui-même en est devenu l'exemple le plus parfait ? et cela, non pas, comme certains voudraient le faire croire, pour que nous n'ayons pas besoin de renoncer à nous-mêmes ; mais afin que nous puissions, au contraire, le faire et nous montrer de véritables disciples de son exemple béni (I Pierre ii. 21).

21. En conséquence, qui que tu sois, si tu veux exécuter la volonté de Dieu, mais si tes bonnes dispositions sont affaiblies et contrariées par des considérations mondaines, souviens-toi, je t'en prie, au nom du Christ, que celui qui préfère son père ou sa mère, sa sœur ou son frère, sa femme ou son enfant, sa terre ou sa maison, sa renommée, son honneur, son emploi, sa liberté ou sa vie au témoignage de la lumière de Jésus dans sa propre conscience, celui-là sera rejeté par Lui lors de cette comparution solennelle du monde tout entier où tous seront jugés et recevront selon ce qu'ils auront fait, et non selon ce qu'ils auront professé, dans cette vie. C'était la doctrine de Jésus, que si ta main droite te cause préjudice, tu dois la couper, et que si ton œil droit te cause préjudice, tu dois l'arracher (Matthieu v. 29, 30) : c'est-à-dire que si les joies les plus chères, les plus utiles et les plus douces font obstacle à ton âme et t'empêchent d'obéir à la voix de Dieu et de te conformer à sa sainte volonté révélée à ton âme, tu dois t'engager, sous peine de damnation, à t'en séparer.

22. La voie qui mène à Dieu est la voie de la foi ; elle est aussi obscure à l'entendement que mortelle pour le Moi. Ce sont les enfants de l'obéissance qui, comme saint Paul, considèrent toute chose comme de l'ordure et du fumier, afin de gagner le Christ, et qui connaissent et empruntent cette voie étroite. Les spéculations ne serviront à rien, les concepts raffinés n'ont point de place ici ; seuls ceux qui obéissent mangeront le meilleur de ce pays (Esaïe i. 19). Le bienheureux Jésus le dit : ceux qui font sa volonté, ceux-là connaîtront sa doctrine (Jean vii. 17) ; c'est ceux-là qu'Il instruira. Il n'y a point de place pour l'instruction divine lorsque le Moi légitime est maître, et non serviteur. Car le Moi ne peut la recevoir ; ce qui devrait l'accueillir est opprimé par le Moi, vit dans la crainte et n'ose pas. Oh ! Que dira mon père ou ma mère ? Que me fera mon mari ? ou, enfin, Que me fera le magistrat ? Car, quoique que j'aie la conviction la plus forte et la certitude la plus claire dans mon âme de telle ou telle chose, pourtant, en considérant combien elle est démodée, quels ennemis elle a, et combien étrange et singulier elle me fera paraître, j'espère que Dieu aura pitié de ma faiblesse : si je suis faible, je ne suis que de chair et de sang ; peut-être, par la suite, me rendra-t-il plus fort ; rien ne presse. Ainsi raisonne l'homme gouverné par la crainte et le Moi égoïste.

Mais celui qui délibère est pire encore : car, à parlementer, l'âme est perdante ; la manifestation divine s'accompagne du pouvoir. Jamais Dieu n'a convaincu les hommes sans, dès qu'ils se soumettent, leur donner aussitôt le pouvoir. Il n'exige rien qu'Il ne donne à l'homme la capacité d'accomplir : ce serait se moquer des hommes, et non les sauver. Il te suffit, pour faire ton devoir, que Dieu te le montre, à condition que tu suives cette lumière et cet esprit par lesquels Il t'en donne connaissance. Ceux à qui ce pouvoir fait défaut sont ceux qui ne reçoivent point le Christ lorsqu'Il essaye de les convaincre dans leur âme : à ceux-là, Il fait toujours défaut ; mais ceux qui reçoivent le Christ, ceux-là reçoivent le pouvoir, comme ceux de jadis, de devenir les enfants de Dieu, par la pure obéissance de la foi.

23. En conséquence, je vous supplie, par l'amour et la miséricorde de Dieu, par la vie et la mort du Christ, par le pouvoir de son Esprit et l'espoir de la vie éternelle, vous, dont les cœurs sont installés dans les joies temporelles et qui préférez votre Moi égoïste à ces choses célestes, de vous contenter de l'exemple des temps passés : de ne point croire qu'il vous suffit d'être exempts des impiétés dont tant d'autres sont coupables ; tandis que votre amour excessif pour les biens légitimes en a souillé la jouissance et a éloigné vos cœurs de la crainte, de l'amour, de l'obéissance et du renoncement des véritables disciples de Jésus. Tournez-vous donc, et écoutez la voix silencieuse dans votre conscience : elle vous relate vos péchés et la condition misérable où ils vous entraînent ; elle fait une description vivante de la grande vanité du monde, et elle découvre à l'âme quelque perspective d'éternité et les joies des justes dans leur repos. Si vous l'écoutez, elle vous fera divorcer du péché et du Moi égoïste : bientôt vous trouverez que le pouvoir de ses charmes surpasse celui de la richesse, de l'honneur, et de la beauté du monde ; enfin, elle vous apportera cette tranquillité que les orages du temps ne pourront jamais détruire, ni même troubler. Là, toutes vos jouissances sont bénies ; aussi petites qu'elles soient, la présence divine qui est en elles les rendra grandes.

Même en ce monde, les justes ont l'avantage, car ils ont l'usage du monde sans reproche, du fait qu'ils n'en abusent pas. Ils voient et ils bénissent la main qui les nourrit, qui les vêt et qui les protège. Et, de même qu'en contemplant Dieu dans toutes ses œuvres ils n'adorent pas celles-ci, mais Lui ; de même, la douceur des bienfaits qu'Il leur prodigue est un avantage qu'ils ont sur ceux qui ne Le voient pas. En outre, dans la prospérité, ils ne se sentent pas élevés, pas plus que dans l'adversité ils ne se sentent abattus. Pourquoi ? Parce qu'ils sont modérés dans la première, et réconfortés dans la seconde, par sa divine présence.

En bref, le ciel est le trône, et la terre n'est que le marche-pied de l'homme qui met le Moi sous ses pieds. Et ceux qui connaissent cette attitude n'en changeront pas facilement : ceux-là apprennent à compter leurs jours, afin de n'être point surpris quand leur fin viendra ; et à racheter leur temps, parce que leurs jours sont mauvais (Éphésiens v. 16). Ils se rappellent qu'ils sont intendants et qu'il leur faudra rendre des comptes à un juge impartial. En conséquence, ils ne vivent pas pour eux-mêmes, mais pour Lui, et ils meurent en Lui, et ils sont bénis avec ceux qui meurent dans le Seigneur. Ici je termine mon discours sur le bon usage du Moi légitime.

V

1. Du Moi illégitime. Il est double ; i) celui qui a trait à la religion ; ii) celui qui a trait à la morale. 2. De ceux qui sont formalistes, superstitieux et qui aiment les pompes du culte. 3. Réprimande de Dieu contre les imaginations de la chair. 4. Comment le Christ détourna ses disciples du culte extérieur juif et institua un culte plus spirituel. 5. Étienne parle d'une manière claire et exhaustive de ce problème. 6. Paul, par deux fois, parle de l'homme comme du temple de Dieu. 7. De la croix de ces adorateurs mondains. 8. La chair et le sang fabriquent leur croix, et ne peuvent donc servir à les crucifier. 9. C'est un joug sans contrainte. 10. De la magnificence vulgaire de leur croix, et du respect qu'ils lui portent. 11. La vie monastique n'est pas le renoncement prôné par l'Évangile. 12. Comparaison entre le renoncement au Moi du Christ et celui des reclus : le sien conduit à la pureté en ce monde ; le leur à un emprisonnement volontaire, afin qu'ils ne puissent pas être tentés par le monde. Le mal que cet exemple produirait, si on le suivait. Il détruit la société utile et le travail honnête. Une vie oisive est le refuge habituel de la paresse, de la pauvreté et d'une vieillesse vicieuse. 13. De la croix du Christ dans ce cas-là. Il est impossible de remédier à un mal intérieur en y appliquant un remède externe. 14. Exhortation à l'usage de ceux qui croient de cette manière, pour qu'ils ne s'abusent pas eux-mêmes.

*

1. J'en viens maintenant au Moi illégitime qui, plus ou moins, est la préoccupation immédiate de la majeure partie de l'humanité. Ce Moi illégitime est double : premièrement, celui qui concerne le culte religieux ; deuxièmement, celui qui concerne la conduite civile et morale dans le monde. Il est de la plus grande importance que nous les examinions l'un et l'autre. Je serai aussi bref que possible, sans toutefois

omettre rien que ma conscience ou mon sujet exigerait que j'aborde.

2. Le Moi illégitime en religion, qui devrait être mortifié par la Croix du Christ, est l'invention et l'observance par l'homme d'un culte rendu à Dieu. Ce culte, que l'on fait passer pour divin, ne l'est, ni en tant qu'institution, ni en tant qu'observance. Dans cette erreur profonde viennent, en tête de tous ceux qui s'attribuent le nom de Chrétiens (et qui sont dans une erreur profonde), ceux dont le culte est le plus extérieur, le plus pompeux et le plus superstitieux ; car, non seulement, faute d'être préparés spirituellement, ils perdent beaucoup dans la manière dont ils accomplissent le culte de Dieu Tout-Puissant, lequel est un Esprit Éternel ; mais, le culte lui-même est constitué de ce qui est le plus incompatible avec la forme et la pratique mêmes de la doctrine du Christ et de l'exemple apostolique. Car, tandis que les seconds étaient simples et spirituels, le premier est voyant et mondain ; tandis que la pratique du Christ est toute intérieure et spirituelle, la leur est toute extérieure et corporelle : la première à l'image de la nature de Dieu, qui est un esprit, la seconde en conformité avec la partie la plus charnelle. Si bien que, au lieu de faire abstraction de la chair et du sang, nous avons là un culte fait exprès pour les glorifier : comme s'il ne s'agissait point d'offrir à Dieu un culte qui Le satisfasse, mais d'en imaginer un pour leur propre satisfaction. Un culte habillé de bâtiments et d'images magnifiques, de meubles et de vêtements luxueux, de musique et de chants rares, de lampes coûteuses, de cierges de cire et de parfums ; tout cela exécuté avec la variété la plus apte à charmer les sens extérieurs que l'art puisse inventer ou l'argent procurer ; comme si le monde allait redevenir juif ou égyptien ; ou comme si Dieu était un vieil homme, et le Christ un petit garçon, et qu'il faille leur donner une espèce de « masque » [1] religieux, car c'est ainsi qu'ils Le représentent dans leurs temples, et, pour un bien trop grand

1. Genre théâtral, sorte de divertissement avec musique et danse, très en vogue au XVIIe siècle.

nombre d'entre eux, dans leur esprit. Et la vérité est qu'un tel culte est bien adapté à une telle conception de Dieu : car lorsque les hommes sont capables de concevoir Dieu à leur propre image, il ne faut pas s'étonner s'ils s'adressent à Lui de la manière dont ils souhaiteraient que les autres s'adressent à eux-mêmes.

3. Mais qu'a dit le Tout-Puissant, jadis, à un peuple aussi sensuel que celui dont je viens de parler, dans des circonstances analogues ? « Tu t'es imaginé que je te ressemblais, mais je vais te reprendre, et étaler tes péchés devant tes yeux. Prenez-y donc garde, vous qui oubliez Dieu, de peur que je ne vous déchire, sans que personne ne vous délivre ». Mais, « à celui qui veille sur sa voie, je ferai connaître le salut de Dieu » (Psaumes l. 21-23). Le culte qui lui est acceptable, « c'est de pratiquer la justice, d'aimer la miséricorde, et de marcher humblement avec Dieu » (Michée vi. 8). Car celui qui sonde le cœur et qui examine les reins de l'homme, et qui étale ses péchés devant les yeux, et qui est le Dieu des esprits de toute chair, ne regarde pas le tissu extérieur, mais la disposition intérieure de l'âme, et l'inclination du cœur. Et il n'est pas sage de croire que Celui qui est « revêtu d'honneur et de majesté divins ; qui s'enveloppe de lumière comme d'un manteau ; qui étend les cieux comme un voile ; qui forme avec les eaux le faîte de sa demeure ; qui prend les nuées pour son char et marche sur les ailes du vent ; qui fait des anges ses messagers, et des flammes ses serviteurs ; qui a établi la terre sur ses fondements, afin qu'elle ne soit jamais ébranlée » (Psaumes civ. 1-5), puisse être dignement honoré par ces inventions humaines, refuges d'un peuple apostat qui a renoncé au pouvoir primitif de la religion et à la spiritualité du culte chrétien.

4. Le Christ a détourné ses disciples de la gloire et du culte du temple extérieur et a institué un culte plus intérieur et plus spirituel, auquel il a initié ses adeptes. « Ce ne sera ni sur cette montagne ni à Jérusalem », dira le Christ à la Samaritaine, « que vous adorerez le Père ; Dieu est Esprit,

et il faut que ceux qui l'adorent, l'adorent en esprit et en vérité » (Jean iv. 21, 24). Comme s'Il avait dit : pour tenir compte de la faiblesse des hommes, Dieu a jadis condescendu à Se contenter d'un temps, d'un lieu, d'un temple et d'un service extérieurs, dans et par lesquels Il serait adoré ; mais ceci était du temps où les hommes ignoraient son omniprésence et où ils ne réfléchissaient point à ce que Dieu est, ni au lieu où Il se trouve ; mais je suis venu Le révéler à tous ceux qui me recevront ; et je vous dis que Dieu est Esprit et qu'il faut l'adorer en esprit et en vérité. Les hommes doivent apprendre à le connaître en tant qu'Esprit, et doivent penser à Lui et l'adorer comme tel. Ce n'est point ce culte corporel ni ces cérémonies rituelles, en usage parmi vous aujourd'hui, qui conviennent ou qui plaisent à ce Dieu qui est Esprit : non, vous devez obéir à son Esprit qui lutte en vous pour vous détourner du mal du monde, afin qu'en vous inclinant devant les instructions et les commandements de son Esprit dans vos âmes, vous puissiez connaître ce que c'est de l'adorer comme Esprit ; alors vous comprendrez que ce n'est pas d'aller à telle ou telle montagne, ni d'aller à Jérusalem, mais de faire la volonté de Dieu, de respecter ses commandements, de communier avec Lui en vos propres cœurs et de ne point pécher ; de prendre sa croix, de méditer sa sainte loi et de suivre l'exemple de Celui que le Père a envoyé.

5. C'est pourquoi Étienne, ce martyr fidèle et courageux de Jésus, a dit aux Juifs, alors qu'il était prisonnier devant le conseil pour avoir disputé sur la fin de leur temple bien-aimé et de ses cérémonies, et qu'il était faussement accusé de blasphème. « Salomon », a dit Étienne, « construisit pour Dieu une maison ; néanmoins Dieu n'habite pas dans des temples faits de main d'homme ; comme le dit le prophète, le ciel est mon trône, et la terre mon marchepied : quelle maison me bâtirez-vous ?, dit le Seigneur : ou quel sera le lieu de mon repos ? N'est-ce pas ma main qui a fait toutes ces choses ? » (Actes vii. 47-50). Cela détruit complètement tous les temples mondains, et leurs cérémonies superflues. Le martyre s'acharne sur ces Juifs apostats, qui étaient les adorateurs pompeux, cérémonieux, mondains, de ce temps-

là : « Hommes au cou raide, incirconcis de cœur et d'oreilles ! vous vous opposez toujours au Saint-Esprit ; ce que vos pères ont été, vous l'êtes aussi » (Actes vii. 51). Comme s'Il leur avait dit : « peu importent vos temples et vos rites extérieurs, et vos cérémonies des ombres ; peu importe que vous prétendiez être les descendants d'Abraham selon la nature et les descendants de Moïse selon la religion. Vous vous rebellez contre l'Esprit, vous démentez ses instructions ; vous refusez de vous incliner devant ses conseils, et vos cœurs ne sont points dirigés vers Dieu : vous êtes les héritiers de l'iniquité de vos pères ; et quoique vous les admiriez verbalement, pourtant vous n'êtes aucunement les héritiers des prophètes par votre foi et votre vie ».

Cependant, le prophète Esaïe va un peu plus loin que ne le rapporte Étienne. Car après avoir décrit ce que n'est pas la maison de Dieu, lieu où son honneur réside, il poursuit en ces mots : « Voici sur qui je porterai mes regards : sur celui qui souffre, et qui a l'esprit abattu, sur celui qui craint ma parole » (Esaïe 1 xvi. 2). Voilà, Ô homme charnel et superstitieux, le vrai adorateur et le lieu du repos de Dieu ! C'est la maison et le temple de Celui que le ciel des cieux ne peut contenir ; une maison que le Moi ne peut bâtir, et que l'art et le pouvoir de l'homme ne peuvent ni préparer ni consacrer.

6. Paul, ce grand apôtre des Gentils, par deux fois applique expressément le mot temple à l'homme : une fois dans son épître à l'Église de Corinthe ; « Ne savez-vous pas », dit-il, « que votre corps est le temple du Saint-Esprit qui est en vous et que vous avez reçu de Dieu ? » (1 Corinthiens vi. 19), et que ce n'est pas un bâtiment fait par la main et le cœur de l'homme. A nouveau, il dit aux mêmes hommes, dans sa seconde épître, « Car vous êtes le temple du Dieu vivant, selon ce que Dieu a dit » (2 Corinthiens vi. 16) ; puis il cite les paroles que Dieu a prononcées par la bouche du prophète : « J'habiterai et je marcherai au milieu d'eux ; je serai leur Dieu, et ils seront mon peuple ». C'est là le temple évangélique, l'Église chrétienne, dont les ornements ne sont point les broderies et les meubles provenant de l'art et de la richesse du monde, mais ceux des grâces de l'Esprit : la douceur, l'amour, la foi, la patience, le renoncement à soi-même et la charité. C'est ici que la sagesse éternelle, qui fut avec Dieu depuis toujours, avant que les collines ne fussent créées et les montagnes posées, choisit d'habiter ; « me réjouissant », dit la Sagesse, « en la partie habitable de la terre, et mes délices étaient avec les enfants des hommes » (Proverbes viii. 22, 23, 25, 31) ; non dans des maisons construites de bois et de pierre. Cette maison vivante est plus glorieuse que la maison morte de Salomon, qui n'en était qu'une figure [1], de même que celui qui l'avait bâtie n'était que la figure du Christ, lequel fait de nous des temples sanctifiés à la gloire de Dieu. Il fut promis jadis que la gloire de cette dernière maison transcenderait la gloire de la première (Agée ii. 9) ; ceci peut s'appliquer au cas présent : ce n'est pas un temple ou une maison extérieure, qui surpassera l'autre en éclat extérieur ; car quel avantage y a-t-il à cela ? Mais c'est la gloire divine, la beauté de la sainteté dans la maison ou l'Église de l'Évangile, faite de croyants régénérés, qui devrait surpasser la gloire extérieure du temple de Salomon, qui, en comparaison des temps qui ont suivi, n'était que de la chair par rapport à l'esprit, c'est-à-dire une ressemblance évanescente par rapport à la substance éternelle.

Mais, malgré tout cela, les Chrétiens ont des lieux où ils s'assemblent, bien que dépourvus de la splendeur en usage chez les Juifs ou chez les païens : ces lieux sont simples, dénués de pompe ou de cérémonie, et s'accordent avec la simplicité de leur vie et de leur doctrine bénies. Car la présence de Dieu n'est pas liée à la maison, mais à ceux qui sont dedans, qui représentent l'Église de l'évangile, et non la maison. Oh ! si ceux qui se donnent le nom de Chrétiens connaissaient seulement la véritable sainteté en eux-mêmes, par le baptême de la grâce régénératrice de Dieu, au lieu de cette sainteté imaginaire que l'on attribue à certains lieux ; ils sauraient alors ce qu'est l'Église et en quel lieu Dieu apparaît, en ces temps évangéliques. C'est ce qui a fait dire à David : « La fille du roi est resplendissante dans l'intérieur du palais ; elle porte un vêtement tissé d'or »

---

1. « Figure » est utilisé ici au sens biblique d'antétype.

(Psaumes xiv. 13). Quelle est la gloire qui se trouve au dedans de la vraie Église, et quel est cet or qui constitue cette gloire intérieure ? Dis-moi, Ô homme superstitieux ! sont-ce tes temples majestueux, tes autels, tes tables, tes tapis, tes tapisseries, tes habits, tes orgues, tes chantres, tes cierges, tes lampes, tes encensoirs, ton argenterie, tes bijoux, et tous les ornements de tes temples mondains ? Non point ; tout cela n'approche point des ornements divins de la fille du Roi du Ciel, l'Église bénie et régénérée du Christ. Quelle misérable apostasie ! et quel vil artifice pour remplacer la perte et l'absence de vie apostolique, qui constituait la gloire spirituelle de l'Église primitive !

7. Et pourtant certains des admirateurs de la pompe et de la gloire extérieures dans le culte, voudraient passer pour des adorateurs de la croix, et à cet effet se sont fait fabriquer nombre de croix. Hélas ! quel espoir peut-on avoir de réconcilier avec le Christianisme une chose qui, plus elle approche de sa ressemblance, plus elle s'éloigne de la réalité ? car leur croix même et jusqu'à leur renoncement à eux-mêmes sont les effets du Moi illégitime : et tandis qu'ils s'imaginent adorer Dieu de la sorte, ils s'éloignent de la manière la plus dangereuse de la vraie Croix du Christ et de cette sainte abnégation qu'Il nous avait lui-même recommandée. Il est vrai qu'ils ont une croix ; mais elle semble prendre la place de la véritable ; et elle est si complaisante qu'elle suit les caprices de ceux qui la portent ; car, au lieu de mortifier leur volonté au moyen de cette croix, ils l'ont fabriquée et ils s'en servent selon leur volonté. Si bien que la croix est devenue l'enseigne de ceux qui ne font que ce qu'il leur plaît de faire. Pourtant, par cette enseigne, ils voudraient qu'on les prît pour les disciples de Celui qui jamais ne fit sa propre volonté, mais la volonté de son Père céleste.

8. C'est là une croix que la chair et le sang peuvent porter, car ce sont la chair et le sang qui l'ont inventée ; ce n'est donc point la Croix du Christ, faite pour crucifier la chair et le sang. Des milliers de ces croix n'ont pas plus de vertu qu'un morceau de bois : ce sont de misérables ombres vides, qui ne ressemblent même pas à la croix véritable. Certains les portent sur eux comme des charmes, mais jamais ils ne repoussent le moindre mal grâce à elles. Ils pèchent tout en les portant sur leur dos ; et quoiqu'ils les mettent dans leur sein, leurs passions bien-aimées y demeurent aussi, et n'y sont pas le moins du monde dérangées. Ces croix sont comme les dieux muets dont Élie se moquait ; (1 Rois xviii. 27) ; elles n'ont ni vie ni pouvoir : et comment le pourraient-elles, puisque leur matière est terrestre et que leur forme et leur ouvrage ne sont que l'invention et le travail d'artistes mondains ? Est-il possible que de telles croix rendent meilleurs ceux qui les ont faites ? Assurément pas.

9. Ce sont des jougs sans contrainte, et des croix qui ne contredisent jamais les hommes : une charrette entière de ces croix ne mortifierait pas l'homme qui les porte. Il serait plus facile de se briser le crâne avec de pareilles croix que de briser ses péchés ; et cela, je le crains, un trop grand nombre d'entre eux qui en font usage et qui, même, les adorent, le savent : et (chose qui ne peut arriver qu'à la fausse croix) ils sont fiers de ces croix, alors que la vraie croix, lorsqu'on la porte vraiment, ne laisse point de place à l'orgueil.

10. Car, de même que leur religion, leur croix est voyante et triomphante ; mais en quoi ? En métaux et en pierres de prix, extorqués au peuple par la superstition. Ces croix sont faites de trésors terrestres, au lieu d'enseigner aux cœurs de ceux qui les portent à mépriser ces trésors : et, de même que les hommes, elles sont respectées selon leur richesse. Une riche croix aura de nombreux spectateurs et admirateurs : comme en d'autres choses, les pauvres dans cela sont méprisés. Si j'en appelais à eux, ils ne pourraient nier cette grande vanité et cette superstition. Oh ! comme tout cela est éloigné de la croix bénie de Jésus, qui enlève le péché du monde !

11. La vie monastique, dont certains se vantent, y voyant une source de sainteté, n'est guère plus recommandable, ni tant soit peu plus proche de la nature de la vraie croix : car si elle n'est pas aussi contraire à la loi que d'autres choses, elle est contraire à la nature ; or la véritable religion ne nous enseigne point à agir contre la nature. Le couvent et le monastère chrétiens sont intérieurs, là où l'âme est cloîtrée et séparée du péché. Cette maison religieuse, les vrais disciples du Christ la portent avec eux : ils ne se soustraient point au commerce du monde, quoiqu'ils se gardent du mal du monde dans leur commerce. La vie monastique est un renoncement à soi-même facile, routinier, peu profitable à ceux qui l'adoptent ; c'est un fardeau pour les autres, qui doivent subvenir à leur paresse ; ce sont des asiles de fous religieux, où l'on garde les gens de peur qu'ils ne fassent du mal dehors ; on y pratique la patience par force ; le renoncement à soi-même contre sa volonté, plutôt par ignorance que par vertu ; plutôt par éloignement de la tentation que par fermeté dans la tentation. Quel gré faut-il leur savoir de ne point commettre ce qu'ils ne sont point tentés de commettre ? Ce que l'œil ne voit point, le cœur ne le désire point, ni ne le contrôle.

12. La Croix du Christ est d'une autre nature : elle triomphe vraiment du monde, et elle mène une vie de pureté en vue de toutes ses tentations ; ceux qui la portent ne sont point enchaînés, de crainte qu'ils ne mordent ; ni enfermés de peur qu'on ne les enlève. Non, ils reçoivent du Christ, leur Capitaine, le pouvoir de résister au mal, et de faire ce qui est bien au regard de Dieu : de mépriser le monde, et de préférer ses reproches à ses louanges ; et non seulement de ne point offenser les autres, mais d'aimer ceux qui les offensent : mais non pour ce en quoi ils les offensent. Quel monde aurions-nous si chacun, de peur de transgresser, s'enfermait entre quatre murs ! Point de cela ; la perfection de la vie chrétienne s'étend à tout travail ou tout commerce honnête en usage parmi les hommes. La sévérité de la vie monastique n'est point la conséquence de l'esprit libre du Christ, mais une humilité volontaire et charnelle : ce sont des entraves de leur propre invention, qu'ils s'infligent de leur propre chef, sans en avoir reçu l'ordre, et sans raison. Tout cela fait voir clairement qu'ils sont leurs propres législateurs, et qu'ils édictent leurs propres règles, leurs amendes et leurs rançons : c'est là une autorité forcée en désaccord avec le reste de la création ; car la société en est la fin principale, et elle ne doit pas être détruite par crainte du mal ; le péché qui la pourrit doit être banni par une censure sévère et l'exemple remarquable d'une vertu à toute épreuve. La vraie sainteté ne chasse pas les hommes du monde, mais leur permet d'y vivre mieux et les incite à s'efforcer de le rendre meilleur : à ne pas cacher leur lumière sous un boisseau, mais à la mettre sur une table dans un chandelier. En outre, la vie monastique est une invention du Moi égoïste et, par conséquent, ne peut en aucun cas être la bonne manière de soulever la croix, puisque l'on prend la vraie croix afin de soumettre ce Moi. Par ailleurs, une telle attitude implique que l'on vit par et pour soi, sans se soucier si le monde que l'on laisse part à sa perdition ; les Chrétiens devraient garder la barre et guider le vaisseau vers le port : au lieu de se retirer lâchement à l'arrière du monde, et de laisser ceux qui sont dans ce monde sans pilote, exposés à être jetés par la furie des mauvais temps sur le rocher ou la grève de la ruine. En fin de compte, ce genre de vie, lorsqu'il est adopté par de jeunes personnes, sert habituellement à camoufler la paresse ou à rendre la part des autres meilleure, à épargner aux paresseux la peine du châtiment, ou aux gens de qualité la disgrâce de la misère ; l'un refuse de travailler, l'autre en fait fi ; lorsque cette vie est embrassée par de vieilles personnes, c'est parfois une longue vie criminelle qui trouve refuge dans la superstition, et qui, après avoir suivi sa propre volonté en d'autres choses, cherche à finir ses jours en s'imposant une religion afin d'être quitte avec Dieu.

13. Mais prendre la Croix de Jésus est un exercice plus intérieur : c'est une introspection et une discipline de l'âme en conformité avec l'esprit divin révélé au dedans. N'est-ce point le corps qui doit suivre l'âme, et non pas le contraire ? Ces gens ne comprennent-ils pas qu'aucune cellule monastique extérieure ne saurait protéger l'âme du désir, ni l'esprit d'une infinité d'imaginations mauvaises? Les pensées du cœur de l'homme sont mauvaises, et cela continuellement. Le mal vient du dedans, et non du dehors : comment alors un remède extérieur pourrait-il guérir un mal intérieur ; ou comment une contrainte corporelle pourrait-elle effectuer une incarcération de l'esprit ? Un tel emprisonnement est bien moindre en prison qu'à l'air libre, car moins l'on agit, plus on a de temps pour penser ; et si ces pensées ne sont point guidées par un principe supérieur, les couvents sont plus nuisibles au monde que le commerce. Et pourtant la retraite est à la fois une chose excellente et une chose nécessaire ; les saints pèlerins de l'ancien temps ne fréquentaient guère la foule et la presse.

14. Veuille donc, Ô homme, examiner quelles sont tes fondations, et qui les a posées ; de crainte qu'à la fin il ne s'avère que tu as égaré ton âme pour l'éternité. Je dois avouer que je suis jaloux du salut de mes semblables, ayant trouvé miséricorde auprès de mon Père céleste. Je voudrais qu'aucun ne se trompe au point de se perdre, tout spécialement en matière de religion, où les hommes sont les plus susceptibles d'admettre les choses sans examen, et de perdre infiniment par leur propre fatuité et leur propre négligence. La justice solide et intérieure de Jésus est tout autre chose que les dévotions imaginées par l'homme misérable et superstitieux ; et être agréable au regard de Dieu, surpasse ces exercices religieux corporels qui résultent de l'invention des hommes. L'âme qui est éveillée et conservée par son pouvoir et son esprit saints, vit en Lui selon la manière qu'il a lui-même instituée, et L'adore selon son propre Esprit, c'est-à-dire, selon l'Entendement, la vie et les prescriptions du Christ ; c'est là, en vérité, le culte évangélique. Qu'on n'aille pas s'imaginer que je méprise une véritable retraite : car non seulement j'admets, mais j'admire la solitude. Le Christ Lui-même en fut un exemple : Il aima et il fréquenta les montagnes, les jardins et les rivages de la mer. La solitude est nécessaire pour progresser dans la piété, et je respecte la vertu qui la recherche et qui en fait usage ; j'aimerais qu'on en vît plus d'exemples dans le monde ; mais il faudrait qu'elle fût libre, et non pas forcée. Car quel

avantage l'âme peut-elle en retirer si ce n'est un châtiment, et non un plaisir ? Il y a longtemps que je pense que c'est une erreur pour les différentes sociétés où la vie monastique n'est point en usage, de ne pas avoir de lieux de retraite pour ceux qui sont affligés, ou tentés, pour les solitaires, ou les dévots, où ceux-ci pourraient, sans être dérangés, s'attendre à Dieu, accomplir leurs exercices religieux, et, ainsi fortifiés, pourraient reprendre leurs affaires dans le monde avec plus de maîtrise sur leur propre esprit : quoique moins ces retraites seraient fréquentes, mieux cela vaudrait. Car c'est dans une solitude libre qu'on trouve les plaisirs divins.

VI

1. Mais il est des hommes d'une croyance et d'une pratique plus recherchées, qui sont pourtant victimes de ce Moi illégitime en matière de religion. 2. C'est l'origine de l'acte d'adoration que Dieu considère. 3. Le vrai culte ne peut se dérouler qu'à l'intérieur d'un cœur préparé par l'Esprit de Dieu. 4. L'âme de l'homme est morte sans le souffle divin qui donne la vie, et, par conséquent, incapable d'adorer le Dieu vivant. 5. Nous ne devrions point méditer ce pour quoi nous prions. Comment les Chrétiens devraient prier. L'aide qu'ils reçoivent de Dieu. 6. La méthode pour obtenir cette préparation : c'est d'attendre, comme David et d'autres l'ont fait jadis, dans un silence saint, afin que les besoins et les appuis sollicités soient le mieux perçus. 7. Ceux qui sont rassasiés et repus croient ne point avoir besoin de cette attente, et n'en font point usage ; mais les pauvres en esprit pensent autrement. C'est pourquoi le Seigneur les entend et les comble de ses bienfaits. 8. S'il n'était point besoin de cette préparation, le temps des Juifs aurait été plus saint et plus spirituel que celui de l'Évangile ; car si, même alors, elle était requise, à plus forte raison le sera-t-elle aujourd'hui. 9. De même que le péché, les formes cultuelles extérieures ne peuvent rendre hommage à Dieu : voyez David, Esaïe, etc. 10. Dieu hait ses propres cérémonies et ses propres institutions si on en fait usage sans son propre Esprit ; à plus forte raison, Il hait les inventions des hommes. 11. Les enfants de Dieu ont toujours rencontré Dieu dans la voie qu'Il a choisie, et non dans la leur ; et, dans cette voie, ils ont toujours trouvé aide et secours. Il en était de même au temps de Jérémie ; la bonté de Dieu se manifestait à ceux de ses enfants qui Le servaient vraiment : c'était un sentiment et une jouissance intérieurs de Celui-ci dont ils avaient soif. Le Christ recommanda aussi à ses disciples de s'attendre à l'Esprit. 12. Cette doctrine de l'attente plus amplement développée, et conclue par une allusion à la piscine de Bethesda ; emblème frappant de l'attente intérieure et de ses bienheureux effets. 13. Quatre choses sont nécessaires au culte : la sanctification du fidèle, la consécration de l'offrande, la chose pour laquelle on prie, et, enfin, la foi pour prier. Tout cela doit être juste, c'est-à-dire venir de Dieu. 14. Le grand pouvoir de la foi dans la prière ; témoin la veuve importune. Les méchants et ceux qui aiment les formes cultuelles extérieures demandent, et ne reçoivent point ;

la raison de cela. Mais Jacob et ses vrais descendants, les émules de sa foi, prévalent. **15.** *Ceci démontre pourquoi le Christ reprochait à ses disciples leur peu de foi. La nécessité de la foi. Le Christ n'opère aucun bien sur les hommes sans elle.* **17.** *Plus ample développement sur la nature de cette foi.* **18.** *Qui sont les héritiers de cette foi ; et quelles en furent les nobles œuvres, aux temps anciens où vivaient les justes.*

*

1. Mais il en est d'autres, dont la spéculation est plus raffinée, et la pratique plus réformée, qui n'osent pas utiliser, et encore moins adorer, un morceau de bois ou de pierre, ou une image d'argent et d'or ; ni admettre dans leur culte cette pompe juive, ou plutôt païenne, pratiquée par certains, comme si le culte du Christ était de ce monde, bien que son royaume soit de l'autre. Leur doctrine est opposée à ces superstitions, et pourtant ils ne refusent point de se plier à leurs devoirs religieux : car ils estiment qu'exécuter les rites de divers éléments du culte qui contrarient leur conscience charnelle, et le faire avec exactitude, constitue une croix assez lourde pour eux ; et, s'ils s'abstiennent de péchés énormes et scandaleux, ou si la transgression elle-même n'est point commise, quoiqu'ils en nourrissent la pensée et lui donnent libre cours dans leur esprit, ils se considèrent comme suffisamment protégés, n'ayant point passé les bornes, et étant restés dans l'enceinte du Christianisme. Mais cela aussi est une conception trop restreinte de la discipline de la Croix du Christ : et ceux qui se flattent de la soulever ainsi seront, à la fin, abusés : ils verront qu'ils ont bâti sur du sable et ils entendront l'alarme au milieu de la nuit. Car le Christ a dit : « Je vous le dis, au jour du jugement, les hommes rendront compte de toute parole vaine qu'ils auront proférée. » (Matthieu xii. 36).

2. Car, premièrement, ce n'est pas l'exécution des devoirs religieux que Dieu regarde, mais l'élévation spirituelle qui mène à la dévotion cultuelle. Les hommes peuvent, et certains le font, crucifier leur volonté selon leur volonté : en omettant et en faisant ce qui leur plaît : « Qui a requis cela de vos mains ? » (Esaïe i. 12), a dit jadis le Seigneur aux Juifs, lorsqu'ils voulurent se montrer zélés à Le servir. Or, c'était d'une manière inventée ou imaginée par eux, selon leur volonté et à l'heure qui leur convenait ; non point avec une âme réellement touchée et préparée par la puissance divine, mais par un culte purement corporel, qui, nous dit l'apôtre, n'apporte guère de profit. La superstition qui continue de troubler le monde est due en grande partie au fait que, dans le culte, comme en d'autres choses, on ne s'en est point tenu à la vraie manière de porter la croix. Car les hommes n'ont pas plus fait l'examen de leur culte que de leurs péchés : et même moins ; car, dans leur ignorance, ils ont pensé que le premier justifiait les seconds, sans voir que leurs pratiques religieuses elles-mêmes auraient besoin d'une croix, ou d'une contrition.

3. Mais le véritable culte ne peut venir que d'un cœur préparé par le Seigneur (Proverbes xvi. 1). Cette préparation se fait par la sanctification de l'Esprit, qui, s'il guide les enfants de Dieu dans le cours général de leur vie, comme Paul nous l'enseigne (Romains viii. 14), à plus forte raison doit les guider dans le culte qu'ils rendent à leur Créateur et Sauveur. Quelque prière que l'on fasse, quelque doctrine que l'on professe, si elle ne trouve pas son origine dans la préparation à recevoir l'Esprit Saint, elle n'est point agréable à Dieu ; et elle ne constitue pas le véritable culte évangélique, qui est en esprit et en vérité, c'est-à-dire produit par la préparation et l'aide de l'Esprit. Car quel cas Dieu fait-il d'une accumulation de paroles pitoyables, ou de la dédication de certains lieux ou de certaines heures ? Il est Esprit, et pour Lui les mots, les lieux, les heures, pris au sens strict, sont impropres ou inadéquats. Et, bien qu'ils soient les instruments du culte public, ce ne sont que des instruments corporels et visibles, qui ne peuvent porter nos requêtes au-delà, et encore moins les faire exaucer

par le Dieu invisible ; en aucune manière. Tout cela est fait pour satisfaire la congrégation. C'est le langage de l'âme que Dieu entend, et l'âme ne peut parler que par l'Esprit et ne peut faire entendre ses soupirs au Dieu Tout-Puissant sans l'aide de l'Esprit Saint.

4. L'âme de l'homme, quelque vivante qu'elle soit à d'autres égards, est morte à Dieu tant qu'Il n'y a point insufflé l'esprit de vie : sans cet esprit, elle ne saurait vivre pour Lui, et encore moins l'adorer. Ainsi, Dieu nous dit, par la bouche d'Ezéchiel, lorsqu'Il lui montra, dans une vision, la restauration du genre humain, en la personne d'Israël (manière habituelle de parler parmi les prophètes, et souvent mal comprise) : « J'ouvrirai vos sépulcres », dit le Seigneur, « et je mettrai mon esprit en vous, et vous vivrez » (Ezéchiel xxxvii. 12-14). Ainsi, quoique le Christ ait enseigné à ses disciples à prier, ils étaient, en quelque sorte, des disciples avant qu'Il les eût enseignés ; non point des hommes mondains, dont les prières sont une abomination aux yeux de Dieu. Et bien qu'Il leur ait enseigné à prier, cela ne signifie pas que chacun doive dire cette prière sans prendre en compte s'il peut, ou non, la dire avec le même cœur, et avec les mêmes qualifications, que ses pauvres disciples, ainsi que l'on a la superstition et la présomption, de le faire aujourd'hui ; mais plutôt que nous devons aujourd'hui, comme eux jadis, dire non pas nos propres prières, mais les siennes : c'est-à-dire, celles qu'Il nous permet de faire, ainsi qu'Il le leur a permis jadis.

5. Car si nous ne devons point nous inquiéter de ce que nous dirons lorsque nous viendrons devant les princes de ce monde, parce qu'alors ce que nous devons dire nous sera donné, et que « ce n'est pas nous qui parlerons, mais l'Esprit de notre Père céleste qui parlera en nous » (Matthieu x. 19-20), notre propre capacité est encore moins nécessaire, et nous devons encore moins étudier la forme de notre discours lorsque nous approchons du Prince des princes, du Roi des rois, et du Seigneur des seigneurs. Car, en raison de sa grandeur, nous ne le devons pas, ainsi que

nous l'a ordonné le Christ ; en raison du rapport que nous avons avec Lui en tant que ses enfants, cela n'est pas nécessaire ; Il nous aidera, Il est notre Père ; c'est-à-dire, s'Il l'est vraiment. Ainsi, non seulement la bouche du corps, mais aussi celle de l'âme est fermée, jusqu'à ce que Dieu l'ouvre ; et c'est alors qu'Il aime entendre son discours. Le corps ne devrait jamais faire entendre son langage avant celui de l'âme : Dieu prête l'oreille à de telles requêtes, et son Esprit intercède puissamment en faveur de ceux qui les formulent.

6. Mais, demandera-t-on, comment accéder à cette préparation spirituelle ? Je répondrai : en servant Dieu avec patience, et cependant avec attention et avec zèle : « Éternel », dit le Psalmiste, « tu exauces les vœux des humbles ; tu affermis leur cœur ; tu prêtes l'oreille » (Psaumes x. 17) ; et, dit la Sagesse, « Les projets que forme le cœur de l'homme viennent de l'Éternel » (Proverbes xvi. 1). C'est ici que tu ne dois point penser tes propres pensées ; ni parler tes propres paroles, ce qui est, en vérité, le silence de la Sainte Croix, mais mettre de côté toutes les imaginations confuses susceptibles de se former et de s'imposer à l'esprit lors de ces saintes retraites. Il ne t'appartient pas de persuader le Tout-Puissant par le sujet le plus étudié, formulé en termes les plus choisis. Non, non. Un seul gémissement, un seul soupir, d'une âme blessée, un cœur touché d'un vrai remords, un chagrin sincère et saint, qui sont l'œuvre de l'Esprit de Dieu, valent mieux que tout auprès de Dieu, et sont exaucés. C'est pourquoi, maintiens le silence en ton âme, attends de ressentir quelque chose de divin qui te prépare et te dispose à rendre à Dieu un hommage vrai et digne. Soulevant ainsi la croix, et fermant les portes et les fenêtres de l'âme à tout ce qui pourrait t'interrompre tandis que tu sers Dieu, aussi agréable que soit l'objet qui se présente, aussi légitime ou aussi utile qu'il soit en tout autre temps, le pouvoir du Tout-Puissant viendra, son Esprit opérera et préparera ton cœur afin qu'il puisse offrir un sacrifice convenable. C'est Lui qui découvre à l'âme ses besoins et qui les lui fait sentir ; et, lorsqu'elle crie et implore, c'est Lui seul qui y pourvoit. Les requêtes qui ne sont point inspirées par ce sentiment et cette préparation spirituelle, sont formelles et illusoires : elles ne sont pas vraies. Car, alors, les hommes prient selon leurs désirs aveugles, et non selon la volonté de Dieu ; et son oreille est sourde à de telles requêtes : « pour les malheureux opprimés et pour les pauvres qui gémissent », Dieu a dit, « je me lèverai » (Psaumes xii. 5) ; c'est-à-dire, pour les pauvres en esprit, les âmes nécessiteuses, ceux qui ont besoin de son aide, qui sont prêts à succomber, qui éprouvent le besoin et appellent à hauts cris la venue d'un sauveur, et qui n'ont personne sur terre pour les aider : il n'est personne au ciel que Lui, et personne sur la terre qu'on puisse Lui comparer : « Il délivrera », a dit David, « l'indigent qui crie, et le pauvre, et celui qui n'a point d'aide. Il affranchira leur âme de l'oppression et de la violence, et leur sang aura du prix à ses yeux » (Psaumes lxxii. 12, 14). « Ce pauvre », dit-il, « a crié, et l'Éternel l'a entendu, et l'a sauvé de toutes ses détresses. L'ange de l'Éternel campe autour de ceux qui le craignent, et il les arrache au danger » (Psaumes xxxiv. 6-8) ; alors il invite tous les hommes à venir goûter combien le Seigneur est bon ; oui, « il bénira ceux qui craignent l'Éternel, les petits et les grands » (Psaumes cxv. 13).

7. Mais qu'est cela pour ceux qui n'ont point faim ? « Ceux qui sont sains n'ont point besoin d'un médecin » (Matthieu ix. 12) ; ceux qui sont rassasiés n'ont point besoin de soupirer, et les riches n'ont point besoin d'appeler à l'aide. Ceux qui ne sont point conscients de leurs besoins intérieurs, qui n'éprouvent ni craintes, ni terreurs, qui ne ressentent nul besoin de la puissance de Dieu pour les aider, ni de la lumière de sa présence pour les réconforter, quel est le rapport de ceux-là à la prière ? Leur dévotion n'est, au mieux, qu'une parodie de dévotion au Tout-Puissant. Ils ne savent point, ils ne veulent point savoir, ils ne désirent même pas, ce pour quoi ils prient. Ils prient afin que la volonté de Dieu soit faite, et ils accomplissent sans cesse la leur propre : car, bien qu'ils n'hésitent point à le dire, c'est pour eux une chose des plus effrayantes. Ils implorent la grâce, et ils méprisent celle qu'ils possèdent ;

ils prient pour accueillir l'Esprit, mais ils résistent à celui qui est dans leur cœur et méprisent celui qui se trouve chez autrui ; ils implorent le pardon et la bonté de Dieu, mais ils n'en éprouvent aucun besoin réel. Et, dans cet état d'insensibilité intérieure, ils sont aussi incapables de rendre grâce à Dieu pour ce qu'ils ont, que de prier pour ce qu'ils n'ont pas. « Ceux qui cherchent l'Éternel », dit David, « le loueront » : « car il désaltère l'âme assoiffée, et il rassasie de biens l'âme affamée » (Psaumes xxii. 26 ; cvii. 9). Cela, Il le réserve aussi aux pauvres et aux nécessiteux et à ceux qui craignent Dieu. Que les pauvres en esprit et les nécessiteux louent ton nom : vous qui craignez le Seigneur, louez-Le ; et vous, la race de Jacob, rendez-Lui gloire. Jacob était un homme simple, au cœur pur : et ceux qui sont comme lui sont de sa race. Et même si (comme lui) ils sont aussi misérables que des vers à leurs propres yeux, pourtant ils reçoivent le pouvoir de se mesurer avec Dieu, et de l'emporter comme il le fit.

8. Mais sans cette préparation spirituelle et cette consécration de ce pouvoir, aucun homme n'est digne de se présenter devant Dieu ; sinon, il y aurait moins de sainteté et de révérence à adorer Dieu selon l'Évangile, qu'il n'y en avait à l'adorer selon l'ancienne loi, lorsque tous les sacrifices étaient purifiés avant d'être offerts, et ceux qui les offraient, consacrés, avant de pouvoir se présenter devant le Seigneur (Nombres viii ; xix ; 2 Chroniques xxix. 36 ; xxx. 16, 17). Si le fait de toucher une bête morte ou impure rendait alors indigne du temple, ou du sacrifice, et même de la société de ceux qui étaient purs, tant qu'on n'était pas purifié et sanctifié, comment pouvons-nous faire si peu de cas du culte institué par le Christ aux temps évangéliques, et penser qu'Il pourrait accepter des offrandes non préparées et non sanctifiées ? Ou bien comment pouvons-nous admettre que ceux qui, par leurs pensées, leurs paroles ou leurs actions, sont en contact quotidien avec ce qui est moralement impur, puissent, sans venir se tremper au sang de Jésus (qui purifie la conscience des œuvres mortes), adorer de manière acceptable le Dieu de pureté ? C'est une contradiction absolue au bon sens : on ne saurait accepter que les impurs adorent ce qui est saint ; que les imparfaits adorent ce qui est parfait. Il existe un commerce et une communion saints entre le Christ et ses disciples ; mais il n'en existe aucun entre le Christ et Bélial ; aucun entre Lui et ceux qui désobéissent à Ses commandements, et qui ne vivent pas la vie de sa Sainte Croix et du renoncement au Moi (II Corinthiens vi. 15, 16).

9. Mais, tout comme le péché, l'observance des formes cultuelles seule est impuissante ; non, même si la manière est bien celle qu'Il a lui-même prescrite. Ceci inspira au prophète, imitant celui qui se trouve dans une grande détresse, cette exclamation : « Avec quoi me présenterai-je devant l'Éternel, pour m'humilier devant le Dieu très haut ? Me présenterai-je avec des holocaustes, avec des veaux d'un an ? L'Éternel agréera-t-il des milliers de béliers, ou des myriades de torrents d'huile ? Donnerai-je pour mes transgressions mon premier-né, pour le péché de mon âme le fruit de mes entrailles ? Il t'a fait connaître, ô homme, ce qui est bien ; et ce que l'Éternel demande de toi, c'est que tu pratiques la justice, que tu aimes la miséricorde, et que tu marches humblement avec ton Dieu. » (Michée vi. 6-8). Le roi-prophète, convaincu de cela, s'adresse également à Dieu ainsi : « Ô Seigneur, ouvre mes lèvres, et ma bouche publiera ta louange » (Psaumes li. 15-17). Il n'osa ouvrir lui-même ses lèvres, sachant qu'il ne pourrait louer Dieu de cette manière. Et pourquoi donc ? : « parce que tu ne désires point des sacrifices, sinon je t'en aurais offert » ; c'est-à-dire, si mes offrandes rituelles pouvaient te plaire, je ne manquerais point de t'en faire ; mais les holocaustes ne sont point de ton goût. « Le sacrifice qui est agréable à Dieu, c'est un esprit brisé : Ô Dieu, tu ne dédaignes pas un cœur brisé et contrit ». Et pourquoi ? parce que c'est là l'œuvre de Dieu, l'effet de son pouvoir, et le signe que ses propres œuvres célèbrent sa louange. Dieu lui-même exprime le même message par la bouche d'Esaïe, s'élevant contre les rites et le culte de pure forme des Juifs dégénérés : « Ainsi parle l'Éternel, le ciel est mon trône, et la terre mon marche-pied, quelle maison pourriez-vous me bâtir ? Et quel lieu pourriez-vous me donner pour demeure ? Car

toutes ces choses, ma main les a faites. Mais voici l'homme sur qui je porterai mes regards : sur celui qui souffre, et qui a l'esprit contrit, et qui craint ma parole » (Esaïe lxvi. 1, 2). Voilà le véritable adorateur ! : préparé par Dieu, circoncis de cœur et d'oreille, il ne résiste point à l'Esprit Saint comme le faisaient les Juifs avec leurs professions hautaines. S'il en fut ainsi jadis, du temps même de l'ancienne loi, qui était la dispensation d'un culte extérieur et illusoire, pouvons-nous aujourd'hui espérer que Dieu accepte notre culte sans la préparation de l'Esprit du Seigneur en ces temps évangéliques, qui sont les temps fixés pour l'effusion de l'Esprit ? En aucune manière. Dieu est ce que toujours Il fut ; et seuls ceux qui L'adorent selon son propre esprit sont ses vrais adorateurs : de ceux-ci Il prend soin comme de la prunelle de ses yeux ; les autres ne font que se moquer de Lui, et Il les méprise. Écoute ce qu'Il dit ensuite à ce peuple, car c'est là l'état et le sort de la Chrétienté aujourd'hui : « Celui qui immole un bœuf est comme celui qui tuerait un homme ; celui qui sacrifie un agneau est comme celui qui romprait la nuque à un chien ; celui qui présente une offrande est comme celui qui offrirait du sang de porc ; celui qui brûle de l'encens est comme celui qui adorerait des idoles. Oui, tous ceux-là ont choisi leur propre voie, et leur âme se complaît dans leurs abominations » (Esaïe lxvi. 3). Que nul ne dise : « nous ne présentons point ces sortes d'offrandes », car là n'est pas le problème. Dieu n'était pas offensé par les offrandes, mais par ceux qui les offraient. C'étaient bien les formes légitimes du sacrifice telles qu'elles avaient été fixées par Dieu ; mais, du fait que ceux qui les présentaient ne le faisaient point dans l'état d'esprit et dans les justes dispositions de l'âme qui étaient requises, Dieu proclama son abhorrence, et ce dans les termes les plus violents. Et, d'ailleurs, par la bouche du même prophète, Il leur interdit de continuer à Lui apporter de vaines offrandes : « l'encens », déclara Dieu, « est à mes yeux une abomination : je suis las de supporter vos sabbats et vos assemblées ; tout cela est inique, même vos assemblées solennelles ». Et « quand vous étendez vos mains, je détourne de vous mes yeux ; quand vous multipliez les prières, je n'écoute pas » (Esaïe i. 13-15). C'était là rejeter leur culte de la manière la plus terrible. Et pourquoi ?

Parce que leurs cœurs étaient impurs ; ils n'aimaient pas le Seigneur de tout leur cœur, mais, au contraire, ils enfreignaient sa loi et se rebellaient contre son Esprit, et ils ne faisaient pas ce qui était juste à ses yeux. La cause ressort clairement des amendements qu'Il exige : « Lavez-vous », dit le Seigneur, « purifiez-vous, ôtez de devant mes yeux vos actions pleines de vilenie ; cessez de faire le mal, apprenez à faire le bien : recherchez la justice, protégez l'opprimé, faites droit à l'orphelin, défendez la veuve » (Esaïe i. 16-17). A ces conditions, et pas à moins, Il leur enjoint de venir devant lui, et Il leur assure que « même si leurs péchés sont comme le cramoisi, ils deviendront blancs comme la neige ; même s'ils sont comme la pourpre, ils deviendront comme la laine » (Esaïe i. 18).

Tant est vrai ce passage remarquable du Psalmiste : « Venez, écoutez, vous tous qui craignez Dieu, et je raconterai ce qu'il a fait à mon âme ; j'ai crié à lui de ma bouche, et je l'ai loué avec ma langue. Si j'avais conçu l'iniquité dans mon cœur, le Seigneur ne m'aurait pas exaucé. Mais en vérité Dieu m'a exaucé : il a été attentif à la voix de ma prière. Béni soit Dieu, qui n'a pas rejeté ma prière, et qui ne m'a pas retiré sa bonté » (Psaumes lxvi. 16-20).

10. On pourrait citer bien d'autres passages analogues, pour prouver le déplaisir qu'éprouve Dieu devant ses propres formes de culte, lorsque celles-ci sont accomplies en l'absence de son propre Esprit, et sans cette préparation du cœur de l'homme que Lui seul peut opérer ou donner, et que nous recommande (plus que tous les autres écrivains sacrés) le Psalmiste, et ce de la manière la plus fréquente et la plus insistante. A de nombreuses reprises, rappelant ses propres errements, et leur cause, et la façon dont il parvint à se faire accepter de Dieu et à obtenir de Lui force et réconfort, le Psalmiste s'exhorte à attendre et à servir Dieu : « Conduis-moi dans ta vérité, et instruis-moi, car tu es le Dieu de mon salut ; je t'attends à longueur de jours » (Psaumes xxv. 5). Son âme cherchait auprès de Dieu le salut et la délivrance des pièges et des tentations du monde. Ceci dénote un exercice intérieur, une prise de conscience spirituelle, qui ne consistait pas en des rites extérieurs, mais en une aide divine intérieure.

En vérité, David reçut de grands encouragements à ce faire ; la bonté de Dieu l'y invita et le fortifia dans cette voie. Car, dit-il, « J'avais mis mon espérance dans l'Éternel ; et il s'est incliné vers moi, et a écouté mes cris. Il m'a retiré de la fosse de destruction, du fond de la boue, et il a dressé mes pieds sur le roc » (Psaumes XL. 1, 2). C'est-à-dire que le Seigneur est apparu intérieurement à David et a consolé son âme, qui attendait qu'Il l'aide et qu'Il la délivre des tentations et des afflictions qui étaient prêtes à l'écraser, et qu'Il lui a donné la sécurité et la paix. C'est pourquoi il dit : « L'Éternel a affermi mes pas » ; c'est-à-dire, a dirigé mon esprit dans la voie du bien. Auparavant, chaque pas qu'il faisait l'enfonçait dans le bourbier, et il pouvait à peine marcher sans tomber ; il ne voyait que tentations de tous côtés. Mais il a patiemment attendu Dieu : son esprit s'est retiré, veillant et donnant son attention à Sa loi et à Son Esprit ; et il a senti que le Seigneur se penchait vers lui. Son cri pressant et sincère a pénétré le ciel, et s'y est fait entendre ; alors vinrent la délivrance et le salut pour David, à l'heure choisie par Dieu, et non par David, et la force pour accomplir ses exercices et surmonter toutes ses épreuves. Et pour cela, nous dit-il, un nouveau cantique fut mis dans sa bouche, un cantique de louanges à son Dieu (Psaumes XL. 3). Mais c'était là un cantique composé et placé dans sa bouche par Dieu, et non par lui-même. Ainsi s'écrie-t-il une autre fois : « Comme le cerf a soif des eaux courantes, de même mon âme aspire à toi, ô Dieu. Mon âme a soif de Dieu, du Dieu vivant ; quand entrerai-je et me présenterai-je devant la face de Dieu ? » Ceci dépasse tous les rites, et ne se rattache point à un sermon. Mais cela nous permet de voir que la véritable adoration est une œuvre intérieure ; que l'âme doit être touchée et élevée dans ses aspirations célestes par l'Esprit céleste, et que la véritable adoration se fait en présence de Dieu. Quand entrerai-je et me présenterai-je ? Non pas au temple, ni avec des sacrifices matériels, mais devant Dieu et en Sa présence. De sorte que les âmes des véritables adorateurs voient Dieu et se présentent devant Lui : c'est cela qu'elles attendent, ce pour quoi elles soupirent, ce dont elles ont soif. Ô combien la plus grande partie de la Chrétienté est éloignée de l'exemple de David ! Il ne faut donc pas s'étonner si ce saint homme nous dit : « En vérité, mon âme s'attend à Dieu [1] » ; et s'il enjoint à son âme de le faire : « Ô mon âme, ne t'attends qu'à Dieu seul ; car c'est en lui que je mets mon espérance. » Comme s'il avait dit : « Personne d'autre ne peut préparer mon cœur, ou répondre à mes besoins ; de sorte que mon espérance ne vient pas de mes exercices volontaires, ou de l'adoration corporelle que je peux Lui témoigner ; ces choses ne sont d'aucune valeur ; elles ne peuvent ni m'aider, ni Lui plaire. Mais je m'attends à Lui pour qu'Il me donne la force et le pouvoir de me présenter devant Lui de la manière qui Lui sera la plus agréable ; car Celui qui prépare le sacrifice ne peut manquer de l'accepter. » C'est pourquoi il répète par trois fois dans deux versets : « J'aspire à recevoir le Seigneur. Mon âme languit. Mon âme attend le Seigneur plus ardemment que ceux qui attendent le matin. » Oui, si ardemment, et avec une telle fortitude de l'âme, que le psalmiste dit à un endroit : « Mes yeux se consument tandis que je regarde vers mon Dieu » (Psaumes lxix. 3). Il ne s'est point contenté d'une multiplicité de prières, d'un culte pré-établi, ou d'une répétition limitée : non, il n'a de cesse qu'il ne trouve le Seigneur, c'est-à-dire les réconforts de Sa présence, qui apporte à son âme la réponse d'amour et de paix. Et ce n'était point là une pratique unique, celle d'un homme en proie à une inspiration supérieure ; car il en

1. L'expression *to wait upon God* a été traduite ici par « s'attendre à Dieu » en se fondant sur la traduction proposée par Georges Liens dans sa thèse sur l'*Apologie* de Robert Barclay, et sur l'explicitation de ce terme par Georges Liens : « Dans l'esprit de Barclay et des Quakers... *to wait upon God*... c'est tout à la fois : — se présenter dans le calme et le silence devant Dieu pour l'adorer, Lui rendre un culte intérieur ; — se mettre à l'écoute attentive de sa parole ; — se rendre entièrement disponible à son service, par le vide mental le plus complet possible... ; — attendre avec patience et vigilance sa manifestation dans l'esprit et dans le cœur... ; — enfin, placer tout son espoir, toute sa confiance en Lui. (Georges Liens, « Robert Barclay ; *Apologie :* Introduction, traduction, notes et annexes » (« La lumière intérieure, source de vie »), thèse de doctorat de troisième cycle, soutenue en juin 1981 à Paris IV (Paris-Sorbonne), p. 155). Une version abrégée de cette thèse sera publiée comme troisième ouvrage de la Collection « Nouveau Monde » dans le courant de l'année 1989 sous le titre *La Lumière intérieure, source de vie.*

parle comme du culte alors en usage parmi le vrai peuple de Dieu, l'Israël spirituel, ceux qui, dans son temps, étaient circoncis de cœur : « Vois », dit-il, « comme les yeux des serviteurs sont fixés sur la main de leurs maîtres, et les yeux de la servante sur la main de sa maîtresse, de même nos yeux se tournent vers l'Éternel, notre Dieu, jusqu'à ce qu'Il ait pitié de nous » (Psaumes cxxiii. 2). Dans un autre endroit, « Notre âme espère en l'Éternel ; il est notre secours et notre bouclier » (Psaumes lii. 9) [1]. C'était la pratique de ceux qui étaient vraiment religieux en ces temps-là, c'était la manière dont ils jouissaient de Dieu et Lui rendaient un juste hommage. Et, à partir de l'expérience qu'il avait des bienfaits de s'attendre à Dieu, et de la pratique des fidèles de ces temps là, le Psalmiste recommande aux autres : « Espère en l'Éternel : fortifie-toi, et il affermira ton cœur : espère, dis-je, en l'Éternel » (Psaumes xxvii. 14). C'est-à-dire, espère dans la foi et la patience, et Il viendra te sauver. A nouveau : « confie-toi en l'Éternel, et espère en lui avec patience ». C'est-à-dire, remets-t'en à Lui ; sois content ; et attends qu'Il t'aide dans ton besoin ; tu ne peux imaginer combien Il est prêt à aider ceux qui espèrent en Lui : Oh ! essaye d'avoir la foi. Et, à nouveau le Psalmiste nous exhorte : « Espère en l'Éternel, garde sa voie » (Psaumes xxxvii. 34). Voici la raison pour laquelle si peu en profitent ! : ils sont hors de sa voie. De tels hommes ne peuvent jamais s'attendre à Lui comme il conviendrait. David avait de bonnes raisons pour dire cela, lui qui avait rencontré le Seigneur dans sa voie bénie, et qui en avait reçu tant d'avantage et de réconfort.

11. Le prophète Esaïe nous dit que, quoique le Seigneur ait châtié sévèrement le peuple pour ses récidives, pourtant le peuple L'attendait dans la voie de Ses jugements, dans la voie de Ses reproches et de Son déplaisir, et que tous, dans leur âme, et c'est là l'essentiel, soupiraient après Son nom et Son souvenir (Esaïe xxvi. 8). Ils acceptaient d'être

1. Référence à la *Version autorisée* ou *Bible de 1611 ;* dans d'autres traductions de la Bible, ce verset correspond au verset 11 du Psaume lii.

grondés et châtiés, parce qu'ils avaient péché et que Le connaître leur paraissait très désirable. Mais quoi ! n'est-Il pas venu à la fin, et avec miséricorde encore ? Si fait, et ils L'ont reconnu lorsqu'Il est venu ; voilà la doctrine que le monde aveugle ne connaît point : « Voici notre Dieu ; nous l'avons attendu, et il est venu nous sauver » (Esaïe xxv. 9). Ô sainte jouissance ! Ô précieuse confiance ! voici une attente dans la foi qui a été récompensée. Toute dévotion dénuée de foi ne porte aucun fruit pour le fidèle, en même temps qu'elle est désagréable à Dieu : car cette foi est le don de Dieu, et sa nature est de purifier le cœur et de donner à ceux qui croient vraiment, la victoire sur le monde. Et ils poursuivent : « Nous l'avons attendu ; nous serons heureux, nous nous réjouirons dans son salut. » Et le prophète ajoute : « Bénis tous ceux qui espèrent en Dieu » ; pourquoi ? ; parce que « ceux qui espèrent en l'Éternel renouvellent leur force » ; ils ne se fatiguent point, ils ne se lassent point (Esaïe xxx. 18 ; xl. 31). C'est là un grand encouragement. Oh ! écoute-le encore une fois : « Car, depuis le commencement du monde, jamais on n'a appris ni entendu dire, ni jamais on n'a vu, Ô Dieu, qu'un autre que toi fît de telles choses pour ceux qui espèrent en lui » (Esaïe lxiv. 4). Contemple la vie intérieure et la joie des justes, des véritables adorateurs ; ceux dont l'esprit s'inclina lorsque l'Esprit de Dieu se manifesta en eux, et qui abandonnèrent et délaissèrent tout ce contre quoi Il s'élevait, pour embrasser tout ce vers quoi Il les conduisait. Du temps de Jérémie, les véritables fidèles espérèrent aussi en Dieu (Jérémie xiv. 22) ; et il nous assure que « l'Éternel est bon pour ceux qui espèrent en Lui, pour l'âme qui le cherche » (Lamentations iii. 25). C'est pourquoi le prophète Osée exhorte l'Église d'alors à revenir vers Dieu et à espérer en Lui : « Toi, donc, reviens vers ton Dieu ; garde la piété et la justice, et espère toujours en ton Dieu » (Osée xii. 6). Et Michée est très zélé et très appliqué à ce saint exercice : « Pour moi, je regarderai vers l'Éternel ; je mettrai mon espérance dans le Dieu de mon salut ; mon Dieu m'exaucera » (Michée vii. 7). Ainsi firent les enfants de l'Esprit, qui avaient soif de Le sentir en eux. Les méchants ne peuvent en dire autant, ni ceux qui prient, à moins qu'ils ne s'attendent au Seigneur. On a accusé Israël dans le désert (et on a vu là la cause de sa désobéissance et de son ingratitude envers Dieu) de n'avoir pas attendu ses conseils. Nous pouvons être persuadés que c'est là notre devoir et ce que Dieu attend de nous. Car Dieu l'exige de Sophonie : « Attendez-moi donc, dit l'Éternel, jusqu'au jour où je me lèverai » etc. (Sophonie iii. 8). Oh, si tous ceux qui professent le nom de Dieu acceptaient d'attendre ainsi, et ne cherchaient point à se lever sans Lui ! Alors ils Le sentiraient bouger et se lever en eux pour les aider, les préparer et les sanctifier. Le Christ recommanda expressément à ses disciples « De ne point s'éloigner de Jérusalem, mais d'*attendre* que s'accomplisse ce que le Père avait promis, le baptême du Saint Esprit » (Actes i. 4,8), afin d'être préparés pour prêcher au monde le glorieux évangile du Christ. Et, bien qu'il se soit agi là d'une préparation extraordinaire en vue d'une œuvre extraordinaire, néanmoins le degré ne change pas la nature de la chose. Au contraire, si une telle attente et une telle préparation par le Saint-Esprit était requise pour rendre les disciples dignes de prêcher aux hommes, nous pouvons admettre qu'une certaine attente et une certaine préparation soient nécessaires pour nous rendre dignes de parler à Dieu.

12. Je conclurai, sur cette importante doctrine de l'attente dont nous parle l'Écriture, par ce passage de Jean touchant à la piscine de Bethesda : « Il y a, à Jérusalem, près de la porte des brebis, une piscine qui s'appelle en hébreu Bethesda, et qui a cinq portiques ; sous ces portiques étaient couchés en grand nombre des malades, des aveugles, des boiteux, des paralytiques, qui attendaient le mouvement de l'eau : car un ange descendait de temps en temps dans la piscine et agitait l'eau : et celui qui y descendait le premier après que l'eau avait été agitée, était guéri, quelle que fût sa maladie (Jean v. 2-4) ; c'est là une représentation très exacte du vrai sens de tout ce qui a été dit au sujet de l'attente. Car, de même qu'il y avait alors une Jérusalem extérieure et selon la loi, de même il y a aujourd'hui une Jérusalem spirituelle et selon l'Évangile, qui représente l'Église de Dieu et dont les membres sont les fidèles. La piscine de l'ancienne Jérusalem représentait, en quelque sorte, cette fontaine qui est désormais ouverte dans la Jérusalem spirituelle. Cette piscine était destinée à ceux qui étaient infirmes dans leur corps ; cette fontaine est pour tous ceux qui sont impotents dans leur âme. Il y avait alors un ange qui troublait l'eau, pour la rendre salutaire ; désormais, c'est l'ange de Dieu, le grand ange de Sa présence, qui bénit cette fontaine et la rend bienfaisante. Ceux qui, alors, entraient dans l'eau sans attendre que l'ange l'eût mise en mouvement, ne retiraient aucun avantage de leur bain ; ceux qui, aujourd'hui, n'attendent pas que l'ange de Dieu se manifeste, mais qui, dans une dévotion de leur propre invention, se présentent devant Dieu à l'heure qui leur plaît, tel le cheval qui fonce dans la bataille, ont beau espérer réussir, ils sont sûrs de voir leurs espérances trompées. En conséquence, de même qu'alors ceux qui espéraient et désiraient être guéris attendaient avec patience et attention la venue de l'ange, de même font aujourd'hui les véritables adorateurs de Dieu, qui prient pour Sa présence, dont ils ont besoin, qui est la vie de leur âme, comme le soleil représente la vie pour les plantes des champs. Ils ont souvent éprouvé l'inutilité de leurs propres œuvres, et ils sont désormais, en vérité, venus au Sabbat. Ils n'osent point organiser un culte de leur propre invention, ni présenter une requête qui ne serait point sanctifiée, et encore moins introduire un culte corporel, dans lequel l'âme est véritablement insensible au Seigneur et n'est point préparée par Lui. Ils attendent, toujours, dans la lumière de Jésus, d'être préparés, retirés et reclus à toute pensée qui pourrait provoquer la moindre distraction ou le moindre dérangement dans leur âme, jusqu'à ce qu'ils voient l'ange bouger, jusqu'à ce qu'il plaise à leur Bien-Aimé de s'éveiller : et ils n'osent L'appeler avant Son temps. Et ils craignent de faire leurs dévotions en Son absence : car ils savent que c'est seulement non profitable, mais réprouvable : « Qui a requis cela de vos mains ? » « Celui qui croit ne se hâtera point » (Esaïe i. 12 ; xxviii. 16). Ceux qui adorent de leur propre chef ne peuvent que faire comme les Israélites, qui, de leurs boucles d'oreilles, firent des images fondues, et furent maudits pour leurs peines. Ce fut aussi le sort de ceux qui ramassèrent du bois jadis et « allumèrent un feu, et se ceignirent des étincelles qu'ils avaient embrasées » (Esaïe i. 11) ; car Dieu leur dit qu'« ils se coucheraient dans la douleur ». Non seulement il ne leur en reviendrait aucun avantage, et aucun bien, mais ils encourraient le jugement de Dieu : l'angoisse et les tourments de l'âme seraient leur lot. Hélas ! la chair et le sang voudraient bien prier, bien qu'ils ne puissent attendre ; et atteindre la sainteté, bien qu'ils ne puissent se soumettre ni se résoudre à faire la volonté de Dieu. Avec leur langue, ils bénissent Dieu, et avec cette même langue ils maudissent les hommes faits à son image. Ils appellent Jésus « Seigneur », mais non par le Saint-Esprit ; et ils mentionnent souvent le nom de Jésus, c'est vrai, et plient le genou en le nommant, mais ils ne renoncent pas à l'iniquité : et c'est cela que Dieu a en abomination.

13. En bref, il y a quatre choses qui sont si nécessaires pour bien adorer Dieu, et qui placent son culte hors du pouvoir de l'homme, qu'il suffit, ou presque, de les nommer. La première est que le fidèle soit sanctifié. La deuxième, que son offrande soit consacrée (cet article a été amplement traité plus haut). La troisième, qu'il sache pour quoi il prie ; et c'est ce que tout homme qui prie sans l'aide du Saint-Esprit ignore : en conséquence, sans cet Esprit, nul homme ne saurait véritablement prier. Ceci, l'Apôtre Paul l'affirme catégoriquement : « Nous ne savons pas », dit-il, « ce qu'il nous convient de demander dans nos prières, mais l'Esprit lui-même intercède par des soupirs qui ne se peuvent exprimer » (Romains viii. 26). Les hommes qui n'ont aucune connaissance de l'opération et de la puissance du Saint-Esprit, ignorent la volonté de Dieu ; ceux-là, sans aucun doute, ne pourront jamais Lui être agréables par leurs prières. Il ne suffit point de savoir que nous avons des besoins ; il nous faut apprendre à reconnaître si ces besoins ne constituent pas une bénédiction pour nous : une déception que Dieu inflige aux orgueilleux, une perte qu'Il fait subir aux avares, des coups de fouet qu'Il administre aux négligents. Faire cesser ces afflictions serait assurer notre destruction, et non œuvrer au salut de notre âme.

Le monde vil ne connaît rien que charnellement, selon une manière et une interprétation charnelles ; et un trop grand nombre d'entre nous qui voudraient passer pour éclairés sont enclins à méconnaître la providence : par exemple, ils donnent aux afflictions le nom de jugements, et ils regardent les épreuves, qui sont plus précieuses que l'or tant chéri des hommes, comme des malheurs. D'un autre côté, ils appellent les dignités du monde du nom d'honneur, et ses richesses du nom de bonheur ; alors que, pour une fois qu'elles méritent ces noms, il est grandement à craindre que, cent fois, Dieu ne les envoie comme des jugements, ou, du moins, comme des épreuves, à ceux qui les détiennent. En conséquence, à la difficile question que se pose l'âme : que garder ? que rejeter ? que désirer ? Dieu seul peut apporter la réponse. Et puisque Dieu sait mieux que nous ce dont nous avons besoin, Il peut mieux nous dire ce que nous devons Lui demander que nous ne le pouvons : c'est pourquoi le Christ exhortait ses disciples à éviter les prières longues et faites de redites (Matthieu vi. 7,8), leur disant que leur Père céleste savait ce dont ils avaient besoin avant qu'ils Le lui demandassent. Aussi leur donna-t-Il un modèle de prière, non point, comme quelques-uns le pensent, pour qu'il serve de texte pour les liturgies humaines (qui, de toutes les formes de culte, sont les plus justement renommées et critiquées pour leur longueur et leurs répétitions), mais justement pour condamner et éviter ces liturgies. Mais si l'on tombait une fois d'accord sur ces souhaits qui sont le sujet de nos prières, quoique ce soit un point extrêmement difficile, il resterait à savoir comment prier, et c'est là une chose encore plus importante : ce n'est pas tant la requête qui compte, que la disposition d'esprit du demandeur. L'objet de la prière peut être bon, et la manière dont on prie mauvaise. Comme je viens de le dire, Dieu n'a pas besoin que nous Lui fassions connaître nos souhaits, puisque c'est Lui qui nous les dicte ; et pourtant, Il veut que nous Lui en fassions part nous-mêmes, afin que nous Le cherchions et qu'Il descende vers nous. Mais une fois cela fait : « Voici sur qui je porterai mes regards, dit l'Éternel, sur celui qui souffre et qui a l'esprit abattu, sur celui qui craint ma parole » (Esaïe lxvi. 2) ; sur le cœur malade, l'âme blessée, ceux qui ont faim et soif, ceux qui sont las et pesamment chargés : ceux qui, d'un cœur sincère, désirent un sauveur.

14. Cela ne suffit point encore pour parfaire le culte évangélique ; il faut encore une quatrième condition : c'est la foi, la foi véritable, la foi précieuse, la foi des élus de Dieu, qui purifie leurs cœurs, qui triomphe du monde, et qui est la victoire des saints (1 Timothée i. 5 ; Actes xv. 9 ; Tite i. 1 ; 2 Pierre i. 1 ; 1 Jean v. 4). Voilà ce qui anime la prière et la rend efficace, telle celle de la femme qui ne se contenta pas d'un refus, et à qui le Christ, qui semblait l'admirer, dit : « Ô femme, grande est ta foi ! » (Matthieu xv. 28). Ceci est de la plus grande importance pour nous, si nous désirons que nos suppliques aboutissent auprès de Dieu ; et cependant, cela ne dépend pas non plus de nous, puisque c'est le don de Dieu ; c'est de Lui que nous le devons recevoir ; et un seul grain de foi fait plus d'ouvrage, opère mieux notre délivrance, nous procure plus de bonté et de miséricorde, que ne le feraient toutes les démarches, toutes les actions volontaires, toutes les fatigues humaines, accompagnées des inventions et des exercices corporels élaborés par l'homme. Si l'on y réfléchit bien, on comprendra aisément comment tant de culte peut apporter si peu de profit au monde (comme c'est le cas) ; la raison en est que la vraie foi est perdue. « Ils demandent, et ils ne reçoivent pas » (Jacques iv. 3) ; ils cherchent, et ils ne trouvent pas ; ils frappent, et on ne leur ouvre pas. La chose est claire : leurs requêtes ne sont point accompagnées de la foi qui purifie et qui leur permettrait d'aboutir, comme celle du bon Jacob lorsqu'il lutta avec Dieu et qu'il prévalut. La vérité est que la plupart vivent encore dans le péché, gouvernés par les passions de leur cœur, qu'ils vivent dans les plaisirs du monde, étrangers à cette foi précieuse. C'est la raison que donne l'auteur savant de l'épître aux Hébreux au peu de profit qu'opérait la parole divine chez certains hommes de son temps : « Ne trouvant pas », dit-il, « de foi chez ceux qui l'entendirent » (Hébreux iv. 2). Le ministre peut-il donc prêcher sans foi ? Non : et il est encore moins possible à quiconque de prier avec succès sans la foi, particulièrement quand il nous est dit que « le juste vivra par la foi »

(Hébreux x. 38) ; car adorer Dieu est l'action la plus élevée de la vie de l'homme, et tout ce qui est indispensable aux exercices subalternes de la religion ne doit point être absent de celui-là.

15. Cela pourra modérer l'étonnement dans lequel sont certains du fait que le Christ ait si souvent fait reproche à ses disciples en ces termes : « Ô gens de peu de foi ! » et que, par ailleurs, Il nous dise qu'un seul grain de foi, même s'il n'était pas plus gros qu'un grain de moutarde, qui est l'une des plus petites semences, pourvu que cette foi soit véritable et sincère, peut déplacer des montagnes. Comme s'Il eût dit : « il n'y a point de tentation si forte que la foi ne puisse en triompher » ; en conséquence, ceux qui sont prisonniers de leurs tentations, et ne se sentent point secourus dans leurs besoins spirituels, n'ont pas cette foi puissante : voilà la vraie cause. Cela était si nécessaire jadis que, là où le peuple ne croyait pas, le Christ se retint de faire plusieurs miracles ; et quoique sa puissance opérât des merveilles en d'autres lieux, c'était la foi qui en préparait la voie ; de sorte qu'il est difficile de dire si c'était la puissance par la foi qui opérait la guérison, ou la foi par la puissance. Rappelons-nous quelles grandes choses un peu de boue et de salive, le simple fait de toucher le bord du vêtement du Christ, et quelques mots sortis de sa bouche (Jean ix. 6 ; Luc viii. 43-48) opérèrent par la force de la foi qu'avaient les malades : « Croyez-vous que je puisse ouvrir vos yeux ? » (Matthieu ix. 28) ; « Oui, Seigneur », dirent les aveugles, et leurs yeux s'ouvrirent. Au chef de la synagogue : « crois seulement » (Marc v. 36) ; il crut, et sa fille morte recouvra la vie. Ou encore : « Si tu le peux, crois » ; « je crois », dit le père, « aide-moi dans mon incrédulité » : et le mauvais esprit fut chassé, et l'enfant fut guéri. Il dit à l'un : « Va, ta foi t'a sauvé ; tes péchés te sont pardonnés » (Luc vii. 48, 50). Et, pour encourager ses disciples à croire, devant leur étonnement de ce que la sentence qu'Il avait prononcée contre le figuier stérile s'était exécutée, Il leur dit : « En vérité, si vous avez la foi et que vous ne doutez point, non seulement vous ferez ce qui a été fait à ce figuier ; mais quand vous direz à cette montagne : "Ôte-toi de là, et jette-

toi dans la mer", cela se fera. Et tout ce que vous demanderez avec foi par la prière, vous le recevrez » (Matthieu xxi. 20-22). Ce seul passage suffit à condamner la Chrétienté pour sa grande infidélité ; car elle prie, et ne reçoit point.

16. Mais certains diront peut-être qu'il est impossible qu'un homme reçoive tout ce qu'il peut demander. Il n'est point impossible qu'un homme qui a la vraie foi puisse recevoir tout ce qu'il demande (Matthieu xix. 26). Les fruits de la foi ne sont point impossibles pour ceux qui croient vraiment dans le Dieu qui les rend possibles. Quand Jésus dit au chef de la synagogue : « Si tu le peux, crois », Il ajouta : « Tout est possible à celui qui croit » (Marc ix. 23). Mais, diront alors certains, il est impossible d'avoir une telle foi : car cette génération qui manque tant de foi voudrait bien excuser son manque de foi en arguant qu'il est impossible de posséder la foi dont elle aurait besoin. Mais la réponse du Christ aux infidèles de son temps est la meilleure réponse que l'on puisse faire aux infidèles d'aujourd'hui : « Ce qui est impossible aux hommes, est possible à Dieu » (Marc x. 27). Il s'ensuit donc qu'il n'est pas impossible à Dieu de donner cette foi ; bien qu'il soit certain que, sans elle, il est impossible d'être agréable à Dieu. C'est ce que nous enseigne l'auteur de l'épître aux Hébreux (Hébreux xi. 6). Et si, sans cette foi précieuse, il est impossible d'être agréable à Dieu, ce doit l'être aussi de prier Dieu.

17. Mais certains diront peut-être : « quelle est cette foi qui est si nécessaire à l'adoration, qui rend cette adoration si agréable à Dieu, et qui rapporte à l'homme de si grands avantages ? » Je répondrai : « C'est une sainte résignation et une sainte confiance en Dieu, attestée par une obéissance religieuse à ses saintes exigences ; qui donne à l'âme une certitude inébranlable des choses qu'elle n'a point encore vues, et un pressentiment et un avant-goût de la nature des choses qu'elle espère, c'est-à-dire de la gloire qui doit lui être révélée dans l'au-delà ». Comme cette foi est un don de Dieu, elle purifie le cœur de ceux qui la reçoivent. L'Apôtre

Paul témoigne qu'elle ne peut résider que dans une conscience pure (1 Timothée iii. 9) : c'est pourquoi, dans un passage, il unit ensemble un cœur pur et une foi sincère (1 Timothée i. 5), et, ailleurs, la foi et une bonne conscience (1 Timothée i. 19). Jacques unit la foi avec la justice (Jacques ii.) ; et Jean unit la foi avec la victoire sur le monde : « la victoire qui triomphe du monde », dit-il, « c'est notre foi » (Jean v. 4)

18. Les héritiers de cette foi sont les vrais enfants d'Abraham (Romains iv. 12), en ce qu'ils suivent les traces d'Abraham, selon l'obéissance à leur foi, qui, seule, autorise les hommes à se prétendre les enfants d'Abraham. Cette foi est au-dessus du monde, non seulement en raison de son péché, mais aussi en raison de sa prétendue justice : nul homme ne parvient à cette foi, si ce n'est par le renoncement au Moi, au moyen de la croix de Jésus, et par une entière dépendance de l'homme en Dieu, à travers le Christ.

Les merveilles opérées par ce don divin sont célèbres ; il faudrait trop de temps pour les raconter : l'Histoire Sainte en est remplie. Qu'il suffise de dire que, grâce à la foi, les saints de l'ancien temps ont traversé toutes les épreuves, triomphé de tous leurs ennemis, prévalu devant Dieu, répandu Sa vérité, accompli leur témoignage, et obtenu la récompense des fidèles, la couronne de justice, qui est le bonheur éternel des justes.

VII

1. De l'orgueil, le premier péché capital ; son origine. 2. Définition et caractères spécifiques. 3. Comment un désir immodéré de savoir chez Adam fut à l'origine du malheur de l'homme. 4. Comment, en conséquence, il perdit son intégrité. 5. Le savoir remplit l'homme d'orgueil. 6. Effets néfastes du faux savoir et effets bénéfiques du vrai savoir. 7. L'exemple de Caïn en est une preuve. 8. L'orgueil des Juifs lorsqu'ils prétendirent être plus savants que Moïse, le serviteur de Dieu, et planter leur poteau à côté de celui de Dieu. 9. La conséquence en fut la persécution des vrais prophètes. 10. Le savoir divin du Christ apporta la paix sur la terre. 11. Des prêtres, ces guides aveugles, et du mal qu'ils ont fait. 12. La chute des Chrétiens, et l'orgueil qu'ils en ont conçu, a surpassé celui des Juifs : sous couvert de Christianisme, façonné à leur mode, ils ont anéanti le témoignage du Seigneur Jésus. 13. Les anges ont célébré par leur chant la paix sur la terre, à la naissance du Seigneur de toute douceur et de toute humilité ; mais l'orgueil des Pharisiens s'éleva contre Lui et le calomnia. 14. De même qu'Adam et les Juifs se perdirent par leur ambition, de même les Chrétiens, en perdant la crainte de Dieu, devinrent des faiseurs de doctrines et de cultes, enjoignant aux hommes de se Conformer, sous peine d'être brûlés. 15. Conséquences néfastes d'un tel comportement, dans ce que l'on nomme la Chrétienté. 16. Le moyen de se relever de ce malheureux état d'apostasie.

*

1. Maintenant que j'ai déchargé ma conscience en disant ce que je pensais de cette partie du Moi qui est illégitime, qui voudrait bien être un Chrétien, un croyant, un saint, tout en demeurant étrangère à la Croix du Christ et à ses saints exercices ; et que j'ai, ainsi, fait voir brièvement en quoi consiste la vraie adoration, et de quel usage et de

quelle importance est la vraie croix pour rendre nos hommages agréables à Dieu Tout-Puissant ; maintenant, je vais, toujours avec l'aide du Seigneur, instruire plus en détail le procès de cette autre partie du Moi illégitime, qui fait l'objet principal de l'étude, du souci, et de la conversation du monde, et que l'on peut présenter sous la forme de trois péchés capitaux : l'orgueil, l'avarice, et le luxe. De ces péchés proviennent, chaque jour, toutes les autres vilenies, comme des ruisseaux découlant de leur source. La mortification de ces passions constitue la seconde partie, et, en vérité, la partie principale de l'œuvre de la vraie croix. Et quoiqu'elle vienne en dernier selon l'expérience et le devoir, elle devrait passer en premier. Une fois qu'elle s'est produite, elle donne naissance, non pas à ces habitudes néfastes, mais aux bienheureux effets de cette réformation si nécessaire, à savoir, la mortification, l'humilité, la tempérance, l'amour, la patience, et un esprit entièrement tourné vers le ciel, avec toutes les autres grâces de l'Esprit, qui sont celles des disciples du parfait Jésus, cet être très céleste.

Le souci et l'amour de tous les hommes sont dirigés, soit vers Dieu, soit vers eux-mêmes. Ceux qui aiment Dieu par-dessus tout soumettent toujours le Moi à ses commandements et n'aiment le Moi que par obéissance à celui qui est le Seigneur de toute chose. Mais ceux qui se sont éloignés de cet amour de Dieu s'aiment plus qu'il n'aiment Dieu : car l'amour suprême doit se concentrer sur l'un de ces deux objets. A cet amour déréglé de soi-même, l'apôtre joint, avec raison, la vanité et l'orgueil (2 Timothée iii. 2, 4). Car les anges n'eurent pas plus tôt renoncé à leur amour, à leur devoir, et à leur révérence envers Dieu, qu'ils commencèrent à s'aimer et à s'estimer de manière immodérée ; ce qui leur fit oublier leur rang et en désirer un au-dessus de l'état pour lequel ils avaient été créés. Voilà quel fut leur orgueil, et ce malheureux abandon de Dieu, qui causa leur chute horrible : ils sont maintenant prisonniers des chaînes des ténèbres jusqu'au jugement du grand jour du Seigneur.

2. L'orgueil, ce mal pernicieux, par lequel commence ce chapitre, fut aussi à l'origine du malheur de l'humanité :

c'est une qualité des plus nocives, et si communément connue par ses mouvements et ses mauvais effets, que tout cœur qui n'est point mortifié y trouve sa définition. Cependant, je dirai, en bref, que l'orgueil est un excès d'amour pour soi-même, joint à un mépris des autres et à un désir de les dominer. C'est là ce qui cause le plus de troubles dans le monde. L'orgueil s'est fait principalement connaître à l'humanité sous quatre aspects, dont les conséquences ont provoqué des maux en proportion avec le crime qu'il constitue. Le premier est une soif démesurée de savoir ; le deuxième, un désir et une recherche effrénés du pouvoir ; le troisième, un extrême désir de respect et de déférence pour notre personne ; le quatrième, un excès d'apparat et d'ornements mondains. Quant à la vérité de ces choses, j'en appelle au témoignage juste et vrai du Dieu éternel, qui réside dans les âmes de tous les hommes.

3. Pour le premier aspect, il est clair qu'un désir démesuré de savoir a été la cause première du malheur de l'homme, et l'a fait déchoir de la gloire de son état primitif. Adam voulut devenir plus sage que Dieu ne l'avait fait. Il ne lui sembla point suffisant de connaître son Créateur, et de Lui rendre le saint hommage que son être et son innocence l'engagaient et l'incitaient naturellement à Lui offrir, ni de posséder un entendement au-dessus de tous les animaux des champs, et de tous les oiseaux des airs, de tous les poissons des mers, joint au pouvoir de régner sur toutes les créatures visibles de Dieu : il lui fallait encore être aussi sage que Dieu. Ce désir illégitime, cette ambition aussi folle qu'inique, le rendit indigne des bienfaits qu'il recevait de Dieu. En conséquence, il fut chassé du paradis : et, au lieu d'être le maître du monde entier, Adam devint le vagabond le plus misérable de la terre.

4. Quel changement étrange ! au lieu d'être les égaux des dieux, Adam et Eve tombent au-dessous des animaux mêmes, en comparaison desquels Dieu les avait faits comme des dieux. La conséquence tragique de cette grande transgression a été de changer leur innocence en faute, et

leur paradis en désert. Mais, ce qui est pire encore, c'est que dans cet état Adam et Eve avaient un autre dieu que le seul vrai Dieu vivant ; et que celui qui les avait poussés à faire tout ce mal, leur insuffla un vain savoir et une sagesse pernicieuse : il leur apprit à mentir et à équivoquer, et leur enseigna la science des ruses, des évasions et des excuses. Ils avaient perdu leur simplicité et leur sincérité, et l'homme, d'un cœur droit, image à laquelle Dieu l'avait fait, devint un serpent tordu, replié et contourné, à l'image de cet esprit impur, aux tentations duquel il avait cédé, perdant, par sa désobéissance, son bonheur paradisiaque.

5. Ceci ne se limite point à Adam. Car tous ceux qui sont déchus de la gloire de Dieu sont les vrais enfants de la désobéissance. Comme lui, ils ont goûté à ce qui leur a été défendu : ils ont fait ce qu'ils n'auraient pas dû faire, et ont omis ce qu'ils auraient dû faire. Ils ont péché contre la divine lumière de science que Dieu leur a donnée : ils ont affligé son Esprit ; et cette sentence terrible a été exécutée : « Au jour où tu en mangeras, tu seras frappé de mort ». C'est-à-dire, quand tu feras ce que tu ne dois pas faire, tu ne vivras plus dans ma faveur, et tu ne jouiras plus des réconforts de la paix de mon Esprit, et c'est là mourir à tous ces désirs et ces affections saints et innocents dont Dieu a doté l'homme en le créant, et devenir comme froid et engourdi, insensible à l'amour de Dieu, de son Esprit-Saint, de son pouvoir et de sa sagesse, à la lumière et à la joie de sa présence, à l'évidence que constitue une bonne conscience, au témoignage réciproque et à l'approbation de l'Esprit-Saint de Dieu.

6. De sorte que la connaissance qu'Adam avait de Dieu, après sa chute, ne consistait plus en une expérience quotidienne de l'amour et de l'opération de Dieu dans son âme, mais désormais en une idée de ce qu'il avait jadis connu et éprouvé. Ce qui, n'étant point la vraie sagesse vivante qui vient d'en haut, mais une simple image, ne saurait préserver l'homme dans un état de pureté, mais enfle les gens, les rend orgueilleux, fiers et incapables de supporter la contra-

diction. C'est l'état dans lequel vivaient les Juifs apostats avant que le Christ ne vînt ; et cela a été la condition des Chrétiens apostats depuis sa venue. Leur religion, mises à part quelques cérémonies corporelles, consistait, soit en ce qu'ils connaissaient jadis de l'opération de Dieu en eux-mêmes, et contre laquelle ils s'étaient révoltés ; soit en une croyance historique, une conception imaginaire et une paraphrase des expériences et des prophéties des saints hommes et des saintes femmes de Dieu qui, dans tous les siècles, ont mérité la qualité et le titre de vrais enfants de Dieu.

7. Tout comme une telle connaissance de Dieu ne saurait être vraie, de même nous découvrons, par l'expérience, qu'elle produit toujours des fruits tout à fait contraires à ceux de la vraie sagesse. Car, alors que celle-ci « est premièrement pure, et ensuite pacifique, modérée, conciliante » (Jacques iii. 17), la sagesse des hommes dégénérés et qui ne sont point mortifiés est premièrement impure : car elle est venue envoyée par le mal, et elle habite dans une conscience mauvaise et impure, chez ceux qui désobéissent aux lois de Dieu et qui, chaque jour, font ce qu'ils ne devraient pas faire, et sont, en conséquence, condamnés devant le tribunal de Dieu dans les âmes des hommes (car la lumière de sa présence découvre les œuvres des ténèbres les plus cachées, les pensées les plus secrètes et les inclinations les plus inavouées des hommes impies). Voilà ce qu'on appelle, à tort, la science ; et, de même qu'elle est impure, de même elle est belliqueuse, immodérée et rebelle, chagrine, perverse et encline à persécuter, redoutant que qui que ce soit la surpasse, haïssant et maltraitant ceux qui l'excellent.

8. Ce fut l'orgueil qui fit de Caïn un meutrier (Genèse iv. 8). C'est une qualité pleine de malice, d'envie et de vengeance. Quoi ! sa religion et sa dévotion ne valaient-elles point celles de son frère ? Il pratiquait tous les rites extérieurs du culte ; il faisait des sacrifices comme Abel ; et ses oblations, en elles-mêmes, pouvaient être aussi bonnes que celles d'Abel. Mais il semble que le cœur qui les offrait n'était pas aussi bon. Déjà, à cette époque, c'est le culte intérieur de l'âme que Dieu regardait. Eh bien, quelle fut la conséquence de cette différence ? L'orgueil de Caïn s'en offensa : il ne put supporter de se voir surpassé par son frère. Il devint furieux, et résolut de relever le prix de son offrande en se vengeant du refus de Dieu sur la vie de son frère : ainsi, au mépris total de l'affection naturelle et de la condition précaire de l'humanité encore à ses débuts, il se souilla les mains, tel un barbare, dans le sang de son frère.

9. La religion des Juifs apostats ne fut guère meilleure. Car, ayant perdu la vie intérieure, le pouvoir et l'esprit de la loi, ils étaient gonflés du savoir qu'ils possédaient ; et, dans cet état d'esprit, leurs prétentions à l'héritage d'Abraham et de Moïse et à l'accomplissement des promesses de Dieu, ne servaient qu'à leur inspirer un orgueil, une arrogance et une cruauté insupportables. Car ils ne purent accepter la vraie vision lorsqu'elle se montra à eux ; et ils traitèrent les messagers de la paix comme s'ils eussent été des loups et des tigres.

10. En effet, il est remarquable que les faux prophètes, ceux qui s'acharnèrent contre les vrais prophètes, ne manquèrent jamais de persécuter ces derniers comme imposteurs ; et, par le crédit dont ils jouissaient auprès des princes terrestres ou auprès de la pauvre multitude qu'ils dévoyaient, d'en faire les victimes de leur malice. C'est ainsi qu'un saint prophète fut scié en deux, qu'un autre fut lapidé, etc. Tant la fausse science et ceux qui y aspirent sont orgueilleux et obstinés ; ce qui incita Saint Étienne à s'écrier : « Hommes au cou raide, incirconcis de cœur et d'oreilles, vous vous opposez toujours au Saint-Esprit : ce que vos pères ont été, vous l'êtes aussi » (Actes, vii. 51).

11. Le vrai savoir vint avec la joie des anges, qui chantaient : « Paix sur la terre, et bonne volonté pour les hommes » (Luc ii. 14) ; le faux savoir reçut ce message en le calomniant : le Christ était certainement un imposteur ; et la preuve en était son pouvoir d'opérer des miracles, alors que cela prouvait précisément le contraire. Ils cherchèrent à plusieurs reprises à Le tuer, et leur malignité, en fin de compte, y parvint. Mais quel était leur motif principal ? Eh bien, c'était qu'il dénonçait leur hypocrisie, leurs larges phylactères, et les honneurs qu'ils réclamaient des hommes. En bref, ils en donnent eux-mêmes la raison en ces termes : « Si nous le laissons faire, tous les hommes croiront en lui » ; c'est-à-dire, Il nous fera perdre notre crédit auprès du peuple, qui s'attachera à Lui, et nous perdrons notre pouvoir et notre réputation aux yeux de la multitude.

12. Et, en vérité, Il était venu supprimer leurs honneurs et les dépouiller du titre de Rabbi, et, par sa grâce, conduire le peuple à cette connaissance intérieure de Dieu qu'à cause de leurs transgressions ils avaient oubliée ; afin que le peuple pût découvrir l'imposture de ses guides aveugles qui, par leurs vaines traditions, avaient évacué toute justice de la loi ; et qui étaient si loin d'être de vrais docteurs et des interprètes vivants de cette loi, qu'en réalité ils étaient des enfants du diable qui, dès le commencement, fut un menteur orgueilleux et un cruel meurtrier.

13. L'orgueil que leur inspirait leur fausse science les ayant rendus incapables de recevoir la simplicité de l'Évangile, le Christ rendit grâces à son Père de ce qu'Il en avait caché les mystères aux sages et aux intelligents, et les avait révélés aux petits enfants (Matthieu xi. 25). C'était cette fausse sagesse qui avait tellement enflé les esprits des Athéniens qu'ils méprisèrent la prédication de l'Apôtre Paul, comme une chose vaine et insensée. Mais cet apôtre qui, plus qu'aucun, avait été élevé dans la science de son époque, exprima amèrement son mépris pour cette sagesse, si estimée des Juifs et des Grecs : « Où est », dit-il, « le sage ? Où est le scribe ? Où est le disputeur [1] de ce siècle ? Dieu n'a-t-il point convaincu de folie la sagesse du monde ? » (I Corinthiens

1. Celui qui se livre à des controverses théologiques. La tradition de la « disputaison » était encore vivace au Moyen-Age en Europe de l'Ouest.

i. 20). Et il en donne une bonne raison : « afin que nulle chair ne se glorifie devant Lui » (verset 29). C'est-à-dire que Dieu confondra l'orgueil que l'homme tire de la fausse science pour lui ôter tout motif d'orgueil en tel cas, afin que l'homme doive tout à la révélation de l'Esprit de Dieu. L'apôtre va plus loin, et affirme : « Que le monde, par la sagesse, ne connaît point Dieu » (verset 21) ; c'est-à-dire que, loin d'être une aide, par la manière dont les hommes en faisaient usage, la sagesse constituait un obstacle à la vraie connaissance de Dieu. Et, dans sa première épître à son bien-aimé Timothée, il conclut ainsi : « Ô Timothée ! garde ce qui t'est confié en dépôt, en évitant les discours vains et profanes, et les disputes de la fausse science (I Timothée vi. 20). Voilà quelle était l'opinion des temps apostoliques, lorsque la grâce divine donnait la vraie connaissance de Dieu et constituait le guide des Chrétiens.

14. Voyons alors quel a été le succès des siècles qui ont suivi les temps apostoliques. Ont-ils été tant soit peu meilleurs que le temps des Juifs ? Aucunement. Ils ont été pires, tant par leurs prétentions à une plus grande connaissance, que par leur dégénérescence de la vraie vie chrétienne. Car, quoi qu'ils eussent un meilleur modèle que les Juifs, auxquels Dieu parlait par son serviteur Moïse, alors qu'Il leur parlait maintenant par son Fils bien-aimé, vraie image de la substance, perfection de toute douceur et de toute humilité ; et quoi qu'ils semblassent ne se consacrer à rien d'autre qu'à l'adoration de son nom et à la vénération de la mémoire de ses saints disciples et apôtres, ils s'étaient pourtant tellement écartés du pouvoir et de la vie intérieurs du Christianisme dans l'âme, que leur respect ne consistait guère plus qu'en rites et cérémonies. Car, quoique, comme les Juifs, ils fussent pleins de zèle pour orner leurs sépulcres, et qu'ils excellassent à sculpter des images (non seulement cherchant des prétextes pour conserver tout ce qui pouvait constituer des reliques de leurs personnes, mais faisant passer pour des reliques des milliers de choses qui ne sont que des fables, le plus souvent ridicules et assurément contraires en tous points au christianisme), pourtant, quant aux points principaux et importants de la loi chrétienne, à savoir l'amour, la douceur, et le renoncement à soi-même, ils étaient tombés dans la dégénérescence. Ils devinrent hautains, orgueilleux, vantards, dépourvus d'affection naturelle, inquisiteurs, assoiffés de controverse, cherchant sans cesse à embarrasser l'Église par des questions douteuses et ambiguës, semant parmi le peuple les disputes, les querelles et la discorde, provoquant des factions, jusqu'à ce qu'enfin le sang soit versé : comme s'ils étaient devenus pires d'avoir été Chrétiens.

Oh ! quel état misérable que celui de ces prétendus Chrétiens qui, au lieu de la doctrine du Christ et de ses apôtres, au lieu d'aimer leurs ennemis, et de bénir ceux qui les maudissent, enseignaient au peuple, sous couvert de zèle chrétien, à s'entr'égorger de la manière la plus inhumaine ; et qui, au lieu d'accepter de verser leur propre sang pour Jésus, versaient le sang de ceux qui étaient les témoins de Jésus, en les taxant d'hérésie. Ainsi, ce serpent subtil, cet esprit malin et artificieux, qui avait tenté Adam et lui avait fait perdre son innocence, et avait fait abandonner la loi de Dieu aux Juifs, a séduit les Chrétiens par des vanités mensongères, et les a fait renoncer à la sainte loi du Christianisme, et a fait d'eux ses esclaves. Car il règne dans les cœurs des enfants de la désobéissance.

15. Ainsi peut-on observer que, de même que l'orgueil, qui s'accompagne toujours de superstition et d'entêtement, poussa Adam à chercher à s'élever au-dessus de l'état où Dieu l'avait mis, et de même que les Juifs, à cause de ce même orgueil, poussés à dépasser le modèle que Dieu leur avait donné par Moïse sur le mont, enseignèrent leurs propres traditions comme s'il s'agissait de doctrines, de sorte que ceux qui refusaient de s'y conformer risquaient de s'entendre dire : « Crucifiez-le, crucifiez-le » ; de même, ces Chrétiens qui ne l'étaient que de nom ont, par l'effet de ce même péché d'orgueil, accompagné d'une grande superstition et d'une grande arrogance, introduit, au lieu d'un culte et d'une discipline spirituels, des cérémonies de toute évidence mondaines, avec des innovations et des traditions humaines qui sont le fruit de la sagesse d'ici-bas : témoins leurs conciles et leurs croyances nombreux et compliqués qui se terminent par : « Conformez-vous, ou vous serez brûlés ».

16. Et, de même que cet orgueil illégitime les avait d'abord poussés à pervertir la spiritualité du culte chrétien, le faisant plutôt ressembler au culte illusoire des Juifs, ou à la religion tapageuse des Égyptiens, qu'à la grande simplicité et au dépouillement de l'institution chrétienne, qui ne doit ressembler ni au culte de la montagne ni à celui de Jérusalem ; de même, cet orgueil et cette arrogance les ont incités à maintenir leur grande Diane [1] par toutes les cruautés imaginables. Ni les supplications douces, ni les remontrances humbles, de ceux qui restaient proches de la pureté primitive du culte et de la doctrine, ne purent prévaloir auprès de ceux qui n'avaient de chrétien que le nom, ou éviter qu'on les obligeât à se soumettre à ces traditions non-apostoliques. Mais, tout comme les ministres et les évêques de ces Chrétiens dégénérés négligeaient de visiter le troupeau du Christ et d'en prendre soin, et devenaient ambitieux, cupides et voluptueux, ressemblant plutôt à des potentats mondains qu'aux disciples mortifiés et humbles d'esprit du bienheureux Jésus ; de même, toutes les chroniques historiques nous racontent avec quel orgueil et quelle cruauté, par quelle boucherie sanguinaire et par quelles tortures recherchées et raffinées, ils ont persécuté les saints membres du Christ, en les supprimant de la face du monde ; et comment, par leurs anathèmes, ils ont, autant qu'ils l'ont pu, cherché à les priver des bonheurs du ciel. Les vrais Chrétiens regardent ces victimes comme des martyrs ; mais le clergé, semblable aux Juifs persécuteurs, les a qualifiés d'hérétiques et de blasphémateurs ; et, en cela, ils ont accompli la prophétie de notre Seigneur Jésus-Christ, qui affirma, non point que ces gens croiraient servir les dieux en tuant les Chrétiens, ses chers disciples (ce qui aurait pu s'appliquer aux persécutions des Gentils idolâtres) ; mais qu'ils croiraient servir Dieu en les tuant (Jean XVI. 2) ; ce qui montre qu'il pensait à ceux qui faisaient profession de croire au vrai Dieu, tels les Chrétiens apostats. De sorte que ce doit être là les loups, dont l'apôtre avait prédit qu'ils surgiraient parmi les Chrétiens et n'épargneraient point le troupeau du Christ (Actes XX. 29), lorsque commencerait la grande désolation qu'il avait prédite,

1. Par cette image, Penn désigne le culte idolâtre.

et qui était nécessaire pour éprouver les fidèles et pour révéler le grand mystère d'iniquité.

Je conclurai ce paragraphe par l'assertion suivante : c'est une vérité incontestable que, là où le clergé a eu le plus de pouvoir et d'autorité, et a exercé la plus grande influence sur les princes et les États, c'est là qu'il y a eu le plus de confusion, de querelles, de sang versé, de séquestrations, d'emprisonnements et d'exils. J'en appelle à l'histoire de tous les temps pour justifier ce que j'avance. Pour ce qu'il en est à notre époque, je laisse juges mes contemporains. Pourtant, il est une démonstration irréfutable : c'est que le peuple ne s'est point converti, mais a sombré dans la débauche à un point tel que l'histoire ne nous en fournit aucun exemple. Le culte chrétien est visible, cérémonieux et ostentatoire ; les prêtres ambitionnent des honneurs mondains, sous prétexte de chercher des promotions spirituelles ; ils font des revenus terrestres de leur ministère la principale raison de leur fonction et sont, presque toujours, prêts à abandonner leurs petits bénéfices pour en solliciter d'autres, plus honorifiques et plus lucratifs. De sorte que, par leur orgueil et leur cupidité, dont ce bon vieux saint Pierre avait prévu que ce seraient là les pièges où ils tomberaient, ils ont introduit dans la Chrétienneté l'ignorance, la misère et l'irréligion.

17. Le moyen de se relever de cette malheureuse apostasie, c'est d'acquérir une connaissance salutaire de la religion ; c'est-à-dire, une expérience de l'opération divine de Dieu dans l'âme. Pour l'obtenir, sois diligent, ô homme, à obéir à la grâce qui apparaît dans ton âme et qui apporte le salut (Tite ii. 11, 12). Elle te conduit du grand chemin vers le sentier étroit ; de tes passions vers ton devoir ; du péché à la sainteté ; de Satan vers Dieu. Tu dois apprendre à reconnaître et à abhorrer le Moi : tu dois monter la garde, tu dois prier, et tu dois jeûner ; tu ne dois point regarder vers ton tentateur, mais vers ton sauveur ; évite la mauvaise compagnie, retire-toi dans la solitude, et sois un chaste pèlerin dans ce monde inique. Ainsi parviendras-tu à la

connaissance de Dieu et du Christ, qui apporte à l'âme la vie éternelle. C'est là une assurance solide quant à ce que l'homme ressent et connaît au-dedans de lui-même ; c'est là le moyen de ne point craindre les mauvaises nouvelles.

VIII

1. L'orgueil aspire au pouvoir aussi bien qu'à la science. **2.** *La preuve en est la rébellion de Corah, etc.* **3.** *L'ambition d'Absalon le confirme.* **4.** *Celle de Nabuchodonozor également.* **5.** *L'histoire de Pisistraste, celles d'Alexandre, de César, etc. montrent la même chose.* **6.** *Les Turcs en sont une preuve vivante, eux qui ont versé tant de sang pour satisfaire leur orgueil et leur soif de puissance.* **7.** *Les dix dernières années, au sein de la Chrétienté, en donnent la preuve la plus flagrante.* **8.** *L'ambition ne règne pas seulement dans les cours : elle se loge aussi dans les cœurs des individus et jette le trouble dans les familles et dans les sociétés.* **9.** *Ceux qui freinent leurs désirs par la grâce de Dieu, et qui, s'ils ont le pouvoir, s'en servent pour le bien d'autrui, jouissent d'une grande paix.*

*

1. Venons-en au second effet de l'orgueil : le plus commun, le plus remarquable, et aussi le plus nuisible. L'orgueil aspire, par-dessus tout, au pouvoir, qui, plus qu'aucune autre chose, s'est avéré une cause de troubles et de destructions pour l'humanité. Je n'ai point besoin de prendre beaucoup de peine pour prouver cela, puisqu'aussi bien notre propre expérience que les chroniques les plus authentiques, nous apprennent que la plupart des guerres entre les nations, le dépeuplement des royaumes, la ruine des cités, ainsi que l'esclavage et la misère qui ont en découlé, ont été le produit de l'ambition, qui n'est que la soif de puissance dictée par l'orgueil.

2. Quelque spécieux qu'aient été les prétextes de Corah, de Dathan et d'Abiram pour s'en prendre à Moïse, la cause première de leurs conspirations et de leurs rebellions fut l'envie que leur inspirait la grande puissance dont Moïse jouissait dans le camp d'Israël. Ils jalousaient son autorité ; son crime était qu'ils n'en jouissaient pas eux-mêmes : car ce qu'ils visaient c'était d'être les chefs et les conducteurs de ce peuple. En conséquence de quoi ils furent totalement annihilés, eux et leurs infortunés complices, afin qu'ils servissent d'exemples (Nombres xvi.).

3. Absalon voulut, lui aussi, défendre les droits du peuple contre la tyrannie de son père et de son roi (2 Samuel xv.) ; du moins, était-ce le prétexte grâce auquel il voulait faire passer son ambition ; mais sa rébellion fit voir sa soif de puissance et montra qu'il avait résolu de sacrifier ses devoirs de fils et de sujet aux désirs criminels d'un orgueil sans bornes ; il s'ensuivit une mort indigne pour lui-même, et le massacre général de son armée.

4. Nabuchodonozor est un exemple frappant de ce désir excessif de puissance qui caractérise l'orgueil. Ses succès et l'étendue de son empire l'enivrèrent : c'en était trop : il perdit la tête ; il oublia qu'il ne s'était pas fait lui-même, et qu'il existait une puissance supérieure à la sienne. Il fit élever une statue devant laquelle chacun devait se prosterner, ou sinon être brûlé. Et lorsque Sadrac, Mésac et Habed-Négo refusèrent de lui obéir, « Quel est », leur dit-il, « le Dieu qui vous délivrera de mes mains ? » (Daniel iii.). Et, quoiqu'il fût convaincu, au plus profond de lui-même, de la constance de ces saints hommes, et de la sagesse de Daniel, qui lui avait interprété ses songes, son cœur fut bientôt rempli de l'orgueil que lui inspirait sa propre puissance, et sa bouche proféra cette question hautaine : « N'est-ce pas ici Babylone la grande, que j'ai bâtie pour être la demeure royale, par le pouvoir de ma force, et pour la gloire de ma magnificence ? » (Daniel iv. 30). Mais l'Écriture nous apprend que, alors que ces mots étaient encore dans sa bouche, une voix venue des cieux lui reprocha l'orgueil de son esprit ;

et il fut chassé de la société des hommes, et condamné à aller chercher sa pâture avec les bêtes des champs.

5. Si nous étudions l'histoire du monde, nous y trouverons de nombreux exemples qui prouvent les méfaits occasionnés par ce péché d'orgueil. J'en citerai quelques-uns pour l'instruction de ceux qui ne les ont pas lus, ou n'y ont pas réfléchi.

Solon rendit Athènes libre en lui donnant une constitution et des lois excellentes ; mais l'ambition de Pisistrate commença à la détruire sous ses yeux mêmes. Alexandre, ne se contentant pas de son propre royaume, en envahit d'autres, et remplit de carnage et de rapine les pays qu'il soumit ; et ce fut avec raison qu'un homme qu'Alexandre accusait de piraterie lui répondit en face qu'il était lui-même le plus grand pirate du monde. Ce fut cette même ambition qui poussa César à trahir ses maîtres, et à se servir de l'armée qui lui avait été confiée pour le service de l'État pour les mettre sous son joug et usurper le gouvernement ; la conséquence fut qu'il fit dispararaître de Rome la liberté et la vertu, car la bonté fut bientôt traitée de faction, et la sobriété et la sagesse, qui jusqu'alors avaient rendu les sénateurs romains si vénérables, devinrent dangereuses pour leur sécurité : au point que les successeurs de César les mirent à mort et les bannirent presque tous, à l'exception de ceux qui se révélèrent flatteurs et approuvèrent leur usurpation, ou qui imitèrent leurs mœurs débauchées.

6. Les Turcs sont également une preuve remarquable de ce que j'avance, eux qui, pour étendre leur empire, ont versé tant de sang et ravagé tant de nobles pays.

Et pourtant, les Chrétiens apostats les surpassent encore ; et leur conduite est d'autant plus condamnable qu'ils ont reçu un meilleur enseignement : leur Maître leur a laissé une autre doctrine et un autre exemple. Il est vrai qu'ils L'appellent encore Seigneur, mais ils n'en laissent pas moins régner leur ambition : ils aiment la puissance plus qu'ils n'aiment leur prochain ; et, pour y atteindre, ils s'entr'égorgent, quoi qu'Il leur commande de ne point frapper, mais de s'aimer et de se servir les uns les autres. Et, ce qui rend la chose encore plus tragique, ils sacrifient toute affection naturelle à la fureur de cette passion : c'est pourquoi l'histoire est si souvent entachée du sang du meurtre de pères, d'enfants, d'oncles, de neveux, de maîtres, etc.

7. Si nous considérons, à l'étranger, les contrées les plus éloignées, nous y entendons rarement parler de guerres ; au lieu que dans la Chrétienté, il est rarement question de paix. Un rien devient trop souvent le sujet d'une querelle ici : de même, il n'est point de ligue si sacrée, ni si inviolable, que l'on ne trouve le moyen de l'éluder ou de l'enfreindre afin d'augmenter son pouvoir. Peu importe l'identité et le nombre de ceux qui sont tués ; peu importe s'il y a des veuves et des orphelins ; peu importe si les uns perdent leurs biens et les autres le moyen de gagner leur vie ; peu importe si des pays sont ruinés, des villes et des cités pillées, pourvu que cela serve à l'ambitieux pour parvenir à ses fins ! Pour ne prendre que ces soixante dernières années, nous verrons que ce court laps de temps nous offre de nombreux exemples de guerres déclarées injustement, et qui se sont terminées par la plus grande désolation. Bien plus, ces douze dernières années fournissent la preuve la plus frappante que l'histoire d'aucune époque puisse donner. Il serait trop ennuyeux, et ce n'est point mon propos, d'entrer dans le détail : d'autres en ont souvent fait le récit, et tout le monde le connaît : je veux parler des guerres de France, d'Espagne, d'Allemagne, d'Angleterre et de Hollande.

8. Mais l'ambition ne règne pas seulement dans nos cours et dans nos sénats : il n'est que trop naturel à chaque individu de lutter pour le pouvoir. Nous voyons tous les jours combien les hommes rassemblent tout leur esprit et tout le crédit dont ils disposent pour atteindre à la grandeur, pour obtenir des places plus élevées, ou des titres supérieurs à ceux qu'ils ont ; afin d'acquérir plus d'importance, et de s'attirer plus de respect, de prendre le dessus de ceux qui étaient jusqu'alors leurs égaux et de devenir les égaux de ceux qui étaient jadis leurs supérieurs ; de faire la loi à leurs amis, et de se venger de leurs ennemis. C'est pour cela que le Christianisme est si peu aimé des hommes qui aiment le siècle : le royaume du Christ n'est pas de ce monde ; et malgré tout le bien qu'ils affectent d'en dire, ils n'aiment que le siècle ; de sorte que, sans manquer de charité, nous pouvons véritablement dire que les hommes professent le Christianisme, mais qu'ils suivent le siècle. Leur but n'est pas de chercher premièrement le royaume de Dieu, et sa justice (Mattieu vi. 33), et de s'en rapporter à Dieu pour le reste, mais de s'assurer la richesse et la gloire de ce monde, et de remettre le soin de leur salut à leur lit de mort et aux derniers instants de la vie ; si toutefois ils croient à une vie future.

9. Pour conclure ce chapitre, je dirai que grande est la paix de ceux qui savent mettre un terme à leur ambition, qui ont appris à se contenter des faveurs que la Providence leur a conférées et des limites qu'elle leur a fixées, et qui ne se soucient point de devenir grands ; mais qui, s'ils sont grands, demeurent humbles et font le bien. De tels hommes sont toujours en accord avec leur conscience, et peuvent, d'un esprit toujours égal, mesurer à tout moment les inégalités du monde, se tenir fermes au milieu de toutes ses incertitudes ; et, ainsi qu'il sied à ceux dont les espérances résident dans un monde meilleur, ils quittent gaiement celui-ci, à l'heure choisie par Dieu. Au lieu que les ambitieux, conscients de leur mauvaise conduite, et descendant au tombeau chargés de leurs fautes, auront à paraître devant un tribunal qu'ils ne pourront ni intimider ni corrompre.

IX

1. Le troisième mauvais effet de l'orgueil est l'amour des honneurs et de la déférence. Trop d'hommes ont ce défaut. 2. Mardochée fut bien près d'en être la victime. Les nations ont souffert de grands malheurs à cause de ce vice. 3. Le monde a de fausses idées concernant le véritable honneur et la vraie science. 4. Raisons pour lesquelles l'auteur, et ceux de sa confession, rejettent ces usages. 5. La première de ces raisons est le sentiment qu'ils ont conçu, à l'heure où ils ont reçu la lumière, que ces usages étaient peu conformes à l'esprit et à la pratique du Christianisme, et qu'ils provenaient de l'orgueil et de l'amour-propre. 6. En conséquence, les reproches n'ont pu les faire renoncer à ce sentiment et à cette pratique. 7. Ils ne le font point pour s'ériger en secte, ni pour se distinguer. 8. Ni non plus pour introduire de nouveaux rites ; ils ne font que mettre de côté de vaines coutumes, et n'innovent que d'une manière passive et purement négative. 9. Leur conduite est une mise à l'épreuve des gens du siècle. 10. Elle est aussi une épreuve pour eux-mêmes du fait qu'elle les met en opposition avec le monde. 11. La deuxième raison, qui les fait renoncer à ces usages, est leur vacuité. 12. Le mot « honneur », dans l'Écriture, n'est pas pris dans le sens que lui donne le siècle. Il signifie obéissance. 13. Il y signifie aussi élévation. 14. Digression sur le mot « folie » dans l'acception que lui donne l'Écriture. 15. Le mot « honneur » y est aussi employé pour réputation. 16. « Honneur » est aussi appliqué aux fonctions et aux talents, et signifie alors estime. 17. « Honneur » est aussi utilisé pour l'aide et le secours donnés aux inférieurs. 18. « Honneur » signifie servir et estimer tous les hommes, quel que soit leur état et leur rang : « honore tous les hommes ». 19. Pourtant, cet honneur se limite, en un sens, aux justes, selon le Psalmiste : « honore les bons, et méprise les méchants ». 20. Cet honneur ne se trouve guère dans les usages du siècle. 21. La troisième raison pour rejeter ces usages, est que ce sont des moqueries, et qu'ils dérobent aux hommes l'honneur qui leur est dû. 22. L'auteur et ses amis se déclarent pour le véritable honneur. 23. La quatrième raison, c'est que, si ces usages représentaient le véritable honneur, les débauchés pourraient honorer les hommes, ce qui est impossible. 24. La cinquième raison est qu'alors, les hommes pleins de dépit, d'hypocrisie et de vengeance pourraient rendre honneur, ce qui est impossible. **25.** *La sixième raison est tirée de l'ancienneté du véritable honneur.* **26.** *La septième raison provient de l'origine du faux honneur, et de ceux qui l'enseignent ; c'est ainsi que, par comparaison, le clown l'emporte sur le courtisan dans un concours de bonnes manières.* **27.** *La huitième objection à ces marques d'honneur est qu'on peut se les procurer pour de l'argent, alors que le véritable honneur ne se peut acheter.* **28.** *La neuvième et dernière raison est que l'Écriture Sainte les défend expressément aux Chrétiens.* **29.** *Comme, par exemple, dans le cas de Mardochée.* **30.** *Discussion sur ce sujet entre un évêque et l'auteur.* **31.** *Le cas d'Elihu, tiré du livre de Job.* **32.** *C'est aussi la doctrine enseignée par le Christ à ses disciples.* **33.** *Paul exhorte à ne pas se conformer aux usages du monde.* **34.** *Pierre défend de se conformer aux convoitises du monde.* **35.** *Jacques s'élève contre le respect qu'on rend à la personne des hommes.* **36.** *Cependant, les vrais Chrétiens sont civils et polis dans le vrai sens.* **37.** *Mais cet honneur diffère de celui du monde par sa nature et par ses motifs.* **38.** *Différents témoignages en faveur de notre pratique et de notre refus des usages du monde.*

*

1. Le troisième effet pernicieux de l'orgueil est un désir excessif d'honneurs et de respect pour notre personne.

L'orgueil recherche donc la puissance, pour s'attirer des hommages, et afin que chacun lui rende des honneurs : ceux qui y manquent s'exposent à son courroux et à sa vengeance. Et, comme l'orgueil lui-même, ce mauvais effet est plus ou moins répandu parmi le monde corrompu, et y a causé de grandes animosités et de grands maux.

2. L'Écriture nous offre un exemple frappant de la malice et de la vengeance dont l'homme est capable lorsqu'il est gonflé d'orgueil et qu'on lui refuse ce qu'il exige. Mardochée manqua d'être pendu, et tout le peuple des Juifs manquèrent de perdre la vie, à la suite du refus de Mardochée de se prosterner devant Haman, le grand favori du roi Assuérus. Et, même à notre époque, nous retrouvons des pratiques semblables : un vaisseau qui ne baisse pas son pavillon ou ses voiles, qui ne salue pas telle garnison ou tel port, et même des choses de moindre importance, ont occasionné entre différents États et royaumes des guerres terribles, qui ont coûté des sommes immenses et ont fait couler encore plus de sang. Les querelles de préséance entre les princes, ou entre leurs ambassadeurs, ont eu de semblables conséquences. De même, l'envie, les querelles et les contentions qui ont eu lieu entre particuliers, parce que ceux-ci s'imaginaient qu'on ne leur avait point rendu le respect qui leur était dû, étant donné leur rang ou leur qualité, en n'ôtant point le chapeau ou en ne pliant point le genou devant eux, ou en ne leur donnant point tel ou tel titre, ont occasionné plus d'un duel et plus d'un meurtre. Il m'est arrivé à moi-même en France * de me voir attaqué à onze heures du soir, tandis que je regagnais mon logis, par un homme qui m'attendait l'épée à la main et qui me demandait satisfaction de ce que, m'ayant salué poliment, je ne lui avais point rendu son salut ; bien qu'en réalité je ne l'eusse point vu. Je suppose qu'il m'aurait tué, ou que moi, en me défendant, je l'aurais tué, car il me tira plusieurs bottes ; mais je le désarmai, ce dont un domestique du comte de Crawford, qui se trouvait là, fut témoin. Je demande à tout homme doué de sens commun ou de conscience, si tout ce cérémonial valait qu'un homme perdît la vie. Si l'on considère la dignité, la nature et l'importance de la vie de l'homme, tant par rapport à son Créateur qu'à lui-même et à son utilité dans la société civile.

3. Mais la vérité est que le monde, éloigné comme il l'est de Dieu, a des idées aussi fausses sur l'honneur et le

---

* Je n'étais pas alors de la communion dont je suis à présent (note de l'auteur).

respect véritables, que sur toutes autres choses : car une grande partie des honneurs et du respect que les hommes se rendent dans le monde, ne constitue qu'une pure mascarade et de vaines cérémonies ; de sorte qu'on peut en dire, comme l'apôtre dit de la science, que ce sont de soi-disant honneurs et un soi-disant respect, qui n'ont en eux rien de la nature du véritable honneur et du véritable respect. Mais, de même que les hommes dégénérés, qui aiment qu'on les honore, en sont les inventeurs, de même c'est seulement l'orgueil qui les aime et qui les recherche, et qui se fâche et s'emporte si on le refuse. Si les hommes connaissaient ce qu'est la véritable condition d'un Chrétien, et l'honneur qui vient d'en haut, et que Jésus nous enseigne, ils ne rechercheraient pas de telles vanités, et à plus forte raison ne les exigeraient pas.

4. Que l'on me permette ici d'entrer dans le détail des raisons pour lesquelles moi-même, et ceux de la société religieuse à laquelle j'appartiens, avons rejeté comme vaines et inutiles, plusieurs coutumes mondaines et plusieurs formes de respect qui paraissent si indispensables à notre époque : et je te prie, lecteur, de mettre de côté tout préjugé et tout mépris, et de lire et de peser avec toute la modération et l'impartialité d'un esprit avisé, et sans préjugés, ce que j'ai à dire ici pour notre défense : et si nous sommes dans l'erreur, plains-nous et instruis-nous, plutôt que de mépriser et d'insulter notre simplicité.

5. Le premier motif, et celui qui a le plus de poids sur nos esprits, pour nous faire renoncer aux coutumes en usage de nos jours, comme ôter son chapeau, plier le corps ou le genou, et donner aux gens des titres et des épithètes pleins de vanité dans nos salutations et notre manière d'aborder, a été cette saveur, cette vue, ce sentiment, que Dieu, par Sa lumière et Son esprit, nous a donnés de la manière dont le monde chrétien s'était éloigné de lui, ainsi que de la cause et des effets de cette grave et misérable apostasie. Le premier effet de cette découverte a été de nous mettre sous les yeux notre propre état ; et nous avons vu

Celui que nous avons transpercé, et nous avons commencé à nous repentir. Le jour de l'humiliation est venu pour nous, et nous avons perdu le goût des plaisirs et des délices que nous aimions jadis. Désormais nos œuvres furent jugées d'avance, il se fit en nous une recherche approfondie, et les paroles du prophète prirent un sens pour nous : « Qui pourra soutenir le jour de sa venue ? et qui restera debout quand il paraîtra ? Car il sera comme le feu du fondeur, comme la potasse des foulons » (Malachie iii. 2). Et, comme le dit l'apôtre : « Et si le juste se sauve avec peine, que deviendront l'impie et le pécheur ? (1 Pierre iv. 18). « Connaissant donc », dit l'Apôtre Paul, « la crainte du Seigneur, nous cherchons à convaincre les hommes » (2 Corinthiens v. 11) : de quoi donc ? De renoncer à la nature, à l'esprit, à la convoitise, et aux usages de ce monde mauvais, nous souvenant que Jésus a dit : « Au jour du jugement, les hommes rendront compte de toute parole vaine qu'ils auront proférée » (Matthieu xii. 36).

Nos voisins s'aperçurent que notre âme était préoccupée et notre esprit abattu ; et nous n'avons pas honte d'avouer que la terreur du Seigneur s'empara de nous au plus haut degré, du fait que, depuis longtemps, nous avions, tout en professant d'être chrétiens, affligé l'Esprit-Saint de Dieu, qui nous faisait reproche, en secret, de notre désobéissance. Si bien que, tandis que nous abhorrions l'idée de persévérer dans nos anciens péchés, de la même manière nous nous abstînmes de choses légitimes, de crainte d'en faire un usage illégitime. Le ciel semblait fondre au-dessus de nous, et la terre changer de place ; et, comme le dit l'apôtre, nous étions comme des hommes pour qui la fin du monde était venue. Dieu sait que c'est ce qui est arrivé dans ce temps-là ; l'éclat de son arrivée dans nos âmes a découvert toute plante qu'Il n'avait pas plantée en nous, et le souffle de sa bouche l'a détruite. Il a été un témoin vigilant contre toute mauvaise pensée et tout travail inutile : et, que Son nom soit béni, nous ne nous sommes point offensés de Sa présence, ni de la sévérité de Ses jugements. Ce fut alors que toute notre vie fut sujette à un examen sans pitié : chaque parole, chaque pensée, chaque action, subit un jugement : la cause en fut examinée, ainsi que les conséquences. « La convoitise de la chair, la convoitise des yeux, et l'orgueil de la vie »

(1 Jean ii. 16) apparurent à nos yeux comme le mystère d'iniquité en nous. Ainsi, connaissant le mauvais levain, et tous ses effets pernicieux en nous, la manière dont il avait travaillé, et ce qu'il avait produit, nous commençâmes à comprendre et à reconnaître l'état des autres hommes : et, ce que nous ne pouvions ni n'osions laisser subsister en nous, du fait qu'il nous était manifesté que cela provenait d'un mauvais principe, lié à la dégénérescence de l'homme, nous ne pouvions l'approuver chez les autres. Je dis donc, et ce dans la crainte et en la présence du Dieu juste qui voit tout, qu'entre autres choses, les marques de respect et les honneurs du monde nous devinrent pesants ; nous vîmes qu'ils n'appartenaient point au paradis, qu'ils avaient pris naissance dans les ténèbres, et qu'ils étaient emplis d'orgueil et de folie.

6. Et quoiqu'il nous fût aisé de prévoir les torrents de reproches que nous allions attirer sur nous en refusant ces pratiques, nous étions, cependant, si éloignés de changer de résolution à cet égard, que cette réflexion nous y confirma tout à fait. Car l'homme est un objet si élevé, et si assoiffé d'honneurs et de respect, même de la part de ses semblables, que, dès que, par scrupule de conscience envers Dieu, nous fûmes incapables de continuer à nous acquitter de ces cérémonies, il s'en alarma plus que de toutes nos autres singularités, aussi importantes que celles-ci pussent être pour le salut. De sorte que, sans se préoccuper de l'honneur de Dieu et de notre propre salut, les hommes trouvèrent que refuser de leur ôter notre chapeau et de s'adresser à eux avec les titres d'honneur habituels, refuser de boire à leur santé, ou de jouer avec eux aux cartes et aux dés, constituait un blasphème et une hérésie beaucoup plus grands que tout autre principe que nous soutenions et qui, étant moindre à leurs yeux, les offensait moins.

7. Et quoique l'on nous ait souvent reproché de ne chercher à imposer ces manières rigoristes, ainsi que ceux qui adoptent un ruban vert, par exemple, comme marque distinctive d'un parti politique, qu'afin d'être mieux reconnus :

je déclare, dans la crainte du Dieu Tout-Puissant, que ce ne sont là que les imaginations et les vaines explications d'hommes insensés, qui n'ont pas ce sentiment que Dieu nous a donné, qui nous permet de distinguer dans l'homme ce qui provient d'une bonne ou d'une mauvaise source ; et lorsque ceux qui censurent ainsi notre simplicité de mœurs seront intérieurement touchés et réveillés par la grande puissance de Dieu, et qu'ils verront les choses comme elles sont dans leur nature et dans leur origine, alors ils auront conscience de leur propre fardeau, et ils nous pardonneront sans plus nous accuser ici de folie ou d'hypocrisie.

8. Quant au reproche qu'on nous fait de nous attacher trop à de petites choses, disant que cela sied mal à des gens qui prétendent à une si grande liberté et largesse d'esprit, je répondrai, avec douceur, vérité et modération, que, d'abord, aucune chose n'est petite, dès lors que Dieu nous fait un cas de conscience de la faire, ou de ne pas la faire. Ensuite, bien que ceux qui nous font ce reproche veuillent nous faire croire qu'il s'agit de choses de peu d'importance, ils leur en donnent cependant beaucoup eux-mêmes : tellement que, lorsque nous refusons de nous y conformer, ils nous battent, nous emprisonnent, refusent de nous faire justice, etc. Sans parler des moqueries et des reproches qu'ils nous lancent fréquemment à ce propos. De sorte que, si nous manquions d'assurances quant à la véracité de notre croyance et de notre jugement intérieurs, la seule conduite de nos adversaires suffirait pour nous en convaincre. Mais qu'il nous suffise de savoir que « la sagesse a été justifiée par ses œuvres » (Matthieu xi. 19) ; nous nous contentons de laisser tomber, de manière passive, des pratiques que Dieu nous a appris à regarder comme vaines et non-chrétiennes ; en cela, nous agissons négativement à l'égard des rites : nous nous contentons de mettre certains rites de côté, nous n'en instituons aucun.

9. Le monde s'attache tellement aux cérémonies et à l'aspect extérieur des choses, que Dieu, dans Sa sagesse, a jugé à-propos, à toutes les époques, de faire paraître ses dispensations sous des formes très différentes des coutumes du siècle, contredisant ainsi les inventions humaines et prouvant l'intégrité de ceux qui Le professent. C'est même une épreuve imposée au monde, pour tester la patience, la bonté, la sobriété et la modération des hommes : si le dehors sobre et rude de la vérité, dont la beauté est toute intérieure, n'empêche pas leurs esprits de la recevoir, elle fera en eux de grandes découvertes. Car celui qui refuse un joyau précieux, parce qu'il lui est présenté dans une boîte simple, ne sera jamais conscient de sa valeur et ne se fera point un devoir de le conserver ; c'est pourquoi je dis que c'est une épreuve, puisqu'elle montre où vont le cœur et l'affection des hommes, quoique ceux-ci fassent profession de s'attacher aux choses les plus parfaites.

10. C'est aussi une grande épreuve pour le peuple de Dieu, puisque cela les oblige à découvrir leur opposition aux usages généralement reçus et estimés dans le monde ; ce qui les expose à l'étonnement, au mépris et aux insultes de la foule. Mais, en dessous, il y a un trésor caché : cela nous endurcit aux reproches, et nous apprend à mépriser la fausse réputation du siècle et à endurer en silence les vexations et le mépris de ses adorateurs, enfin, avec une douceur et une patience vraiment chrétiennes, à nous mettre au-dessus de leurs insultes et de leurs reproches. Ajoute à cela, que cela te détache de tes connaissances ; car, te voyant rejeté par elles comme un nigaud, un sot, un excentrique, etc., tu te trouves délivré d'une tentation encore plus grande, à savoir le pouvoir et l'influence de leur vaine conversation. Enfin, cela t'introduit en la compagnie du bienheureux Jésus, lui aussi moqué et persécuté, et te fait combattre, sous sa bannière, contre le siècle, la chair et le diable : afin qu'après avoir fidèlement souffert avec Lui dans un état d'humiliation, tu puisses régner avec Lui dans un état de gloire : avec Lui, qui glorifie ses pauvres et fidèles disciples méprisés, de la gloire qu'Il a eue auprès du Père avant que le monde fût (Jean xvii. 5). Voilà la première raison qui nous a fait renoncer à pratiquer les marques d'honneur et de respect ci-dessus mentionnées.

11. La deuxième raison, pour laquelle nous refusons et rejetons les compliments et les salutations qui sont passés en usage, est que nous sommes persuadés de leur complète vanité et futilité, car à supposer qu'ils ne soient point mauvais, ils sont totalement dénués d'honneur et de respect véritables. Ainsi, de même que la religion et le culte ont dégénéré pour n'être plus que rites et cérémonies, qui n'ont rien à voir avec la pratique de l'Église primitive, de même l'honneur et le respect ont décliné, si bien qu'il n'en reste guère plus dans le monde que de religion ; aussi, sans aucun doute, de toutes ces coutumes, aucune ne se peut justifier par l'Écriture ou par la raison.

12. Nous trouvons souvent, dans l'Écriture, le mot « honneur » et ce avec des sens différents. Il signifie tout d'abord « obéissance » : comme lorsque Dieu dit : « Ceux qui m'honorent » (1 Samuel ii. 30) ; c'est-à-dire, ceux qui observent mes commandements. « Honorez le roi » (1 Pierre ii. 17), c'est-à-dire, obéissez au roi. « Honore ton père et ta mère » (Exode xx. 12) ; c'est-à-dire, dit l'apôtre aux Éphésiens, « Obéissez à vos parents, selon le Seigneur, car cela est juste » (Éphésiens vi. 1, 2) ; prenez garde à leurs préceptes et à leurs conseils : et supposez toujours que les maîtres et les parents ordonnent des choses justes, sans quoi ils déshonorent leurs supérieurs et leurs parents s'ils leur obéissent lorsque leurs commandements sont injustes. Le Christ emploie aussi ce mot dans le même sens, lorsqu'Il dit : « Je n'ai point de démon, mais j'honore mon Père, et vous m'outragez » (Jean viii. 49) ; c'est-à-dire, je fais la volonté de mon Père en ce que je fais, mais vous, vous ne voulez pas m'écouter ; vous rejetez mes conseils, et vous ne voulez point obéir à ma voix. Ce n'était point là refuser de tirer le chapeau, ou de plier le genou, ni de vaines simagrées : non, c'était désobéir, résister à Celui que Dieu avait envoyé, et refuser de croire en Lui. Voilà le déshonneur qu'Il leur reprochait : c'était de traiter d'imposteur Celui que Dieu avait envoyé pour le salut du monde. Et des hommes de cette sorte, qui Le déshonorent, il n'y en a que trop de nos jours. Le Christ dit dans le même sens : « Afin que tous honorent le Fils comme ils honorent le Père ; et celui qui n'honore pas le Fils n'honore pas le Père, qui l'a envoyé » (Jean v. 23) ; c'est-à-dire, ceux qui n'écoutent point le Christ, qui ne l'adorent point et ne lui obéissent point, ceux-là n'écoutent ni n'adorent Dieu ; ils auraient dû croire en Lui ; Il le leur a dit. Ceci est clairement exprimé dans le cas du centurion, dont le Christ a tellement loué la foi lorsque, rendant compte à Jésus du poste élevé qu'il occupait, il lui a dit qu'il avait des soldats sous ses ordres, et que lorsqu'il disait à l'un « Va », il allait ; et à un autre « Viens », il venait ; et à un troisième « Fais cela », il le faisait (Luc vii. 8). C'était en cela qu'il faisait consister l'honneur de son poste, et le respect de ses soldats, et non point en saluts et en courbettes : et, encore de nos jours, ces coutumes ne sont toujours point en usage parmi les soldats, parce qu'elles sont efféminées, et indignes de la dignité masculine.

13. En second lieu, le mot « honneur » est utilisé dans les sens d'« avancement » à un poste de confiance ou à un poste élevé. C'est ainsi que le Psalmiste, s'adressant à Dieu, dit : « Et tu l'as couronné de gloire et de magnificence » : et ailleurs : « Tu places sur lui l'éclat et la magnificence » (Psaumes viii. 5 ; xxi. 5) [1] ; c'est-à-dire, Dieu a donné au Christ le pouvoir sur ses ennemis, et L'a exalté à une haute puissance. C'est ce que le sage entend lorsqu'il dit : « La crainte de l'Éternel enseigne la sagesse, et l'humilité précède la gloire » (Proverbes xv. 33) [2]. C'est-à-dire, l'humilité doit précéder l'avancement ou l'élévation. Plus loin, il dit encore « Comme la neige en été, la pluie pendant la moisson, ainsi la gloire ne convient pas à un insensé » (Proverbes xvi. 1) [3] ;

1. Ici, à nouveau, Penn se réfère à la Bible du Roi Jacques (1611). Dans d'autres traductions, les deux références seraient : Psaumes viii. 6 et xxi. 6. Par ailleurs, le développement de ce paragraphe n'est compréhensible que par référence à la version en anglais de la Bible : « For thou hast crowned him with glory and honour », « Honour and majesty has thou laid on him », dans laquelle le mot « honour » apparaît bien.

2. Ici, encore, seul le texte anglais fait apparaître le mot « honneur » : « The fear of the Lord is the instruction of wisdom, and before honour is humility ».

3. Cette citation se justifie également par référence à la version anglaise : « As snow in summer, and as rain in harvest, so honour is not seemly of a fool ».

c'est-à-dire qu'on ne saurait confier à un insensé la dignité de la confiance, de l'avancement ou de l'élévation ; ces choses requièrent de la vertu, de la sagesse, de l'intégrité, de la diligence, toutes qualités qui manquent à un insensé. Pourtant, si l'on veut faire passer pour des marques d'honneur les titres et autres respects en usage parmi nous, le proverbe de Salomon sera vérifié, et il l'est, en effet, par la pratique de notre siècle, qui accorde tant de ce prétendu honneur à un grand nombre de gens que Salomon appelle des insensés : qui sont non seulement imbéciles, mais méchants, qui rejettent l'instruction, et qui haïssent la crainte du Seigneur (Proverbes xiii. 18) ; alors que cela seul peut rendre l'homme digne du nom de sage.

14. De même que la vertu et la sagesse ne sont qu'une même chose, la folie et la méchanceté ne font qu'un. « Folie », c'est le nom qui est donné à l'action de Sichem, lorsqu'il coucha avec Dina, la fille de Jacob (Genèse xxxiv. 7) ; à la rebellion et à la méchanceté des Israélites dans Josué (Josué vii. 15)[1]. Le Psalmiste dit : « Mes plaies sont infectes et purulentes, par l'effet de ma folie » (Psaumes xxxviii. 5)[2], c'est-à-dire de son péché. Et ailleurs : « Le Seigneur parle de paix à son peuple et à ses fidèles, pourvu qu'ils ne retombent pas dans la folie » (Psaumes lxxxv. 8)[3], c'est-à-dire dans la méchanceté. « Le méchant est pris dans ses propres iniquités », dit Salomon, « et il est saisi par les liens de son péché : il mourra faute d'instruction, il chancellera par l'excès de sa folie » (Proverbes v. 22, 23). Le Christ place la folie au même rang que le blasphème, l'orgueil, le vol, le meurtre, l'adultère, la méchanceté, etc. (Marc vii. 21, 22). J'ai voulu citer ces passages pour montrer la différence qu'il y a entre le sentiment de l'Esprit-Saint, et l'idée que l'on avait en ces temps-là des fous, qui ne méritent aucun honneur, et ce que l'on entend en général à notre époque

1. Penn se réfère, ici encore, à la Bible du roi Jacques, qui donne « folie » là ou les versions françaises parlent d'infamie ».

2. Dans d'autres versions que la Bible du roi Jacques utilisée par Penn, la référence serait : Psaumes lxxxviii. 6.

3. De même, la référence serait ici : Psaumes lxxxv. 9.

par « fous » et « folie » ; afin que nous puissions d'autant mieux comprendre la disproportion qu'il y a entre l'honneur, pris dans le sens que lui donnaient alors l'Esprit-Saint et ceux qui y conformaient leur conduite, et l'honneur tel que l'entendent, et que le pratiquent, de nos jours, tant de prétendus Chrétiens.

15. Mais « honneur » signifie aussi, dans la Bible, « réputation » ; et on le prend aussi dans ce sens de nos jours : « Une femme qui a de la grâce », dit Salomon, « obtient de l'honneur » (Proverbes xi. 16) [1], c'est-à-dire conserve sa bonne renommée, et, par sa vertu, préserve sa réputation de sobriété et de chasteté. Ailleurs, il dit : « c'est un honneur pour l'homme de s'abstenir des querelles » [2] (Proverbes xx. 3), c'est-à-dire, cela lui acquiert la réputation d'un homme bon et sage. Le Christ utilise le terme en ce sens, lorsqu'Il dit : « Un prophète n'est sans honneur que dans sa patrie »[3] (Matthieu xiii. 57), c'est-à-dire, il est renommé et estimé partout sauf chez lui. L'apôtre, dans son épître aux Thessaloniciens, dit à cet effet : « Que chacun de vous sache posséder son corps dans la sainteté et l'honneur » [4] (1 Thessaloniciens iv. 4), c'est-à-dire dans la chasteté et la sobriété. Dans tout ceci, il n'est point fait mention des usages que nous refusons, si ce n'est pour les rejeter.

16. Il est encore un autre emploi du mot « honneur » dans l'Écriture, à savoir lorsqu'il s'applique aux fonctions et

---

1. La traduction française habituelle de ce passage, dans la traduction de Louis Segond, par exemple, est « obtient de la gloire ». Nous avons choisi « obtient de l'honneur » pour garder son sens au développement de Penn.

2. La traduction française habituelle (voir L. Segond) est : « C'est une gloire pour l'homme... ». Nous avons préféré « C'est un honneur pour l'homme... » pour les raisons énoncées ci-dessus.

3. Pour les mêmes raisons, nous avons préféré cette traduction à la traduction française habituelle : « Un prophète n'est méprisé que dans sa patrie ».

4. De même, nous avons, ici, gardé le mot « honneur », alors que la traduction courante en français est : « que chacun de vous sache posséder son corps dans la sainteté et l'honnêteté ».

aux talents : comme, par exemple, « Que les anciens qui dirigent bien soient jugés dignes d'un double honneur » (1 Timothée v. 17), c'est-à-dire qu'ils méritent double estime, double amour et double respect, du fait qu'ils sont saints, miséricordieux, tempérés, paisibles, humbles, etc., principalement lorsqu'ils travaillent à la parole et à l'instruction. C'est ainsi que Paul recommande Epaphrodite aux Philippiens : « Recevez-le donc dans le Seigneur avec une joie entière, et honorez de tels hommes » (Philippiens ii. 29), comme s'il eût dit, « Estimez-les et respectez-les pour ce qu'ils disent et ce qu'ils enseignent. » Ce qui constitue la manière la plus vraie, la plus naturelle et la plus convaincante de montrer son respect envers un homme de Dieu ; ainsi que le Christ l'a dit à ses disciples : « Si vous m'aimez, vous observerez mes préceptes ». En outre, l'apôtre nous ordonne d'honorer les veuves ; c'est-à-dire que les femmes qui mènent une vie chaste, et qui donnent l'exemple de la vertu, sont dignes d'être honorées.

17. Le mot « honneur », dans l'Écriture, est également utilisé lorsqu'on s'adresse à un inférieur. C'est évident dans l'exemple d'Assuérus disant à Haman : « Que faut-il faire pour un homme que le roi veut honorer ? » (Esther vi. 6). Eh bien, il l'éleva grandement, comme il fit pour Mardochée par la suite. Et il est dit, d'une manière encore plus spécifique : « Il n'y avait pour les Juifs que bonheur et joie, allégresse et honneur » [1] (Esther viii. 16) ; c'est-à-dire qu'ils échappèrent aux persécutions qui les menaçaient, et que, par l'entremise d'Esther et de Mardochée, ils jouirent non seulement de la paix, mais également de la faveur et du soutien du roi. C'est dans ce sens que l'apôtre Pierre recommande aux maris chrétiens « d'honorer leurs femmes » (1 Pierre iii.7) ; c'est-à-dire de les aimer, de les considérer, de les chérir, de les soutenir et de les estimer, pour la fidélité et l'affection qu'elles portent à leurs époux, pour la tendresse et le soin qu'elles accordent à leurs enfants, et

1. La traduction habituelle en français donne : « ... allégresse et gloire ». Nous avons préféré « ... allégresse et honneur » pour les raisons mentionnées précédemment.

pour leur diligence et leur circonspection dans la gestion de leur famille. Il n'est besoin ni de manières cérémonieuses, ni de titres pompeux pour exprimer cet honneur. C'est ainsi que Dieu honore les saints hommes : « J'honorerai celui qui m'honore », dit le Seigneur, « mais ceux qui me méprisent, seront méprisés » (1 Samuel ii. 30), c'est-à-dire, je ferai du bien, j'aimerai, je bénirai, je soutiendrai, et je mettrai dans la prospérité ceux qui M'honorent et M'obéissent : mais ceux qui Me méprisent, qui résistent à mon Esprit et qui enfreignent Ma loi, ceux-là seront traités avec le plus grand mépris, je les mettrai de côté et n'en ferai aucun cas ; ils ne seront en faveur, ni auprès de Dieu, ni auprès des hommes justes. Et cet emploi du terme est quotidien parmi les hommes : si les Grands vont visiter les pauvres, ou se préoccupent de leur porter secours, on dit : tel Grand m'a fait l'honneur de venir me voir, ou de m'aider dans mon besoin.

18. Je conclurai encore par un passage, très clair, très simple, et très pertinent : « Honorez tous les hommes ; aimez vos frères » [1], (1 Pierre ii. 17) : c'est-à-dire, l'amour est au-dessus de l'honneur et est réservé pour la fraternité. Mais l'honneur, c'est-à-dire l'estime et la considération, cela tu le dois à tous les hommes : or, si tu le dois à tous, tu le dois à tes inférieurs. Mais pourquoi à tous les hommes ? Parce qu'ils sont les créatures de Dieu, et, de surcroît, les plus nobles de ses créatures ; qu'ils sont de la même espèce que toi : laisse-toi aller à des sentiments naturels, et aide-les autant que tu le pourras ; sois prêt à leur montrer tout le véritable respect, à leur faire tout le bien, et à leur porter tous les secours que tu pourras.

19. Et pourtant, ce commandement d'honorer tous les hommes semble être limité par ce passage où David, ce

---

1. Bien que la traduction de Louis Segond dise : « Honorez tout le monde ; aimez les frères », nous avons préféré la traduction, plus proche du modèle anglais : « Honorez tous les hommes ; aimez vos frères », qui nous paraît plus élégante, et plus adaptée au développement qui suit.

saint homme, dit : « Ô Éternel ! qui séjournera dans ta tente ? qui demeurera sur ta montagne sainte ? : Celui qui regarde avec dédain celui qui est méprisable ; mais qui honore ceux qui craignent l'Éternel » (Psaumes xv. 1, 4). Ici l'honneur est restreint et réservé à ceux qui révèrent Dieu ; et le refus d'honorer est donné comme le devoir des justes envers les méchants. Et la marque distinctive de leur rectitude est qu'ils n'honorent point, c'est-à-dire qu'ils méprisent ou ne tiennent pas en estime, les méchants. Pour conclure cette recherche, à travers l'Écriture, touchant le mot « honneur », je résumerai le sujet à trois points : l'honneur que l'on doit à ses supérieurs, c'est l'obéissance ; l'honneur que l'on doit à ses égaux, c'est l'amour ; et l'honneur que l'on doit à ses inférieurs, c'est de les aider, et de les secourir : voilà l'honneur selon la volonté de Dieu, et selon la manière des saints de l'ancien temps.

20. C'est au témoin sincère de Dieu présent en tous les hommes de juger quel honneur on peut trouver à ôter vainement son chapeau, à faire un salut, une révérence, ou à recevoir quelque titre pompeux et flatteur. Car je ne dois pas me fier à l'homme corrompu, orgueilleux et plein d'amour-propre, pour décider si ces coutumes sont bonnes ou mauvaises ; car, autant il est peu enclin à en faire usage lui-même vis-à-vis des autres, autant il les aime et les recherche pour lui ; et se considère offensé et s'emporte si on n'en fait pas usage envers lui-même.

La seconde raison pour laquelle nous refusons de pratiquer les cérémonies habituelles d'honneur et de respect, c'est que, nulle part dans les Écritures de vérité, nous ne trouvons que le Saint-Esprit nous recommande de telles idées, ou de telles manifestations d'honneur et de respect.

21. La troisième raison pour laquelle nous n'en faisons point usage pour témoigner à nos semblables l'honneur et le respect que nous leur portons, c'est que ces coutumes ne sont aucunement des preuves d'honneur et de respect : ce sont plutôt des moyens équivoques pour éluder le respect et pour dénier aux hommes l'honneur et le respect qui leur sont dus, en faisant passer une simple apparence pour la chose elle-même. Dans ces coutumes, il n'y a ni obéissance à nos supérieurs, ni amour pour nos égaux, ni aide ou secours à nos inférieurs.

22. Nous déclarons au monde entier que nous sommes favorables au véritable honneur et au véritable respect ; nous honorons le roi, nos parents, nos maîtres, nos magistrats, et nous nous honorons les uns les autres ; oui, nous honorons tous les hommes, selon la manière prescrite par Dieu, et pratiquée par les saints hommes et les saintes femmes de l'ancien temps. Mais nous refusons ces coutumes, comme étant vaines et illusoires, et ne répondant pas aux fins pour lesquelles on doit en faire usage.

23. Mais j'ai encore un quatrième motif à avancer : nous voyons que des gens vains, déréglés et mondains, aiment particulièrement ces coutumes et en font grand usage, et sont ceux qui tournent le plus en ridicule la simplicité de nos manières. Or nous tenons pour certain, d'après les témoignages sacrés, que de tels hommes, qui vivent dans un esprit d'indignité, ne peuvent rendre un véritable honneur ; ils ne savent pas ce qu'est l'honneur ; mais ils savent tirer le chapeau et plier le genou mieux que personne, et ils en usent très libéralement. Nous regardons cela comme une preuve que des coutumes, que des hommes vains et déréglés aiment et pratiquent, ne peuvent être une manifestation du véritable honneur.

24. J'ajouterai que ces coutumes favorisent l'hypocrisie, et également la vengeance. Car combien de gens se soucient peu, en fait, les uns des autres ! Je dirais même, que, souvent, le dépit, l'envie, l'animosité, la médisance secrète et les complots se cachent derrière l'usage de ces vaines marques de respect, jusqu'à ce que la passion s'avère trop forte pour se déguiser plus longtemps et, jetant le masque de l'hypocrisie, se déchaîne en affront et en vengeance. Il n'en est pas ainsi de l'honneur pris dans le sens de l'Écriture :

obéir à un homme, ou l'élever, par dépit, n'est pas une chose habituelle ; on n'a jamais vu aimer, aider, servir et secourir une personne, afin de la tromper et de s'en venger ; ces choses ne peuvent s'accorder ni avec l'hypocrisie ni avec la vengeance. Les hommes ne font point ces actions, qui sont un témoignage de bonne volonté, pour pallier leurs mauvaises intentions. Il est absurde de l'imaginer, parce que cela est impossible à faire.

25. Notre sixième raison est que l'honneur a existé de tout temps ; tandis que le salut du chapeau et la plupart des titres sont des inventions récentes : donc, le véritable honneur existait avant les chapeaux et les titres ; c'est pourquoi ce n'est point en cela que consiste le véritable honneur. Et ce qui a toujours été la manière d'exprimer le véritable honneur continue à être la meilleure manière ; et cette manière, l'Écriture nous l'enseigne mieux que ne le font les maîtres à danser.

26. Septièmement, si l'honneur consiste en semblables cérémonies, alors il s'ensuivra que ceux qui sont les plus capables de faire preuve d'honneur sont ceux qui s'acquittent le mieux de ces cérémonies, à la manière et à la mode du moment ; et que, en conséquence, l'homme aura la mesure du véritable honneur, non pas d'après un principe juste et raisonnable en lui-même, mais d'après les manières et la fantaisie des maîtres à danser de l'heure : c'est pour cela que nous voyons tant de gens dépenser sans compter pour que leurs enfants apprennent ce qu'ils appellent, de manière erronée, les honneurs. Quel est le résultat de cela, sinon d'exclure totalement les pauvres habitants de la campagne ; qui, bien qu'ils labourent, cultivent, sèment, moissonnent, aillent au marché, et obéissent en toutes choses à leurs magistrats, à leurs maîtres et à leurs pères, sincèrement et sobrement, font rarement usage de ces cérémonies ; ou qui, s'ils le tentent, le font si gauchement et si pitoyablement qu'un courtisan les regarde comme des gens attardés, bons seulement à servir de bouffons et à faire rire. Mais quel est l'homme de sens qui n'estimera pas leur obéissance bien au-dessus de la vanité et de l'hypocrisie du courtisan ? Une idée si fausse de l'honneur met le vrai honneur à la porte, et introduit le faux à sa place. Que l'on considère encore que l'objet principal des exécutants, aussi bien que des spectateurs, est bien plus le mode ou la manière d'accomplir ces cérémonies, que le respect lui-même. Aussi est-il courant de dire : « C'est un homme qui se présente bien » ; ou « C'est une femme fort décente ». Mais en quoi consiste cette décence, si ce n'est en postures fantaisistes et appliquées et en courbettes qui défigurent la nature ; et qui, si ce n'était point la mode, paraîtraient ridicules aux yeux de tout le monde. Aussi cela est-il passé en proverbe dans les pays orientaux.

27. Enfin, en huitième lieu, le véritable honneur ne tient point à un chapeau, un salut ou un titre, parce que toutes ces choses peuvent s'acheter pour de l'argent. C'est pour cette raison que, dans ce pays, ont voit tant d'écoles de danse, tant de pièces de théâtre, etc. où l'on envoie habituellement la jeunesse pour qu'elle y acquière ces vaines modes ! Tandis que les jeunes gens sont dans l'ignorance de l'honneur selon Dieu, et que leurs esprits sont séduits par des choses visibles et périssables ; et, qu'au lieu de penser à leur Créateur, ils s'occupent de bagatelles et de niaiseries, et, quelquefois, de choses encore pires, qui les font déshériter et qui plongent leurs imprudents parents dans le chagrin et la misère pour le reste de leurs jours (Proverbes iii. 9). Si les parents voulaient bien honorer Dieu, en secourant ses pauvres, de l'argent qu'ils dépensent pour une pareille éducation, ils y trouveraient bien mieux leur compte pour finir.

28. En dernier lieu, nous ne pouvons croire que les courbettes, les titres et le salut du chapeau constituent le véritable honneur, parce que de telles coutumes ont été interdites par Dieu, par son Fils et par ses serviteurs, dans les temps anciens.

29. Mon premier exemple sera tiré de l'histoire de Mardochée et d'Haman ; il s'applique si bien au point que je traite, qu'il me semble qu'il devrait au moins imposer silence à ceux qui nous font si souvent des reproches. Haman était le premier ministre de l'État, et le favori du roi Assuérus. Le texte dit que roi plaça son siège au-dessus de ceux de tous les chefs qui étaient auprès de lui ; et tous les serviteurs du roi fléchissaient le genou et se prosternaient devant Haman ; car ainsi en avait décidé le roi à son égard, mais Mardochée, semble-t-il, ne fléchissait point le genou et ne se prosternait point (Esther iii.1,2). Ceci eut d'abord un funeste effet pour Mardochée : on dressa un gibet à son intention, sur l'ordre d'Haman. Mais la suite de l'histoire montre qu'Haman essaya lui-même son invention et finit sa vie et son orgueil sur ce gibet. Maintenant, pour parler selon le siècle, en envisageant la situation de Mardochée sans en connaître l'issue, Mardochée n'apparaît-il point comme un véritable clown, ou, du moins, comme un personnage stupide, capricieux, et original, de courir un tel risque pour une bagatelle ? Quel mal lui serait-il arrivé de saluer et d'honorer un homme que le roi honorait ? Ne méprisait-il pas le roi, en refusant de faire honneur à Haman ? Bien plus, le roi lui-même n'avait-il pas ordonné qu'on lui fasse honneur ? et ne devons-nous pas honorer le roi en lui obéissant ? Il semble qu'il aurait bien pu, quoi qu'il pensât au fond de son cœur, le saluer, pour satisfaire le roi, et cependant s'en tirer de la sorte ; car ce n'était pas seulement devant Haman qu'il s'inclinait, mais devant l'autorité du roi : en outre, ce n'était là qu'une cérémonie innocente. Mais il semble que Mardochée était trop simple et trop résolu, et point assez fin et subtil pour se soustraire à la colère d'Haman.

Quoi qu'il en soit, Mardochée était un excellent homme : il craignait Dieu, et suivait la justice. En agissant ainsi, il plut à Dieu, et même après cela au roi, qui avait le plus de sujet d'être irrité contre lui : au point qu'il l'éleva à la place d'Haman et, s'il était possible, à de plus grands honneurs. Il est vrai qu'il reçut d'abord de tristes nouvelles : rien de moins que la destruction de Mardochée, et celle du peuple juif tout entier, à cause de lui ; mais l'intégrité de Mardochée, son humiliation, son jeûne et ses cris puissants vers le Seigneur, prévalurent : le peuple fut sauvé, et le pauvre Mardochée, qui était condamné, finit par être élevé au-dessus des princes, en cela et à tous autres égards. Ceux qui adhèrent fidèlement à ce qu'ils sont convaincus que Dieu requiert d'eux, aussi contraire que cela soit aux coutumes et à la mode du siècle, et à la leur, ceux-là seront à la fin amplement récompensés. Mes frères, rappelez-vous le verre d'eau froide : « Nous moissonnerons si nous ne faiblissons point ». Et rappelez-vous que notre Chef ne se prosterna point devant celui qui Lui dit : « Je te donnerai toutes ces choses, si tu te prosternes et m'adores » : nous prosternerons-nous donc ? Non ! Suivons l'exemple de notre bienheureux Chef.

30. Mais, avant que de terminer cette section, il me faut ajouter que, lorsque je discutai de ce sujet, et de ce même exemple, avec un évêque, homme assez éminent, aujourd'hui disparu, je me rappelle qu'il chercha à éluder la question en ces termes : « Mardochée », dit-il, « ne refusa pas de se prosterner, en tant que c'était une marque de respect pour le favori du roi ; mais parce qu'il était une figure et un emblème du Christ et qu'Haman, n'étant pas circoncis, devait plutôt se prosterner devant lui ». A quoi je répliquai que, à supposer que Mardochée fût une figure du Christ, et les Juifs, une figure du peuple ou de l'Église de Dieu, et que, de même que les Juifs furent sauvés par Mardochée, l'Église fut sauvée par le Christ, ceci soutient mon argument : car alors, par ce même raisonnement, ceux qui sont circoncis spirituellement, le peuple du Christ, ne doivent pas recevoir et adopter les modes et les coutumes de ceux qui sont incirconcis en esprit, c'est-à-dire des enfants du siècle. Si ces coutumes étaient condamnables dans un temps si reculé, à l'époque des images et des emblèmes, elles ne peuvent en aucune manière être valablement acceptées et pratiquées aujourd'hui où nous avons la substance et l'objet même dont nous ne possédions alors que l'image. Au contraire, ceci prouve clairement que nous devons fidèlement renoncer à ces coutumes mondaines, et ne point conformer nos manières à celles des hommes dont l'esprit est charnel ; mais que nous devons renouveler et changer nos voies, et suivre de près l'exemple de Mardochée : il ne s'est point prosterné ; aussi, nous, qui sommes son peuple et ses disciples, ne devons

point le faire. Et quels que soient les reproches et les souffrances que nous pourrons endurer, ils auront une fin : Mardochée, notre chef, qui paraît pour son peuple dans toutes les provinces, à la porte du roi, nous délivrera à la fin ; et, à cause de lui, le roi lui-même nous aimera et nous élèvera. Tant est grande à la fin la puissance du fidèle Mardochée. C'est pourquoi tournons tous nos regards vers Jésus, notre Mardochée, le vrai Israël ; Lui qui a la puissance avec Dieu, et qui a refusé de se prosterner à l'heure de la tentation, mais qui a glorieusement prévalu ; qui, par conséquent, est Prince dès maintenant et à jamais, et « dont le règne n'aura pas de fin (Esaïe ix.7) [1]. »

31. Mon deuxième exemple, tiré de l'Écriture, pour réfuter ces usages, est un passage de Job, où il est dit : « Je n'aurai point d'égards à l'apparence, et je ne flatterai personne ; car je ne sais pas flatter ; si je le faisais, mon Créateur m'enlèverait bien vite » (Job xxxii. 21, 22). La question qui se pose, d'après ce passage de l'Écriture, est la suivante : Quels sont les titres qui représentent des flatteries ? [2] La réponse est aussi évidente : ce sont les titres vains et faux, qui font paraître l'homme plus qu'il n'est : comme d'appeler un homme ce qu'il n'est pas, pour lui plaire ; ou de l'élever au-dessus de son vrai nom, de son emploi, ou de son mérite, pour gagner son affection ; alors que lui, de son côté, aspire à ces honneurs et à ce respect : ainsi sont les titres de « Très Excellent », « Très Sacrée Majesté », « Votre Grâce », « Votre Honneur », « Votre Très Révérée Majesté », « Le Très Honorable », « Le Très Révérend », « S'il plaisait à votre Majesté, à votre Grâce, à votre Seigneurie, à votre Honneur, à votre Grandeur », et autres titres et attributs inutiles, calculés seulement pour flatter et chatouiller l'amour-propre, l'orgueil, la vanité de pauvres

1. La citation, faite de mémoire par Penn, est légèrement différente du texte biblique.

2. La formulation de la question se justifie par le texte anglais qui, là où la traduction française dit : « ...et je ne flatterai personne ; car je ne sais pas flatter », donne : « ... neither let me give flattering titles unto man, for I know not to give flattering titles ».

hommes, pourtant mortels. Il en va de même lorsqu'on traite un homme de ce qu'il n'est point, comme lorsqu'on l'appelle « mon Seigneur », « mon Maître », etc. ou bien qu'on lui dit qu'il est sage, juste, ou bon, alors qu'il n'en est rien et qu'on cherche seulement à lui plaire, ou à lui témoigner du respect.

Les Juifs, dans leur dégénérescence, avaient l'habitude de se comporter ainsi ; c'est pourquoi l'un d'entre eux s'approcha du Christ, et lui dit : « Bon maître, que dois-je faire pour hériter la vie éternelle ? » (Luc xviii. 18). C'était un salut, ou une marque de respect, en ce temps-là. C'est une formule familière de nos jours que de dire : « Mon bon seigneur », « Mon bon Maître, faites ceci ou cela. » Mais quelle fut la réponse du Christ ? comment le prit-il ? « Pourquoi m'appelles-tu bon ? », dit le Christ ; « Il n'y a de bon que Dieu seul » (verset 19). Celui qui avait plus de droit à ce titre que tout le genre humain le refusa ; et pourquoi ? Parce qu'il y avait quelqu'un de plus grand que Lui ; et qu'il vit que l'homme s'adressait à l'homme en Lui, suivant la coutume de ce temps-là, et non au Dieu qui habitait en Lui ; c'est pourquoi le Christ refuse ce titre de « bon », nous faisant voir par là et nous enseignant que nous ne devrions pas donner communément de tels titres et de tels épithètes aux hommes ; car le titre de « bon » n'étant dû qu'à Dieu seul et à la sainteté, on ne saurait le donner à l'homme déchu que par flatterie, et c'est un péché que de ce faire.

Cette vie simple et rigoureuse convenait bien à Celui qui s'était manifesté exprès pour relever l'homme de son abjecte dégénérescence et le rétablir dans l'état d'innocence et de pureté où il avait été créé ; et Il nous a appris à ne pas donner inconsidérément des attributs à l'homme, par cette déclaration très sévère : « Au jugement, les hommes rendront compte de toute parole vaine qu'ils auront proférée » (Matthieu xii. 36). Et ce qui devrait prévenir les hommes contre la liberté abusive qu'ils prennent en ce faisant, et qui, en même temps, justifie notre réticence sur ce point, est que l'homme peut difficilement occasionner un plus grand outrage et une plus grande insulte au Tout-Puissant, que de donner un de Ses attributs à l'homme, la créature de sa parole, et l'œuvre de Ses mains. Il est un Dieu jaloux de son honneur, et ne veut point donner sa gloire à un autre.

En outre, c'est un péché si proche de celui commis par les anges ambitieux et déchus, qui prétendirent être plus grands et meilleurs que le Souverain Maître de toutes choses ne les avait faits, que de vouloir élever l'homme au-dessus du rang où Dieu l'a fait et qu'Il lui a assigné ; cela ressemble tellement à l'idolâtrie (le péché impardonnable selon la loi), que l'on a peine à s'imaginer comment des hommes et des femmes qui professent le Christianisme, et qui réfléchissent sérieusement à leur propre vanité et au mal qu'il y a à faire ces choses, peuvent y persister, et, encore moins, comment ils peuvent chercher à les justifier ; et, ce qui est encore pire, ils peuvent faire des reproches et s'en prendre à ceux que la rigueur de leur conscience empêche d'en faire usage. Il semble qu'Elihu n'osait le faire, mais le regardait comme un sujet si important, qu'il avançait, comme raison de ne point le faire : « De peur que mon Créateur ne m'enlève aussitôt » ; c'est-à-dire, de peur que Dieu ne me frappe de mort, je n'ose pas donner à l'homme des titres qui sont au-dessus de lui, ou des titres faits seulement pour le flatter. Il ne m'est permis en aucune manière de gratifier cet esprit qui brûle d'obtenir de pareils honneurs. Dieu doit être exalté, et l'homme humilié. Dieu est jaloux de voir l'homme élevé au-dessus du rang qui est le sien : Il veut qu'il se tienne à sa place, qu'il connaisse son origine, et qu'il se souvienne du roc d'où il est issu ; que ce qu'il a ne lui est que prêté, et ne lui appartient pas en propre, mais appartient à son Créateur, qui l'a tiré du néant et l'a soutenu ; toutes choses que l'homme est enclin à oublier. Et, de crainte de l'y encourager en lui donnant des titres flatteurs (au lieu de lui dire avec vérité et simplicité ce qu'il est, et de le traiter comme il convient) et d'encourir par là la colère de mon Créateur ; et de crainte que, dans Son courroux et Sa jalousie Il ne m'enlève aussitôt, ou ne me frappe de mort sur-le-champ, me faisant périr avant mon temps, je n'ose mettre en usage, je n'ose donner aux hommes, de semblables titres.

32. Mais, quand bien même l'Ancien Testament ne nous fournirait point ces preuves, il devrait suffire pour des Chrétiens de savoir que ces coutumes sont sévèrement blâmées par le grand Seigneur et Maître de leur religion ;

Lui qui, bien loin d'approuver que les hommes se rendent des honneurs réciproques, ne veut pas même le leur permettre, quelles que soient les coutumes du pays où ils demeurent : car Il le reproche aux Juifs comme une marque de leur apostasie : « Comment pouvez-vous croire, vous qui recevez des honneurs les uns des autres, et qui ne cherchez point l'honneur qui ne vient que de Dieu seul ? » ; ce qui montre que leur infidélité envers le Christ était la conséquence de ce qu'ils recherchaient les honneurs terrestres, et non point seulement l'honneur céleste. Et la chose n'est point difficile à comprendre si l'on considère que l'amour-propre et la soif d'honneurs des hommes ne s'accorde pas avec l'amour et l'humilité du Christ. Ils recherchaient la bonne opinion et le respect du siècle ; mais alors comment auraient-ils pu tout abandonner pour le suivre, Lui dont le royaume n'est pas de ce monde, et qui venait dans un esprit si contraire à l'esprit et aux coutumes du monde ? Et il est clair que c'était là ce que voulait dire notre Seigneur Jésus : car Il nous révèle ce qu'était cet honneur qu'ils donnaient et qu'ils recevaient, pour lequel Il les condamnait, et contre lequel Il ordonna aux disciples de Son humilité et de Sa croix de se garder. Voici ses propres paroles, et Il ne parle pas de la populace, mais des docteurs, des grands hommes, des hommes en honneur parmi les Juifs : « Ils aiment », dit-Il, « la première place dans les festins » (Matthieu xxiii. 6), c'est-à-dire la place qui annonce le premier rang et le respect ; et « les salutations » (Marc xii. 38, 39), c'est-à-dire, les saluts respectueux, tels que, de nos jours, quand on ôte son chapeau ou qu'on s'incline, sur les places publiques, c'est-à-dire dans les lieux où l'on s'assemble et se rencontre, dans les promenades publiques et à la bourse, dans notre pays. Enfin, « ils aiment », dit le Christ, « à être appelés par les hommes « Rabbi », « Rabbi » : un des titres les plus éminents parmi les Juifs ; un terme qui implique une excellence égale à de nombreux titres, et qu'on peut comparer à « Votre Grandeur », « Votre Grâce », « Très Révérend Père », etc. C'est contre ces hommes de rang et de qualité qu'Il prononce ses malédictions, faisant de ces pratiques des marques distinctives qui les signalent comme méchants, et des motifs suffisants pour qu'Il les mette en garde. Mais Il ne s'en tient pas là : il s'attache, par-dessus tout, à mettre ses disciples en garde contre cette question de l'honneur : Il les avertit en ces termes : « Mais vous, ne vous faites pas appeler « Rabbi » ; car un seul est votre Maître, et vous êtes tous frères. Et ne vous faites pas appeler directeurs ; mais le plus grand parmi vous sera votre serviteur : et quiconque s'élèvera sera abaissé » (Matthieu xxiii. 8-12). Il est évident que ces paroles contiennent une condamnation sévère, à la fois de l'honneur mondain en général et des divers éléments et des manifestations spécifiques de cet honneur, qui, autant que le langage de l'Écriture et les coutumes de ce temps-là le permettent, font allusion et s'appliquent spécifiquement aux coutumes de notre époque ; à ces mêmes coutumes dont le refus nous a attiré tant de mépris et d'outrages, dans nos personnes et dans nos biens. Que Dieu pardonne aux auteurs déraisonnables de ces persécutions !

33. L'apôtre Paul a, dans son épître aux Romains, un passage plein de sens et de ferveur, et qui s'accorde bien à cette doctrine du Christ. Le voici : « Je vous exhorte donc, frères, par les compassions de Dieu, à offrir vos corps comme un sacrifice vivant, saint, agréable à Dieu, ce qui sera de votre part un culte raisonnable ; et ne vous conformez pas au siècle présent, mais soyez transformés par le renouvellement de l'intelligence, afin que vous discerniez quelle est la volonté de Dieu, ce qui est bon, agréable et parfait » (Romains xii. 1, 2). Il écrivait à un peuple entouré des pièges de la pompe et de la gloire du monde. Rome était le séjour de César et le siège de l'empire ; le centre de l'invention. Ses modes, comme celles de la France de nos jours, étaient des lois pour le monde, du moins à Rome ; d'où ce proverbe : *Cum fueris Romae, Romano vivito more.* (A Rome, il faut vivre comme les Romains). Mais l'apôtre est d'un autre avis ; il exhorte les Chrétiens de cette ville à ne point se conformer : c'est-à-dire, à ne point suivre les vaines modes et les vaines coutumes de ce monde, mais à y renoncer. Il met particulièrement l'accent sur le renoncement, de même que sur la non-conformité ; cela signifie que ce monde, auquel ils ne devraient point se conformer, représentait l'état corrompu et dégénéré du genre humain en ce temps-là. C'est pourquoi l'apôtre poursuit en incitant ces vrais

croyants, afin que par les grâces de Dieu (l'argument le plus puissant et le plus persuasif), ils soient transformés ; c'est-à-dire qu'ils renoncent à la manière de vivre en usage parmi les Romains et discernent quelle est la volonté de Dieu et ce qui Lui est agréable. Comme s'il eût dit : « Examinez ce que vous faites et ce que vous pratiquez ; voyez si cela est juste, et si cela plaît à Dieu ; faites subir un jugement à chaque pensée, à chaque parole, et à chaque œuvre (Jean iii. 21) ; voyez si elles sont faites selon Dieu ou non ; afin que vous discerniez, ou connaissiez, quelle est la volonté de Dieu, ce qui est bon, agréable et parfait ».

34. L'Écriture nous fournit un autre argument en faveur de celui que nous développons, dans un passage de la première épître que l'Apôtre Pierre écrit aux croyants étrangers dispersés dans le pays du Pont, en Galatie, en Cappadoce, en Asie et en Bithynie, qui formaient les Églises de Jésus-Christ dans ces contrées et qui avaient été réunis par sa puissance et par son esprit. Il y est dit : « Ceignez les reins de votre entendement ; soyez sobres et ayez une entière espérance dans la grâce qui vous sera apportée, lorsque Jésus-Christ apparaîtra ; comme des enfants obéissants, ne vous conformez pas aux convoitises que vous aviez autrefois, quand vous étiez dans l'ignorance » (1 Pierre i. 13, 14). C'est-à-dire ne restez point dans les vaines modes et les vaines coutumes du siècle, auxquelles vous vous conformiez dans votre ancienne ignorance ; mais, puisque vous avez cru en une voie plus simple et plus parfaite, soyez sobres et fervents, et espérez jusqu'à la fin : ne faiblissez point ; laissez le monde se moquer ; endurez avec constance les contradictions des pécheurs, comme des enfants obéissants, afin que vous receviez les bontés de Dieu, quand Jésus-Christ sera révélé. C'est pourquoi l'apôtre les appelle « étrangers », dans un sens figuré ; car ils étaient devenus étrangers aux coutumes du siècle ; ils avaient une nouvelle foi et de nouvelles manières ; par conséquent, ils étaient méconnus du monde ; et, en tant qu'étrangers, ils ne pouvaient plus se conformer ou se plier à ses marques flatteuses de respect et d'honneur, dont ils étaient éloignés : parce que l'étrangeté, dans leur cas, consistait à abandonner ce qui leur était autrefois familier et coutumier.

Les paroles suivantes prouvent qu'il employait le terme « étrangers » dans un sens spirituel : « Conduisez-vous avec crainte pendant le temps de votre pèlerinage ici-bas » (1 Pierre i. 17) ; c'est-à-dire, passez dans la crainte le temps où vous séjournerez sur la terre comme des étrangers ; et ne le passez point selon les manières du siècle. Une parole du chapitre suivant confirme ce sens spirituel, lorsqu'il dit aux croyants qu'ils constituent une race élue, un « peuple acquis » [1] ; à savoir, un peuple distinct, particulier et séparé du reste du siècle, qui ne doit plus se conformer à ses coutumes. Mais je ne vois pas comment il leur serait possible de vivre en communion avec le siècle, avec ses respects et ses honneurs ; car ce ne serait plus être un peuple particulier ou séparé, mais ce serait ressembler au siècle, en s'y conformant.

35. Je conclurai mes témoignages scripturaires contre ces prétendues marques de respect, par ce passage mémorable de l'Apôtre Jacques, qui s'applique très bien au cas présent, et dans lequel il s'élève, de manière générale, contre les honneurs rendus aux personnes à la manière du siècle : « Mes frères, que votre foi en notre glorieux Seigneur Jésus-Christ soit exempte de toute acception de personnes. Supposons, en effet, qu'il entre dans votre assemblée un homme avec un anneau d'or et un habit magnifique, et qu'il y entre aussi un pauvre misérablement vêtu ; si, tournant vos regards vers celui qui porte l'habit magnifique, vous lui dites : « Toi, assieds-toi ici à cette place d'honneur ! » et si vous dites au pauvre : Toi, tiens-toi là debout ! ou bien : « Assieds-toi au-dessous de mon marchepied ! » ne faites-vous pas en vous-même une distinction, et ne jugez-vous pas sous l'inspiration de pensées mauvaises ? » (Jacques ii. 1, 4). C'est-à-dire, ils savaient qu'ils agissaient mal : « Si vous accomplissez la loi royale, selon l'Écriture : 'Tu aimeras ton prochain comme toi-même', vous faites bien. Mais si vous faites acception de personnes, vous commettez un péché, vous êtes condamné par la loi des transgresseurs » (Jacques ii. 8, 9). Ceci est tellement clair que je ne crois pas que j'y puisse rien ajouter,

1. La référence, omise par Penn, est : 1 Pierre ii. 9.

ni nos adversaires rien y objecter. Nous ne devons point avoir d'égards pour l'apparence des personnes : voilà la première chose que nous dit l'apôtre ; et la seconde est que, si nous le faisons, nous commettons un péché, et nous transgressons la loi : que ce soit donc à nos propres périls. Et pourtant peut-être dira-t-on que, par là, nous abolissons toute distinction parmi les hommes, en dépit de leurs différents rangs, et que nous introduisons, à la place, un respect d'égalité réciproque. Si cela est, je n'y puis rien : il faut s'en prendre à l'Apôtre Jacques, qui nous a donné cette doctrine comme chrétienne et apostolique. Et cependant, Quelqu'un qui était plus grand que lui a dit à ses disciples, dont Jacques était : « Vous savez que les chefs des nations les tyrannisent », etc. « Il n'en sera pas de même au milieu de vous ; mais quiconque veut être grand parmi vous, qu'il soit votre serviteur » (Matthieu xx. 25-27). C'est-à-dire, que celui qui prétend à l'autorité, et qui cherche à être le premier, sera estimé le moindre d'entre vous. Et pour dire vrai en cette affaire, que nous considérions les premiers temps du monde, qui précédèrent la venue du Christ, ou les premiers siècles qui la suivirent, nous y trouvons plus de simplicité qu'à l'époque où nous vivons. Car ces premiers temps du monde, aussi mauvais qu'ils aient pu être à d'autres égards, n'avaient point du tout l'habitude de telles extravagances : à peine en faisaient-ils usage, ou, du moins, très rarement. Car si nous lisons les Écritures, nous n'y trouverons point qu'Adam y soit appelé « Monseigneur », quoi qu'il fût effectivement seigneur de la terre ; nous n'y trouverons point non plus les expressions « Monseigneur Noé », qui pourtant était le second seigneur de la terre, ni « Monseigneur Abraham », qui pourtant était le père des fidèles, ni « Monseigneur Isaac », ni « Monseigneur Jacob », et nous trouvons encore moins, dans la Bible, « Monseigneur Pierre » ou « Monseigneur Paul » ; et encore moins « Votre Sainteté », ou « Votre Grandeur ». Nous voyons que, même parmi les Gentils, les hommes portaient leurs noms avec plus de simplicité que parmi les Chrétiens de nos jours ; et qu'ils ne faisaient point usage du cérémonial pratiqué à présent, et n'avaient même rien qui y ressemblât. Nous ne lisons pas plus dans l'histoire des Romains que dans celle des Grecs « Monseigneur Solon », « Monseigneur Phocion », « Monseigneur Platon », « Monseigneur Aristote », « Monseigneur Scipion », « Monseigneur Fabius », « Monseigneur Caton », ou « Monseigneur Cicéron », et pourtant c'étaient là les sages et les héros de ces deux grands empires. Non, leur propre nom suffisait pour les distinguer des autres hommes ; et ils n'avaient point d'autres titres d'honneur que leurs vertus et leur travail au service de la république. Cette vanité ne s'est point (non plus) encore glissée parmi les écrivains latins, chez qui il est fréquent que les auteurs citent les hommes les plus savants et les plus illustres, sans rien ajouter d'autre à leur nom que le mot d'illustre ou de savant ; et si leurs ouvrages méritent ces titres de plein droit, nous ne faisons pas de scrupule de les omettre. Par exemple, les Pères sont cités en disant simplement : Polycarpe, Ignace, Irène, Cyprien, Tertullien, Origène, Arnobe, Lactance, Chysostome, Jérôme, etc. ; et pour les auteurs plus modernes, on dit : Damascène, Raban, Paschas, Theophylactus, Bernard, etc ; et pour ceux du siècle dernier : Luther, Mélancthon, Calvin, Bèze, Zwingli, Marlorat, Vossius, Grotius, Dalleus, Amirant, etc. Et pour les hommes illustres de notre propre pays, il en va de même ; on dit : Gildas, Bède, Alcuin, Horn, Bracton, Grosseteste, Littleton, Cranmer, Ridley, Jewel, Whitaker, Seldon, etc. Et pourtant je suppose que l'on ne dira pas que cela est discourtois ou grossier. Pourquoi donc notre simplicité (simplicité bien fondée, puisque c'est notre conscience qui nous incite à combattre l'orgueil dans l'homme, cet orgueil qui chérit et qui recherche les honneurs et la grandeur d'une manière si perverse et si pernicieuse) est-elle l'objet de tant d'insultes et de mépris, de la part d'hommes qui font profession d'être Chrétiens et de suivre les traces de Celui qui a interdit ces vaines coutumes, aussi catégoriquement que toutes les autres impiétés condamnées dans sa doctrine ? Je prie instamment ceux qui aiment, qui pratiquent et sont coutumiers de ces cérémonies, de peser et de considérer dans leur esprit ce que je viens d'écrire à ce propos.

36. Cependant, les vrais Chrétiens ne sont pas aussi grossiers que le siècle le pense : car ils donnent, eux aussi, des marques de respect. Mais la différence se trouve dans la nature du respect qu'ils témoignent, et dans leurs motifs. Le respect du siècle n'est qu'une vaine cérémonie, sans âme ni substance ; celui du Chrétien est solide et profond, qu'il s'agisse de l'obéissance à des supérieurs, de l'amitié pour des égaux, ou de l'aide et du secours accordés à des inférieurs. En second lieu, les raisons et les motifs du respect et des marques d'honneur d'un vrai Chrétien, diffèrent totalement de ceux du siècle : les motifs des hommes mondains sont la considération attachée à des vêtements précieux, à de vains titres, ou à de gros revenus ; tandis que les motifs du Chrétien sont le sentiment qu'il a de s'acquitter de son devoir aux yeux de Dieu : premièrement de son devoir envers son père et sa mère, et envers les magistrats ; deuxièmement, envers les membres plus éloignés de sa famille ; troisièmement, envers tous les hommes, en proportion de leur vertu, de leur sagesse et de leur piété. C'est là un respect bien différent de celui qui s'adresse purement aux personnes, ou qui consiste à faire voir qu'on les admire afin d'en obtenir une récompense ; et encore plus éloigné des motifs bas et vils que sont la recherche de la richesse et de vêtements somptueux.

37. Nous conviendrons sans peine que notre sens du respect et de l'honneur, de même que notre religion, est plus discret ; et que ni l'un ni l'autre ne sont si aisés à comprendre, pour les hommes mondains, ni si plaisants. Notre simplicité est singulière, étrange, et va tout à fait à l'encontre des manières en vogue ; mais on peut en dire autant du Christianisme, et pour les mêmes raisons. Si l'esprit du paganisme ne s'était pas conservé trop longtemps sous couvert de Christianisme, il ne serait pas si difficile de distinguer le bien du mal. Oh ! si les Chrétiens voulaient bien se regarder dans le miroir de la justice : ce miroir, qui dit vrai, et qui leur donnerait une connaissance exacte d'eux-mêmes ! Et s'ils voulaient bien examiner ce qui, en eux, et autour d'eux, s'accorde avec la doctrine et la vie du Christ ! Ils seraient bientôt capables de décider s'ils sont vraiment chrétiens, ou s'ils ne sont que des païens baptisés du nom de Chrétiens.

QUELQUES TÉMOIGNAGES, TIRÉS DES AUTEURS ANCIENS ET MODERNES, EN FAVEUR DE NOTRE RÈGLE DE CONDUITE

38. Marlorat, au sujet des positions de Luther et de Calvin sur ce passage de l'Apôtre Jacques que je viens de citer, nous explique quel était le sentiment de ces premiers réformateurs, quant au respect qu'on doit aux personnes, en ces termes : « Montrer du respect aux personnes, c'est respecter leurs habits, et leur mine : or, l'apôtre déclare que respecter ainsi les personnes est si contraire à la vraie foi, que l'un est incompatible avec l'autre ; mais si la pompe et les autres égards mondains prévalent, et l'emportent sur ce qui appartient au Christ, c'est là un signe que la foi se perd. Oui, si grande est la gloire et la splendeur du Christ dans une âme pieuse, que toutes les gloires du siècle n'ont ni charmes ni beauté en comparaison, pour celui dont l'âme tend au bien. L'apôtre déclare que ce respect des personnes répugne à la lumière qui est en eux, au point que ceux qui suivent ces coutumes sont condamnés au-dedans d'eux-mêmes. De sorte que la sainteté devrait être la raison et le motif de tout respect extérieur ; et que nul ne devrait être honoré, si ce n'est pour sa sainteté. » Voilà ce que dit Marlorat. Mais si cette doctrine est vraie, nous avons bien raison de refuser de nous conformer au vain respect des hommes mondains.

39. J'ajouterai à cela l'avis d'un auteur ancien et savant, qui vécut il y a quelque 1 200 ans, et qui est tenu en grande estime, à savoir Jérôme. Dans une lettre à une noble matrone, nommée Célance, il explique la manière dont on doit vivre lorsque, comme elle, on jouit de la prospérité et des honneurs. Voici, entre autres instructions religieuses, ce qu'il recommande : « Ne te prévaux pas de ta noblesse, et qu'elle ne soit point pour toi un prétexte pour prendre la place de qui que ce soit ; ne te figure point que ceux d'une extraction plus basse soient tes inférieurs ; car notre religion n'admet point que l'on respecte les personnes, et ne nous incite point à apprécier les hommes pour aucune condition

extérieure, mais pour leur état d'esprit intérieur et la disposition de leur âme. C'est d'après cette seule considération que nous jugeons de la noblesse ou de la bassesse d'un homme. Aux yeux de Dieu, ne point être asservi au péché, c'est être libre ; et exceller en vertu, c'est être noble. Dieu a choisi les humbles et les petits de ce monde pour humilier les grands. D'ailleurs, c'est folie pour quiconque de s'enorgueillir de sa noblesse, puisque tous sont également estimés de Dieu. La rançon des pauvres n'a pas coûté moins de sang au Christ que celle des riches. Peu importe à quel rang un homme est né ; l'homme régénéré ne connaît point de distinctions. Mais si nous voulons oublier que nous descendons tous du même Père, au moins, nous devons toujours nous rappeler que nous n'avons tous qu'un même Sauveur. »

40. Mais, puisque j'en suis à combattre ces coutumes révérées et vaines, qui sont les effets, en même temps que les délices, d'esprits vains et orgueilleux, j'ajouterai encore un passage remarquable, rapporté par le fameux Casaubon, dans son discours sur les usages et les coutumes, où il raconte brièvement ce qui se passa entre Sulpice Sévère et Paulin, évêque de Nola (mais c'était un de ces évêques qui donnaient tout ce qu'ils avaient pour racheter des captifs, tandis que d'autres, occupant la même fonction, afin de montrer qui est leur maître, font nombre de pauvres et de captifs, en aidant à piller et à emprisonner des Chrétiens, pour ce qu'ils obéissent à la voix de Dieu dans leur conscience). Voici ce qu'il dit : « Depuis quelques années, on ne regarde point, parmi nous, comme un homme courtois, celui qui, lorsqu'il écrit, même à un égal ou à un inférieur, refuse de signer « Votre Serviteur ». Cependant, Paulin réprimanda une fois très sévèrement Sulpice Sévère, pour avoir signé « Votre Serviteur » dans une lettre. Il lui dit : « Aie soin, désormais que tu as été appelé de la servitude à la liberté, de ne point te signer le serviteur d'un homme qui est ton frère et qui sert le même maître ; car c'est une flatterie criminelle, et non point un signe d'humilité, que de rendre à un homme, et à un pécheur, ces honneurs qui ne sont dus qu'à un seul Seigneur, à un seul Maître, à un seul

Dieu ». L'on peut voir par là le sentiment de quelques-uns des évêques les plus apostoliques sur les civilités, et les modes, dont font tant de cas des gens qui se prétendent Chrétiens et évêques, et qui voudraient se faire passer pour leurs successeurs. Ce qui était alors un péché, est aujourd'hui une qualité ; ce qui était alors une flatterie, est aujourd'hui une marque de respect ; cela méritait alors de sévères réprimandes, mais aujourd'hui, hélas ! on s'expose à de cruels reproches en ne s'y conformant pas. Ô monstrueuse vanité ! A quel point, à quel degré, ceux que l'on appelle Chrétiens se sont éloignés de la simplicité des temps primitifs et de la pratique des saints hommes et des saintes femmes des premiers siècles ! Combien ils sont dégénérés et tombés dans les coutumes relâchées, orgueilleuses et vaines du siècle, qui ne connaît point Dieu ; et auquel l'usage a rendu ces choses, pourtant condamnées par l'Écriture, la raison et l'exemple, presque naturelles ! Et ils sont désormais tellement incapables de comprendre la cause et les mauvais effets de ces coutumes, que non seulement ils continuent de les pratiquer, mais en font l'apologie, et, de manière très peu chrétienne, se moquent de ceux qui refusent de les imiter. Mais, pour continuer notre défense, je vais maintenant expliquer pourquoi nous refusons une autre coutume, ce qui contribue à faire de nous la pierre d'achoppement contre laquelle bute ce siècle léger, vain et inconsidéré.

X

1. Autre point sur lequel nous ne suivons point les coutumes du monde, à savoir notre manière de parler sobre et sans recherche et l'emploi de « toi » au lieu de « vous ». 2. Elle est justifiée par l'emploi des noms et des nombres, par la distinction entre le singulier et le pluriel. 3. C'était, et c'est encore là, la manière de parler des Hébreux, des Grecs et des Latins, et celle des écoles et des universités. 4. C'est celle de toutes les nations. 5. L'origine des coutumes actuelles justifie notre insistance à refuser de les adopter. 6. Si l'usage doit l'emporter, l'usage est, en un sens, en notre faveur. 7. Notre manière ne peut être discourtoise ou impropre, car Dieu lui-même, les Pères, les prophètes, le Christ et ses apôtres l'employaient. 8. Exemple tiré du cas de Pierre, dans le palais du Grand Prêtre. 9. L'homme lui-même parle de cette manière à Dieu dans ses prières : mais son orgueil est tel qu'il s'attend à quelque chose de plus flatteur pour lui. 10. Témoignages de plusieurs auteurs en notre faveur. 11. Raison à l'appui de la conviction de l'auteur, et exhortation au lecteur.

*

1. Il est un autre point sur lequel nous ne suivons point les coutumes du siècle, et qui nous donne l'air de gens sans éducation, aux yeux de celui-ci : c'est l'emploi du « toi » au lieu du « vous », et ce, sans distinction ni respect de personnes ; c'est une chose qui semble à certains si incivile qu'elle manque rarement d'exciter la dérision ou la colère. Mais comme la raison qui nous fait rejeter le « vous » est la même que celle qui nous a fait rejeter les coutumes mentionnées précédemment, j'ajouterai ici ce qui me paraît raisonnable pour notre défense ; quoique, selon toute

vraisemblance, la hauteur de certains de ceux qui nous blâment fera qu'ils auront peine à croire que le mot « raisonnable » puisse s'accorder avec une pratique aussi sotte que celle-ci leur paraît l'être.

2. Les mots, en eux-mêmes, ne sont qu'autant de signes convenus, employés comme moyens intelligibles et nécessaires, pour communiquer aux autres hommes ce que l'on pense, et ce que l'on conçoit : ce qui produit la conversation. Or, quoique le monde soit divisé en un grand nombre de nations, dont chacune, pour la plupart, a un langage, discours ou dialecte particulier, cependant ces nations s'accordent toutes pour dire que les nombres et les personnes font partie des règles essentielles du discours. Par exemple : « j'aime, tu aimes, il aime », sont au singulier et ne signifient qu'un, soit à la première, à la seconde, ou à la troisième personne ; de la même manière, « nous aimons, vous aimez, ils aiment », sont au pluriel, parce que chacune de ces trois expressions signifie plusieurs. Cette règle de grammaire, que personne ne saurait nier, pourrait suffire pour démontrer à tout homme qui n'a point oublié son rudiment, que notre pratique ne s'écarte point de la raison. Car si « tu aimes » est singulier, et « vous aimez », pluriel ; et si « tu aimes » ne signifie qu'un seul, et « vous aimez », plusieurs, n'est-il pas aussi approprié de dire « tu aimes » à dix hommes, que de dire « vous aimez » à un seul ? Ou, pourquoi pas, « j'aime », au lieu de « nous aimons » et « nous aimons », au lieu de « j'aime » ? Sans aucun doute c'est la même chose, quoique ce soit une manière de parler impropre, et même ridicule.

3. Une autre raison est que : si notre manière de parler est impropre ou discourtoise comme le prétend cet âge vain, comment se fait-il que les auteurs hébreux, grecs et romains, dont on fait usage dans les écoles et les universités, n'en avaient point d'autre ? Pourquoi ne nous serviraient-ils pas de règle en cela aussi bien qu'en d'autres choses ? Et pourquoi, je vous prie, sommes-nous donc si ridicules de vouloir parler grammaticalement ? Est-il raisonnable que des enfants soient fouettés à l'école pour avoir mis « vous » pour « toi », parce que c'est une faute en latin, et que nous, à l'inverse, soyons, sinon fouettés, du moins réprimandés et insultés, parce que nous parlons selon les règles latines ?

4. En troisième lieu, notre pratique est tout le contraire d'impropre ou discourtoise, parce qu'elle est usitée dans toutes les langues, et dans tous les dialectes, et qu'elle l'a été de tous temps. Cela est clair : ce fut le langage de Dieu lorsqu'il parla à Adam au commencement, en Hébreu ; il en est de même en Assyrien, en Chaldéen, en Grec, et en Latin. Et de nos jours, parmi les Turcs, les Tartares, les Moscovites, les Indiens, les Perses, les Italiens, les Espagnols, les Français, les Hollandais, les Allemands, les Polonais, les Suédois, les Danois, les Irlandais, les Écossais, les Gallois, de même que parmi les Anglais, la distinction a été préservée, et le mot « toi » ne s'est pas perdu, en dépit de l'usage généralisé du mot « vous », et quoique certaines langues modernes aient imité la nôtre, par un effet de la même erreur. Mais il est suffisamment clair que le mot « toi » n'est ni une innovation, ni une impropriété, mais le seul mot propre, dont on doive se servir dans toutes les langues lorsque l'on parle à une seule personne ; parce que sinon les phrases, les discours et les conversations deviennent ambigus, incertains et équivoques. Si un jury devait prononcer un verdict, ou un juge une sentence, envers trois accusés différents, pour trois affaires différentes sur des chefs d'accusation différents, et qu'ils disent : « Vous êtes coupables et condamnés à mourir » ; ou « vous êtes innocents et acquittés » : qui saura s'il est coupable ou innocent ? Le premier peut-être, ou le second, ou peut-être les trois : c'est pourquoi la procédure se fait au singulier, comme : « Lève la main, tu es écroué sous le nom de... », « et tu es accusé, n'ayant pas devant les yeux la crainte de Dieu, de... ». Le même raisonnement peut s'appliquer à toute conversation. Et, pour remplacer le tutoiement, il faut de nombreuses circonlocutions inutiles. Sans doute cette distinction a-t-elle été adoptée pour éviter les longueurs et l'obscurité ; de sorte qu'il est impossible de la supprimer tant que la même raison subsiste ; et elle subsistera tant qu'il y aura deux personnes au monde.

5. Mais ce n'est pas tout : ce fut d'après l'exemple des vains hommages que les païens rendaient à leurs dieux, que le « vous » fut employé pour flatter l'orgueil des empereurs et des papes, faisant à un seul homme l'honneur de lui parler au pluriel ; comme si un pape eût été fait de plusieurs dieux, et un empereur de plusieurs hommes. Ce fut là l'origine de l'emploi du mot « vous », qui ne convient qu'à plusieurs, pour une seule personne. On dirait que le mot « toi » leur parut une marque de respect trop mince et trop pauvre, et que certains, pour se faire plus importants qu'ils ne l'étaient, voulurent un style capable de satisfaire leur propre ambition ; c'est là un motif sur lequel nous ne saurions fonder notre pratique : ceux qui l'ont adoptée sont, encore maintenant, les mêmes à l'aimer. Mais, à supposer que le mot « vous » convienne à un prince, il ne s'ensuit pas qu'il convienne à un homme ordinaire. Car si ses édits commencent par « Nous voulons et requérons », c'est peut-être parce qu'ils ont été pris par lui et son Conseil : c'est pourquoi appeler un particulier « vous » est un mésemploi du mot. Mais, de même que l'orgueil a enfanté cet abus, c'est aussi l'orgueil qui en a étendu la pratique. « Monsieur », « Sir », et « Madame », sont des titres qu'on ne donnait, à l'origine, qu'au roi, à son frère, et à leurs épouses, tant en France qu'en Angleterre ; cependant, aujourd'hui, en France, on appelle un laboureur « Monsieur » et sa femme « Madame » ; et, en Angleterre, on appelle « Sir » des gens de métier et « dame » leurs femmes, alors que le mot « dame » appartient normalement à l'épouse d'un noble, tout comme le mot « Madame » en français. Tant l'orgueil et la flatterie ont prévalu de tous temps, l'une pour donner, et l'autre pour recevoir, ce que l'on appelle des honneurs.

6. Mais certains diront qu'il faut suivre l'usage, et que l'usage va contre nous. Mais il est aisé de répondre à cela, et avec plus d'à-propos, que si l'on peut, sans inconvénient, respecter l'usage en des choses raisonnables ou indifférentes, lorsqu'il s'agit de choses déraisonnables ou criminelles, l'usage ne fait point autorité. Car l'usage ne peut changer ni les nombres ni les genres, et ne peut pas plus faire l'égalité d'« un » et de « plusieurs » que changer un homme en femme, ou transformer un seul en un millier. Mais si l'usage doit prévaloir, il est en notre faveur : car, comme l'usage n'est rien moins que les anciennes coutumes, j'en appelle à la pratique de tout le genre humain, depuis que le monde est monde, et dans toutes les nations, contre la nouveauté de cette confusion, qui veut que l'on emploie « vous » pour s'adresser à une seule personne. Que l'usage, qui est de fait, et qui consiste en l'ancienne pratique, règle la question. Entendez-moi bien : je sais que les paroles ne sont rien, et n'ont de valeur ou de force que celles que les hommes leur donnent par l'usage ; mais, du moins, si vous voulez exclure le mot « toi », et le remplacer par « vous », il vous faut adopter un mot distinctif, qui remplacera « vous », lorsqu'on s'adresse à plusieurs. Mais employer le même mot pour un et pour plusieurs, alors qu'il existe deux mots distincts, et cela seulement pour flatter l'orgueil et la vanité de l'homme, cela nous paraît une chose déraisonnable : et, même si notre opinion est contre la mode, nous espérons qu'elle est dans l'esprit du christianisme.

7. Mais si l'on prétend que dire « tu » à une seule personne est impropre ou discourtois, alors il faut accuser d'impropriété ou d'incivilité Dieu lui-même, tous les saints pères et les saints prophètes, le Christ Jésus et ses apôtres, les saints de l'Église primitive, toutes les nations de l'univers, de même que les formes de notre justice ; et l'on me permettra de remarquer que ce serait une grande présomption que de se prononcer de la sorte. En outre, nous savons tous qu'il est très fréquent de voir un auteur, dans la préface, tutoyer le lecteur, comme : « Je te prie, lecteur... », ou bien : « Lecteur, c'est pour t'avertir que... ». Et on ne saurait nier que les poèmes les plus célèbres, dédiés à l'amour, ou aux rois, sont écrits dans ce style. Il n'est qu'à lire, pour s'en convaincre, Chaucer, Spenser, Waller, Cowley, Dryden, etc. Pourquoi donc cela serait-il si incivil, si grossier, si

insupportable de notre part ? C'est là une question à laquelle, je crois, il est difficile de répondre.

8. Je ne doute aucunement qu'il y ait eu quelque chose d'aussi particulier dans le discours du Christ et de ses disciples, car je me rappelle que, dans le palais du Grand-Prêtre, cela fut reproché à Pierre, comme une preuve de son appartenance à Jésus, lorsqu'il renia son Seigneur : « Certainement tu es aussi de ces gens-là », dirent-ils, « car ton langage te fait reconnaître » (Matthieu xxvi, 73). Ils avaient deviné, peu avant, par son apparence, qu'il était de ceux qui suivaient Jésus ; mais lorsqu'il parla, son langage dissipa tous les doutes : il parut certain qu'il était un de ceux qui avaient suivi Jésus. Il fallait qu'il eût appris, en Sa compagnie, quelque chose de singulier et de remarquable, quelque chose qui, certainement, différait des manières du monde. Sans aucun doute, l'apparence, la démarche, et le langage de ceux qui Le suivaient différaient, tout comme sa doctrine, de ceux du siècle car cela faisait partie de sa doctrine qu'il en fût ainsi. Il est aisé de s'imaginer qu'ils étaient plus simples, plus graves, et plus précis : ceci est d'autant plus vraisemblable d'après la manière dont le pauvre Pierre, dans sa frayeur, s'y prit, pour tenter d'échappper à leurs soupçons : il se mit à jurer et à blasphémer — pauvre stratagème ! Mais il estima que le moyen le plus sûr pour éloigner les soupçons était de faire ce que le Christ désapprouvait le plus. Et ce moyen s'avéra le bon : il réfuta toutes leurs objections, et Pierre passa pour aussi orthodoxe qu'eux. Mais, s'il échappa à leurs recherches, le chant du coq le découvrit ; ce qui rappela à Pierre les paroles de son cher Maître souffrant : et il sortit, et il pleura amèrement, car il avait renié son Maître, qui avait été livré afin de mourir pour lui.

9. Mais la dernière raison que j'alléguerai est celle qui a le plus de poids pour moi ; et comme c'est un *argumentum ad hominem,* elle devrait faire taire nos adversaires. La voici : on ne devrait point exiger de nous que nous nous conformions à la pratique du « vous », parce que c'est le comble de l'orgueil de la part d'un homme mortel que de requérir ou d'attendre de ses semblables un langage plus poli, ou qui exprime plus la reconnaissance, que celui qu'il a coutume d'adresser au Dieu immortel, son Créateur, chaque fois qu'il Lui rend hommage. Es-tu, Ô homme, plus grand que Celui qui t'a fait ? Peux-tu approcher le Dieu qui t'a donné vie et le grand Juge de tes actions en lui disant « tu » et « toi », et lorsque tu te relèves, après t'être mis à genoux, mépriser un Chrétien parce qu'il se sert avec toi, pauvre ver de terre, du même langage que celui dont tu viens de te servir pour Dieu ? Voilà une arrogance sans pareille ! En fait, ce « toi » marque ou trop, ou trop peu de respect : s'il en marque trop, ne nous fais pas de reproches, ne t'emporte point, mais refuse-le gravement et humblement ; s'il en marque trop peu, pourquoi toi-même ne manifestes-tu pas plus de respect envers Dieu ? Oh ! où l'homme en est-il arrivé ! à quelle hauteur s'envole-t-il ! Il voudrait qu'on lui montre plus de respect qu'il n'en montre à Dieu ; c'est-à-dire qu'on fasse de lui plus qu'un Dieu : mais il ne trouvera pas des adorateurs en nous, car il ne trouvera point en lui cette divinité qui mérite d'être adorée. Nous sommes tout à fait sûrs que l'Esprit de Dieu ne désire point ce respect, et le requiert encore moins ; et, à plus forte raison, ne se courroucerait point contre ceux qui, en toute conscience, refuseraient de le témoigner. Mais il n'est que trop évident que cette vaine génération est coupable d'un tel respect, et ce pour gratifier la vanité de son esprit. De quels coups de chapeau, de quelles courbettes, de quelles bassesses ou paroles vaines et non senties, de quelles expressions hyperboliques, de quels compliments, de quelles flatteries grossières, et de quels mensonges patents, les hommes et les femmes se rendent coupables, dans leur conversation, sous prétexte de civilités ! Ah, mes amis ! où prenez-vous de tels exemples ? Dans quelle partie des écrits des saints hommes trouvez-vous la justification de ces choses ? Mais, pour ne prendre que votre propre profession, le Christ, dont vous prétendez porter le nom, vous en a-t-il donné l'exemple ? Ou bien le faites-vous en imitation des saints hommes de jadis qui vivaient dans des lieux déserts, et dont le monde n'était pas digne (Hébreux xi. 38) ? Ou pensez-vous que vous suivez la pratique de ces Chrétiens qui, par obéissance à la vie et à la doctrine de leur Maître, ont renoncé à respecter les personnes, et abandonné les modes, les honneurs et la gloire de ce monde transitoire, et dont les qualités consistaient, non point en des gestes, des marques de respect et des compliments extérieurs, mais en un esprit doux et paisible (1 Pierre iii. 4), orné de tempérance, de vertu, de modestie, de gravité, de patience, et d'amour fraternel ; qui étaient les signes du véritable honneur, et les seules marques de respect et de noblesse dans ces temps vraiment chrétiens ? Oh ! que non ! Mais n'est-ce pas parce que nous les imitons, plutôt que vous, que nous nous voyons exposés à votre mépris et à votre furie ? Et dites-nous, je vous prie, les romans, les comédies, les mascarades, le jeu, les musiciens, etc. ne sont-ils pas ce à quoi vous prenez le plus de plaisir ? Si vous aviez véritablement l'Esprit du Christianisme, pourriez-vous employer votre temps précieux et si bref à tant de visites, de jeux et de passe-temps inutiles, en vains compliments, en flatteries, à raconter des histoires fictives et des nouvelles dont on ne retire aucun profit, et autres choses semblables, inventées et utilisées pour faire diversion et pour vous conforter dans votre oubli de Dieu ? Jamais ce ne fut là la vie des vrais Chrétiens ; ces divertissements sont ceux des païens qui ne connaissaient point Dieu. Oh ! si vous étiez véritablement touchés par le sentiment de vos péchés et, en quelque sorte régénérés ; si vous vous chargiez de la croix de Jésus et acceptiez de la porter chaque jour, ces choses, qui flattent tant votre nature corrompue et charnelle, ne trouveraient point place en vous. Ce n'est point chercher les choses d'en haut (Colossiens iii. 1) que d'affectionner ainsi celles qui sont sur la terre ; ce n'est point non plus travailler à votre salut avec crainte et tremblement que de passer vos jours dans la vanité. Ce n'est point là s'écrier avec Elihu : « Je ne sais point user de mots couverts en parlant à un homme ; car, si je le faisais, mon Créateur m'enlèverait aussitôt. » Ce n'est point là renoncer à soi-même er ramasser des trésors spirituels et durables, un héritage éternel aux cieux, qui ne se flétrira jamais. Enfin, mes amis, quoique vous en pensiez, l'excuse que vous voulez avancer, à savoir l'usage, ne sera point reçue au tribunal de Dieu ; la lumière du Christ dans vos propres cœurs la fera disparaître ; et cet Esprit, contre lequel nous témoignons, apparaîtra alors tel que nous disons qu'il est. Ne me reprochez point de traiter trop sérieusement des bagatelles ; mais prenez garde de traiter trop légèrement des choses qui sont véritablement sérieuses.

10. Avant de conclure sur ce point, j'ajouterai quelques témoignages de personnages très estimés, à l'appui de notre refus de nous conformer au monde à cet égard.

Luther, le grand réformateur, dont les discours étaient de véritables oracles pour le siècle où il vivait, et dont la réputation n'a point diminué de nos jours, même auprès de beaucoup de nos adversaires, était si éloigné de condamner notre manière simple de parler, que dans son *Ludus* il se fait un jeu d'employer « vous » pour une seule personne, comme étant une manière de parler incongrue et ridicule : par exemple, *Magister, vos estis iratus* ? Maître, êtes-vous fâché ? Ce qui paraît aussi absurbe en latin que « Messieurs, es-tu fâché ? » en anglais. Erasme, homme savant, et critique exigeant en matière de grammaire, au point que je ne connais personne qui soit plus propre que lui à trancher une telle question, non seulement se moque de cet emploi du « vous », mais consacre la totalité d'un de ses discours à en démontrer l'absurdité. Il y fait voir qu'il est impossible de conserver des nombres si l'on applique à un seul mot « vous », qui est le seul mot pour désigner plusieurs personnes ; il fait voir aussi que l'origine de cette corruption est celle que constitue la flatterie. Lipsius, parlant des anciens Romains, affirme que « La manière de saluer aujourd'hui en vogue n'était point en usage parmi eux ». Pour conclure, Howell, dans son *Histoire de France,* nous donne une explication ingénieuse de l'origine de cet usage : non seulement il nous assure que « anciennement les paysans tutoyaient leurs rois, et que ce fut l'orgueil et la flatterie qui amenèrent, dans un premier temps, les inférieurs à utiliser le « vous », par manière de respect, avec leurs supérieurs, et les supérieurs à recevoir cette marque de respect. » Et, même si nous n'étions pas justifiés dans notre discours simple et honnête par la pratique de Dieu et des hommes, il nous suffirait de savoir que l'usage contraire tire son origine de l'orgueil et de la flatterie, pour nous empêcher, en conscience, de nous y conformer. Et quelque reproche de singularité que cela nous attire de la part de ces esprits relâchés et mondains qui, aveuglés par leur amour continuel des plaisirs terrestres, ne voient ni la véritable origine, ni la conséquence des mots et des choses ; pourtant nous, que Dieu a convaincus, par sa lumière et son Esprit qui sont dans nos cœurs, de la folie et du péché de telles coutumes, et à qui il a donné un discernement spirituel de la nature et du fondement des modes du monde, nous y voyons les fruits de l'orgueil et de la flatterie. Aussi nous n'osons continuer à montrer de telles complaisances pour des esprits charnels, de peur d'offenser Dieu et de charger nos consciences. Mais, ayant été sincèrement touchés par les reproches de cet enseignement et nos cœurs ayant accepté de suivre avec une soumission attentive la sainte loi de Jésus, afin de venir à la lumière et que nos œuvres soient manifestées (Jean iii. 19-21), afin de savoir si elles sont faites selon Dieu, ou non ; nous ne pouvons, nous n'osons nous conformer aux manières d'un siècle qui doit passer ; tenant pour certain qu'« au jour du jugement, les hommes rendront compte de toute parole vaine qu'ils auront proférée. » (Matthieu xii. 36).

11. C'est pourquoi, lecteur, que tu sois comme Nicodème, qui sut trouver Jésus pendant la nuit, ou que tu sois un railleur comme les scribes ; que tu sois un de ceux qui voudraient bien visiter le bienheureux Messie, mais qui demeure dans la nuit des coutumes du siècle, pour passer sans qu'on te remarque, de peur de porter sa croix pleine de reproches ; ou que tu sois un de ceux qui encouragent l'orgueil d'Haman, et que tu ne regardes ces témoignages que comme de sottes singularités ; je dois te dire que l'amour Divin m'enjoint d'être auprès de toi un messager de la vérité, et un témoin fidèle contre les péchés de ce monde dégénéré, en ces choses comme en d'autres ; car l'esprit de vanité et de concupiscence a tellement pris le dessus, et a régné pendant si longtemps en maître incontrôlé, qu'il a acquis assez d'impudence pour donner à ses propres ténèbres le nom de lumière, et aux fruits d'une si mauvaise souche les noms dus à une meilleure nature, afin de mieux tromper les hommes et de les persuader plus aisément d'en adopter la pratique. Et en vérité, la plupart sont si aveuglés et si

peu conscients de l'esprit auquel ils appartiennent, si ignorants de la vie de douceur et de renoncement du bienheureux Jésus, dont ils professent le nom, que s'entre-appeler « Rabbi », c'est-à-dire « Maître », s'incliner devant les hommes, ce qui constitue une sorte d'adoration, saluer leurs semblables de titres flatteurs et leur rendre hommage, mépriser pour eux-mêmes le langage qu'ils emploient pour s'adresser à Dieu, et passer leur temps et leur argent à gratifier leurs esprits charnels, en un mot s'adonner aux coutumes des Gentils qui ne connaissaient point Dieu, tout cela passe parmi eux pour de la civilité, de la bonne éducation, de la décence, de la distraction, du talent, etc. Ô homme, si, sachant qu'il n'y a que deux esprits, l'un bon, l'autre mauvais, tu voulais examiner lequel des deux pousse le monde à ces choses ; et si c'est Nicodème ou Mardochée en toi qui soutient ces Chrétiens méprisés, ou qui te rend honteux et t'empêche de renoncer ouvertement, dans ta conversation avec le monde, à ce que la vraie lumière t'a fait voir en secret n'être que vanité et péché ! Ou bien, si tu nous méprises, dis-moi, je te prie, à qui penses-tu que tes moqueries, ta colère ou ton mépris te font le plus ressembler ? : à l'orgueilleux Haman, ou au bon Mardochée ? Ami, sache qu'aucun homme n'a plus aimé, ni prodigué, ces vanités, qu'on appelle civilités, que moi-même ; et si j'avais pu faire taire ma conscience en me conformant aux manières du monde, en vérité j'aurais trouvé un abri contre les avalanches de reproches dont on m'a si souvent et si abondamment couvert ; mais si, comme Joseph, je m'étais conformé aux coutumes d'Égypte, j'aurais péché contre mon Dieu, et perdu la paix de mon âme. Mais je ne voudrais pas que tu penses que nous nous faisons toutes ces difficultés pour un simple « toi » ou un simple titre, ou que nous cherchons à introduire ou à instituer de nouvelles formes contraires à la sincérité ou à la vraie civilité ; il n'y en a déjà que trop ; mais le prix et la valeur qu'y attachent de vains esprits, qui devraient être contrariés et privés de leurs plaisirs, nous forcent à témoigner avec autant de fermeté contre ces vanités. Sache que ce sentiment, que l'Esprit-Saint de Dieu a engendré en nous, nous a fait voir que ce qui requiert ces coutumes et engendre la crainte de les abandonner, qui plaide en leur faveur, et qui s'offense si on les rejette et n'en fait point usage, n'est, au fond, que l'esprit d'orgueil et de flatterie ; quoiqu'il soit très possible que le fréquent usage, l'habitude ou la générosité, en aient diminué la force chez certains. Cela ayant été découvert par la lumière qui désormais éclaire, du ciel, les cœurs des Chrétiens méprisés dont je partage la communion, les force à témoigner ainsi ; et me force, étant l'un d'entre eux et parlant en leur nom, à faire reproche aux infidèles qui voudraient continuer à marcher, sans qu'on les remarque, dans cette voie, bien qu'ils soient persuadés de leur erreur ; espérant que mes reproches calmeront les orgueilleux qui nous méprisent et voudraient nous faire passer pour des gens pleins d'affectation et d'excentricité. Car le Dieu éternel, qui est grand parmi nous, et qui est sur la terre en passe de faire connaître son pouvoir, arrachera toute plante que sa main droite n'aura pas plantée. C'est pourquoi, lecteur, laisse-moi te supplier de peser les raisons que je viens d'exposer, et que le Seigneur m'a, pour la plupart, données, dans un temps où l'on aurait voulu, à n'importe quel prix, me faire accepter de suivre ces coutumes ; mais la certitude que j'avais qu'elles étaient contraires à la vie de douceur et de renoncement du bienheureux Jésus ; requérait de moi que j'y renonçasse et que je témoignasse fidèlement contre elles. Je dis la vérité en Jésus-Christ ; je ne mens point ; je ne me serais jamais exposé aux reproches et au mépris que cela m'a attirés, si j'avais pu, sans troubler la paix de ma conscience, conserver ma foi tout en me conformant aux manières du siècle. Il m'a été très pénible de refuser de me conformer et de me faire remarquer ; mais, sentant au dedans de moi des assurances répétées de l'origine de ces vaines coutumes, issues de l'orgueil, de l'amour-propre et de la flatterie, je n'ai point osé gratifier cet esprit chez moi-même, ni chez les autres. Et c'est pour cette raison que je recommande tant à mes lecteurs de se garder de nous blâmer à la légère à ce sujet ; et que je les supplie, encore une fois, de peser soigneusement en eux-mêmes si c'est l'esprit du siècle, ou l'esprit du Père, qui s'irrite tellement de l'emploi honnête, simple et inoffensif que nous faisons du « tu » et du « toi » : afin que toute plante que Dieu, notre Père céleste, n'a point plantée dans les enfants des hommes, soit arrachée.

XI

1. L'orgueil conduit les hommes à donner une valeur excessive à leurs propres personnes. 2. Cela apparaît clairement par le bruit que font les hommes à propos de leur extraction et de leur famille ; ou encore à propos de leur beauté et de leur belle tournure. 3. La vertu, et non le sang, fait la noblesse. 4. La vertu n'est point de souche récente ; sans elle, l'ancienneté ne suffit pas à donner la noblesse : sans quoi le sang et l'ancienneté en auraient, en ce siècle, dépouillé la vertu. 5. Dieu nous enseigne ce qu'est la vraie noblesse, Lui qui a fait d'un seul sang tout le genre humain : voilà l'origine de tout sang. 6. Ces hommes de sang noble, si on leur ôte leurs parures, ressemblent aux autres hommes. 7. Ceci n'est pas dit pour rejeter, mais pour humilier le gentilhomme : avantages que cette condition a sur les autres. Exhortation aux nobles, pour qu'ils relèvent l'économie de leurs familles, pour leur propre gloire et leur intérêt. 8. Mais l'auteur a un motif plus élevé, à savoir l'Évangile qu'ils professent, et les perfections contenues dans l'Évangile. 9. L'orgueil qu'inspire aux hommes leur forme et leur beauté : les dépenses excessives pour se maquiller, se parfumer, se farder, se parer, etc., tout cela pourrait entretenir les pauvres ; les tristes conséquences de ce luxe. 10. Mais l'orgueil est encore plus détestable chez les personnes âgées, ou laides : cela est pourtant commun. Folie d'un tel orgueil. Conseils aux belles personnes, afin qu'elles rendent leur âme semblable à leur corps ; et aux personnes laides, afin qu'elles suppléent à la beauté qui leur manque en ornant la partie durable d'elles-mêmes, à savoir leur âme, de sainteté. Rien n'est laid aux yeux de Dieu que le péché. Bonheur de ceux qui portent le joug et la croix du Christ, et qui sont crucifiés au monde.

*

1. Mais l'orgueil ne s'arrête pas là ; il pousse les hommes à donner une valeur excessive et à accorder un soin excessif

à leurs personnes : il faut qu'on les serve avec grandeur et ponctualité, il leur faut des meubles somptueux, des vêtements riches et complets. Tout cela fait partie de cet orgueil de la vie dont Jean nous dit qu'il n'est point du Père, mais du monde (1 Jean ii. 16). C'est le péché que Dieu reproche aux filles hautaines de Sion (Esaïe iii. 16), ainsi qu'au prince et au peuple orgueilleux de Tyr (Eséchiel xxvii ; xxviii). Lis ces chapitres, et mesure ce siècle par leurs péchés, et vois ce à quoi ces nations doivent s'attendre d'après leur conduite. Mais pour le présent je ne traiterai que du premier point, à savoir de la valeur excessive que les hommes donnent à leur personne ; et je garderai les autres points pour le dernier chapitre de ce discours, qui traite du luxe, et où ils ne seront point improprement rangés.

2. Que les hommes sont en général orgueilleux de leur personne n'est que trop visible et trop importun ; surtout s'ils ont une prétention quelconque à la naissance ou à la beauté ; l'une a occasionné bien des querelles parmi les hommes, et l'autre parmi les femmes, ainsi que trop souvent parmi les hommes en raison de la passion amoureuse, à l'incitation des femmes. Pour en revenir au premier point : Combien de tracas ce sang noble n'a-t-il pas causé dans le monde ; à propos de l'ancienneté des noms ou des familles dont père ou mère, grand-père ou grand-mère, était issu ou allié ; à propos de la souche ou de la branche dont ils descendaient, des armes qui étaient les leurs, et de savoir qui avait droit à la préséance ! Il me semble que, de toutes les folies de l'homme, il n'en est aucune qui lui fournisse moins de prétextes de la soutenir que celle-là.

3. Car, tout d'abord, qu'importe l'ascendance d'un homme, s'il jouit d'une bonne réputation, puisque c'est sa propre vertu qui peut l'élever, et ses vices le rabaisser ? Le mérite de ses ancêtres ne saurait excuser les mauvaises actions d'un homme, mais ne fait qu'aggraver sa dégénérescence. Et puisque la vertu ne se transmet pas de père en fils, je ne suis ni meilleur ni pire pour avoir eu tel ou tel ancêtre ; en tout cas, pas aux yeux de Dieu, et il devrait en être de même aux yeux des hommes. Personne ne devrait supporter avec patience une injure, ou refuser fermement des faveurs, sous prétexte que celles-ci viendraient d'un homme de plus ou moins grande lignée. Je reconnais qu'il y aurait surcroît d'honneur à posséder une généalogie sans tache, et d'avoir hérité son patrimoine d'une famille à la lignée irréprochable ; mais cela ne s'est jamais vu ; non, pas même dans la plus sainte des familles qu'il y ait jamais eu sur la terre, je veux dire celle d'Abraham. Avoir hérité de grands titres et de grands biens, ne met point de cervelle dans la tête d'un homme, ni de vérité dans son cœur : ces qualités tirent leur source de plus haut. C'est donc la vanité, et l'orgueil si condamnable, qui fait qu'un homme de nom et d'importance en méprise un autre parce que ce dernier a un rang moindre dans le monde, ou un sang moins noble : car il est très possible que ce dernier ait du mérite, tandis que le premier n'aurait que les effets du mérite de ses ancêtres ; et si l'un tient sa grandeur de ses aïeux, l'autre ne doit la sienne qu'à lui-même ; et dans ce cas, je demande : quel est le plus noble des deux ?

4. Oh, dira l'homme fier de son sang, « Tout va mal dans le monde depuis que nous avons tant de gentilshommes de fraîche date ! » Mais qu'auraient dit les contemporains de l'ancêtre de cet homme, lorsqu'il commença à se distinguer et à se faire connaître dans le monde ? Car lui, tous les hommes, et toutes les familles, oui, tous les États et tous les royaumes ont été, à une époque, eux aussi, des parvenus, c'est-à-dire, ont eu leurs petits commencements. Il en est de même de ceux qui prétendent que la véritable Église est la plus ancienne, et non pas la meilleure : les familles veulent faire consister la noblesse dans l'ancienneté, et non dans la vertu. Il n'en va pas ainsi : si l'ancienneté doit l'emporter, c'est l'ancienneté dans la vertu ; sinon, la vertu doit passer avant l'ancienneté ; autrement, un homme se trouverait plus noble que son prédécesseur, de qui pourtant il tient cette noblesse, tandis que son prédécesseur, l'acquéreur de cette noblesse, serait moins noble que lui : c'est là un paradoxe que toute leur science héraldique ne saurait expliquer. Il est étrange, en effet, qu'ils puissent être plus nobles que celui de leurs ancêtres qui leur a acquis cette noblesse ! Mais, si cela est effectivement absurde, celui que l'on appelle noble de fraîche date est donc celui qui est vraiment noble : car c'est lui qui a obtenu sa noblesse par sa vertu ; et seuls ceux qui imitent sa vertu ont le droit de revendiquer sa noblesse : les autres, en tant que ses descendants, peuvent porter son nom, mais c'est tout. Si, donc, la vertu octroie la noblesse, chose reconnue par les païens eux-mêmes, alors les familles ne sont vraiment nobles qu'autant qu'elles sont vertueuses. Et si la vertu ne dépend pas du sang, mais des qualités des descendants, il s'ensuit que le sang ne donne aucun droit : sinon, le sang exclurait la vertu, et celui qui n'aurait pas l'un serait privé du bénéfice de l'autre : ce qui serait limiter, et discréditer, la noblesse, dès que l'ancienneté lui manquerait, et rendrait la vertu inutile.

J'accepte que le sang hérite du nom ; mais qu'on m'accorde que la noblesse et la vertu aillent de compagnie, car elles sont sœurs. Il en a été ainsi jugé par Dieu lui-même, qui connaît mieux que quiconque les vrais proportions des choses. Il n'aime, ni ne rejette, les hommes selon leur lignée ; pas plus qu'il ne les estime pour ce qu'ils ont été, mais pour ce qu'ils sont. Il ne se souvient point de la justice de l'homme qui abandonne sa justice (Ezéchiel xviii. 26) ; encore moins se souvient-il de l'homme méchant à cause de la justice de son ancêtre.

5. Mais si ces hommes, qui se targuent de leur sang, voulaient bien penser qu'il est de leur devoir de croire et d'honorer Dieu dans ses saintes Écritures, ils apprendraient qu'au commencement « Il a fait que tous les hommes, sortis d'un seul rang, habitassent sur toute la surface de la terre » (Actes xvii. 26) ; et que nous descendons tous du même père et de la même mère. C'est là une généalogie plus certaine que toutes celles que les meilleurs d'entre nous pourraient mettre en avant. Que, de là, on descende à Noé, qui fut la seconde souche de la race humaine, et jusque-là nous avons quelque certitude quant à nos ancêtres. Quant à nous qui vivons aujourd'hui, il nous serait bien difficile de remonter seulement de quelques siècles et de dire quelle part nous

pouvons avoir aux titres de noblesse que la violence s'est appropriés ou que la vertu a mérités depuis.

6. Mais il me semble qu'il devrait suffire d'affirmer que nos yeux constatent aisément que les hommes de sang noble, si on leur enlève leurs beaux vêtement et leurs ornements, leurs parures et leurs dentelles, n'ont reçu de la nature aucune marque particulière qui les distingue de leurs voisins inférieurs. Et même, si on les interroge, ils ne pourront nier qu'ils ont, dans leur sang, toutes les passions qui les font ressembler aux autres hommes, à supposer que ces passions ne les éloignent pas davantage de la vertu qui, seule, confère la vraie noblesse. L'ignorance et la débauche lamentables qui font rage aujourd'hui parmi tant de nos grands personnages en sont une preuve assez claire et patente : or, je vous prie, de quel sang sont-ils issus ?

7. Quoi qu'il en soit, tout bien pesé, je n'ai point l'intention, en rabaissant la fausse qualité, de rendre insolente une autre espèce, dont les prétentions ne sont point fondées. Mon dessein n'est pas d'élever le manant au-dessus du gentilhomme ; en aucune manière ; sa grossièreté n'améliorera pas son cas. Mais, par ce que j'ai écrit, j'ai voulu montrer où résidait la vraie noblesse, afin que chacun puisse y parvenir, par la voie de la bonté et de la vertu. Il me faut pourtant avouer, que le gentilhomme a de grands avantages, et que je préfère son état ; tout comme l'Apôtre Paul qui, après avoir humilié les Juifs, qui, fiers de leurs lois et de leurs rites, insultaient les Chrétiens, leur donna cependant l'avantage sur les autres nations à cause de leurs institutions et de leurs jugements. Je conviendrai que la condition des grands est bien préférable à celle des gens de rang inférieur. Car, tout d'abord, ils ont plus le pouvoir de faire le bien ; et si la grandeur de leur cœur est égale à leur puissance, ils peuvent faire le bonheur du peuple, dans n'importe quel pays. En second lieu, les yeux du peuple sont habituellement tournés vers eux ; et s'ils sont bons, justes, et obligeants, ils sont sûrs d'en être aimés et servis. En troisième lieu, ils ne sont point dans les mêmes embarras que leurs inférieurs ;

et, en conséquence, ils ont plus de facilités, plus de loisirs, plus d'occasions d'adoucir leurs passions et leurs caractères par la lecture et la conversation. En quatrième lieu, ils ont plus le temps d'observer la conduite des autres nations : de voyager et d'étudier les lois, les coutumes, et les intérêts des autres pays, et de rapporter dans le leur tout ce qui est bon ou digne d'être imité. De sorte qu'il est plus aisé pour les grands d'acquérir de l'honneur ; et ceux qui aspirent à une bonne réputation pourront suivre le chemin qui y conduit et qui leur est ouvert. Mais, comme, trop souvent, il arrive que les grands hommes ne se soucient guère de rendre gloire à Dieu pour leur prospérité, ni de se montrer reconnaissants de ses faveurs, mais, au contraire, vivent sans Dieu dans ce monde, se livrant à la concupiscence, le pouvoir de Sa main se fait souvent sentir : il les appauvrit ou les détruit, et Il élève des hommes qui ont plus de vertu et d'humilité, à qui Il donne leurs biens et leur dignité. Il me faut cependant reconnaître que, parmi des gens de qualité, il s'est trouvé des hommes d'une vertu rare, dont l'exemple a ajouté du lustre à leur famille. Et il est devenu comme naturel à certains de leurs descendants d'entreprendre de maintenir la gloire de leur maison au niveau du mérite de celui qui l'avait fondée. Et, à dire vrai, si, en pareil cas, la naissance est un avantage, cela tient, non pas au sang, mais à l'éducation : car le sang ne porte point en lui l'intelligence, et est souvent bâtard, et incertain ; mais l'éducation a beaucoup d'influence et de pouvoir sur les affections et les actions des hommes. C'est par l'éducation que jadis excellaient les nobles et les gentilshommes de ce royaume : et il serait très souhaitable que les grands de notre siècle veuillent bien se fixer pour tâche de restaurer l'ancienne économie de leurs maisons, la discipline stricte et vertueuse de leurs ancêtres, quand les hommes étaient honorés pour leurs grandes actions et quand rien n'exposait plus un homme à la honte que d'être né noble et de n'avoir point la vertu nécessaire pour soutenir cette noblesse.

8. Mais j'ai un motif plus élevé encore. C'est l'évangile glorieux de Jésus Christ, qui a été prêché dans cette île. Puisque ses habitants, de tous rangs, font profession de croire en lui, souffrez que je vous engage à rechercher l'honneur qu'il a apporté du ciel à tous ses vrais disciples, qui suivent véritablement l'Agneau de Dieu, qui enlève le péché du monde (Jean i. 29). Recevez avec douceur dans vos cœurs sa parole gracieuce, qui soumet la concupiscence du monde, et qui conduit au bonheur, par la voie sainte. On trouve là des charmes qu'aucun œil charnel n'a vus, qu'aucune oreille n'a entendus, et qu'aucun cœur n'a perçus, mais qui sont révélés par son Esprit aux humbles convertis. Souvenez-vous que vous n'êtes que des créatures et que vous devez mourir, et qu'après cela vous serez jugés.

9. Mais l'orgueil personnel ne se borne point à la noblesse du sang : il conduit les hommes, qu'ils soient nobles ou roturiers, à attacher trop de valeur à leurs personnes ; surtout lorsqu'ils se croient beaux ou bien faits. Il est surprenant de voir à quel point certaines gens sont éprises de leur personne, comme si rien d'autre au monde ne méritait leur attention ou l'estime des autres. Leur folie diminuerait s'ils parvenaient à trouver dans leurs cœurs la force de consacrer à la pensée de Dieu et de leur fin dernière la moitié du temps qu'ils passent (sans compter) à se laver, se parfumer, se farder, se mettre des mouches, se coiffer et s'habiller. Pour ces choses, ils sont tout art et toute adresse, et ils ne regardent pas à la dépense. Mais ce qui aggrave le mal, c'est que l'orgueil d'une seule personne exige ce qui pourrait aisément suppléer aux besoins de dix. Quelle impiété énorme, que l'orgueil d'une nation engloutisse ce dont les pauvres de cette nation ont tant besoin ! Et pourquoi tout cela ? Dans le but de se faire admirer, ou respecter, d'attirer l'amour, les regards et l'affection de son prochain. Et ces mêmes hommes sont si capricieux qu'il est difficile de leur plaire. Rien n'est assez bon, assez délicat, assez à la mode pour eux : le soleil lui-même, ce bienfait du ciel, cette bénédiction pour la terre, ne doit pas briller sur eux, de peur de les brunir ; le vent ne doit pas souffler non plus, de crainte que cela ne les dérange. Ô délicatesse impie ! Et pourtant, tandis qu'ils s'estiment au-dessus de tout le reste, ils se rendent esclaves de leur orgueil en adorant leur tournure, leurs traits, ou leur teint, selon ce qui constitue leur attrait principal. Et le résultat de tout cela n'est que trop souvent d'exciter un amour illégitime, que j'appelle concupiscence, et de s'entraîner les uns les autres dans des situations aussi misérables que criminelles. Les conséquences sont pernicieuses chez les personnes qui ne sont point mariées ; car, si cela n'éveille point de désirs lascifs, du moins cela ne peut fonder des unions solides et durables, et c'est la cause de tant de mariages malheureux dans le monde. Mais le péché est beaucoup plus grave chez les personnes mariées, car il ne leur est point permis de plaire à d'autres qu'à celui ou celle qu'ils ont épousé ; et lorsqu'ils affectent la gaîté et la vanité de la jeunesse, cela donne à penser qu'ils n'aiment plus et ne se plaisent plus chez eux : on dirait qu'ils se parent pour aller chercher fortune. Cela produit de funestes effets dans les familles : des querelles, des séparations, des duels, des empoisonnements, et autres assassinats infâmes. Aucun siècle ne saurait mieux nous montrer les tristes effets de cette sorte d'orgueil que celui dans lequel nous vivons : il nous fait voir combien la luxure qu'il a engendrée a été nuisible à la sobriété, à la vertu, à la paix et à la santé des familles dans ce royaume.

10. Mais je dois dire que, de toutes les créatures, celles à qui cette sorte d'orgueil convient le moins bien, sont les personnes âgées, ou laides, si je puis appeler ainsi ceux que la nature n'a pas favorisés, ou qui sont mal faits. Car les personnes âgées ne sont fières que de ce qu'elles ont eu, ce qui montre, pour leur honte, que leur orgueil a survécu à leur beauté et que, alors qu'elles devraient se repentir, elles se créent encore matière à repentir. Mais les personnes laides sont encore pires : elles sont fières de ce qu'elles n'ont jamais eu et n'auront jamais ; leur personne semble même ne leur avoir été donnée que pour humilier continuellement leur esprit ; et être fier d'une telle personne, c'est aimer l'orgueil pour l'orgueil, et être fier sans la tentation qui y pousse. Et pourtant, ma vie durant, je n'ai rien vu qui soit aussi enchanté de soi que ces personnes. Quelle infatuation et quel aveuglement étranges de l'orgueil ! Quoi ! Ne point voir clair avec leurs yeux, à cause de la partialité de leur esprit ? Un tel amour-propre est aveugle, en vérité. Mais ajouter la dépense à la vanité, et dépenser de l'argent sur ce qui ne peut être réparé, n'est-ce-pas là le comble de la folie ? surtout si l'on songe que les choses qu'ils croient belles ne font paraître ces personnes que plus laides, et ne servent qu'à attirer un peu plus l'attention sur leur difformité par une parure qui leur va si mal.

Mais la folie de telles personnes nous fait voir ce qu'est l'homme, et quelle créature il est devenu depuis sa chute, depuis qu'il a perdu sa ressemblance originelle. Tout cela, comme l'a dit jadis Jésus en parlant du péché, vient du cœur (Matthieu xv, 11-20) ; tout cela, c'est-à-dire le peu de cas que les hommes et les femmes font de la parole de leur Créateur en leur cœur (Deutéronome xxx, 14 ; Romains x, 8), cette parole qui dénonce l'orgueil et enseigne l'humilité, et le rabaissement de soi-même, et qui dirige l'âme vers le véritable objet de l'honneur et de l'adoration, et cela avec le respect et la révérence qui conviennent à Sa souveraineté et à Sa majesté. Pauvres mortels ! Poussière vivante ! Êtres faits de cette matière qu'ils foulent aux pieds, qui, en dépit de tout leur orgueil, ne peuvent se garder des ravages d'une maladie, et encore moins du choc de la mort ! Oh ! si les hommes réfléchissaient à l'inconstance de toutes les choses visibles, aux accidents et aux circonstances adverses de la vie humaine, à la certitude de la mort et du jugement éternel, on pourrait espérer qu'ils examineraient leurs actions à la lumière du Christ qui est dans leur cœur (Jean iii, 20, 21) : alors ils verraient si ces actions sont selon Dieu, ou non, ainsi que nous le déclare le disciple bien-aimé, d'après les paroles de son cher Maître. Es-tu beau, bien fait, de belle tournure ? Es-tu, en un mot, le véritable modèle de la nature humaine ? Alors, admire le Pouvoir qui t'a fait tel. Mène une vie en harmonie avec la belle forme et l'aspect choisi que t'a donné ton Créateur ; et laisse la beauté de ton corps t'enseigner comment embellir ton âme par la sainteté, qui est l'ornement des bien-aimés de Dieu. Es-tu laid ou mal fait ? Alors, rends grâces à la bonté de Dieu qui ne t'a pas fait animal. Et, avec la grâce qui t'est donnée (car elle s'est fait connaître à tous), apprends à orner ton âme d'une beauté durable. Souviens-toi que la fille du Roi des cieux, c'est-à-dire, l'Église, dont les vrais Chrétiens sont les membres, est toute glorieuse à l'intérieur. Et si ton âme est la plus belle, ton corps ne fera que relever l'éclat de ton esprit. Rien n'est laid aux yeux de Dieu que le péché. Et l'homme et la femme qui sont en accord avec leur propre cœur et ne pèchent point, qui, guidés par la lumière sainte de Jésus, observent les mouvements et les inclinations de leur âme, et suppriment tout mal dès sa conception, ceux-là aiment le joug et la Croix du Christ et sont, chaque jour, par elle, crucifiés au monde. Mais ils vivent en Dieu, de cette vie qui survit aux satisfactions passagères du siècle.

XII

1. Caractère de l'homme orgueilleux ; son amour-propre insatiable ; la fierté qu'il tire de sa naissance. **2.** *Il est insolent et querelleur, mais en même temps poltron, et pourtant cruel.* **3.** *Il est mauvais fils, mauvais sujet, mauvais domestique.* **4.** *Il ne pratique pas l'hospitalité.* **5.** *Il n'est ami de personne.* **6.** *Il est dangereux et nuisible quand il est au pouvoir.* **7.** *Plus que tout autre chose, l'orgueil est déplacé chez les ministres du culte.* **8.** *Ils prétendent être supérieurs aux autres hommes.* **9.** *Ils prennent le nom de clergé : l'autorité qu'ils s'arrogent ; leur avarice.* **10.** *La mort engloutit tout.* **11.** *Le moyen d'éviter ces malheurs.*

*

1. Pour conclure ce long article sur l'orgueil, examinons brièvement quel est, tout bien considéré, le caractère de l'homme orgueilleux, tant en lui-même que sous ses différents aspects et dans ses différents rapports avec les autres. L'homme orgueilleux est une sorte de glouton jamais rassasié de lui-même : son amour et son admiration pour lui-même sont insatiables. A part lui-même, rien n'est digne de son amour ou de son intérêt. Le plus grand mérite qu'un objet puisse avoir à ses yeux, c'est d'être propre à servir ses volontés, comme si l'orgueilleux n'avait été créé que pour son propre plaisir, ou, plutôt, comme s'il s'était créé lui-même. Car, de même qu'il méprise les autres hommes, du fait qu'il ne peut supporter d'avoir un égal, de même il n'aime point Dieu, du fait qu'il ne voudrait point avoir de supérieur. Il ne peut supporter de devoir son existence à un autre, de peur de devoir reconnaître quelqu'un au-dessus de lui. L'orgueilleux tire gloire de l'honneur dont jouissaient ses ancêtres, et non de la vertu qui les a ennoblis ; et il ne s'inquiète guère de les imiter. Il est capable de retracer sa

généalogie, l'ancienneté de sa famille, les terres et les alliances de ses ancêtres ; mais il oublie que leur temps est passé, et que lui aussi doit mourir.

2. L'homme orgueilleux est un compagnon fort pénible à supporter. Toujours sûr de lui, il impose constamment sa volonté ; et si vous ne cédez pas, il devient insolent et querelleur. Et pourtant, quand il faut en venir au fait, il s'avère poltron ; mais s'il a le dessus, il se montre cruel. Les malheurs d'autrui le touchent si peu qu'on croirait qu'il n'est point homme, ou que la sensibilité lui paraît être un péché. Lorsqu'il ne se sent point concerné, il détourne son attention. Il ne veut point se faire un souci des malheurs des autres : il lui suffit de croire qu'ils les méritent. Et il aimera mieux leur dire crûment que c'est leur faute que de se montrer prêt à les plaindre ou à les secourir. De sorte que, pour lui, la compassion et la charité sont des vertus aussi inutiles que l'humilité et la douceur sont détestables.

3. L'homme orgueilleux fait un mauvais fils, un mauvais domestique, un mauvais sujet. Il méprise ses parents, son maître et son prince : il ne veut point être sujet. Il s'estime trop sage ou trop vieux pour être commandé, comme si obéir signifiait être esclave, et comme si seuls étaient libres ceux qui font ce qui leur plaît, ce qui abolit toute idée de devoir et dégrade l'autorité. D'un autre côté, s'il est mari, ou père, ou maître, il est difficile de le supporter : il se montre si curieux et si revêche que c'est un malheur de devoir vivre avec lui. Car il est presque impossible de parvenir à lui plaire. S'il trouve la moindre chose à redire à ses vêtements, à sa nourriture, à ses appartements, ou à la manière dont on le sert, il se met totalement hors de lui ; mais surtout s'il s'imagine que l'on manque au respect et aux honneurs auxquels il s'attend. Ainsi l'orgueil détruit la nature des relations familiales : d'un côté, il enseigne à l'orgueilleux à mépriser ses devoirs ; de l'autre, il transforme l'amour en crainte et fait de la femme une servante, et des enfants et des domestiques des esclaves.

4. L'homme orgueilleux est aussi un mauvais voisin, car il est l'ennemi de l'hospitalité. Il dédaigne de recevoir des faveurs, du fait qu'il n'aime point en accorder, ou que l'on croie qu'il en a besoin. En outre, échanger des faveurs implique trop d'égalité ou de familiarité pour son humeur hautaine. L'émulation et l'envie sont son élément ; car il est trop jaloux pour rendre justice au mérite des autres, de peur que de telles louanges, auxquelles pourtant il ne peut prétendre, ne l'éclipsent et ne le diminuent. Il craint ce qu'il devrait souhaiter, à savoir, que les autres réussissent. Mais ce n'est pas tout : par méchanceté, il travestit sous d'autres noms les actes de vertu des autres hommes (que sa nature corrompue l'empêche d'imiter), afin que ceux-ci n'en tirent point d'honneur. Et s'il ne se présente point d'occasion pour lui de mal faire, il en créera : ou bien les autres auront mal agi envers lui, ou bien ils auront de mauvais desseins contre lui ; en telle occasion, on ne l'aura pas salué, on ne lui aura pas tiré le chapeau, on ne lui aura pas témoigné les égards et le respect auxquels sa qualité, ses talents ou son mérite lui donnent droit. L'homme orgueilleux trouve dans la plus petite chose matière à querelle. De toutes les créatures, il est le plus jaloux, le plus maussade, le plus envieux, et le plus vindicatif : il ne peut ni pardonner les injures, ni s'empêcher d'en faire.

5. En outre, l'orgueilleux ne peut jamais être l'ami de personne. Car, outre le fait que son ambition risque, à tout moment, de lui faire trahir les liens de l'amitié pour quelque honneur ou quelque avancement, il n'est pas sociable. Il ne souffre ni les conseils ni les réprimandes, encore moins les reproches ou la contradiction. Il est trop avare de sa personne pour accorder à un autre une part de lui-même ; il est bien trop hautain, trop rigide et trop susceptible. Il est incapable de tolérer aucune des libertés que requiert la véritable amitié. Pour dire vrai, il méprise la nature même de l'amitié : elle est beaucoup trop familière et trop humble pour lui. Son âme hautaine voudrait que le monde ne soit peuplé que de lui-même et de vassaux. Il n'estime les autres que pour les services qu'ils peuvent lui rendre, comme on estime le bétail.

Et, s'il le pouvait, il les traiterait comme on traite le bétail ; mais il se trouve que la force et le nombre sont contre lui.

6. Mais l'homme orgueilleux est surtout dangereux lorsqu'il est au pouvoir. Sa grandeur rend son orgueil plus dangereux ; car ce qui est simple ambition chez les hommes ordinaires, chez lui devient tyrannie. Son ambition est de régner seul, et même de vivre seul, plutôt que d'admettre des rivaux : *Aut Caesar, aut nullus.* Il n'entend point qu'on lui oppose la raison, ou qu'on lui objecte la loi. Il ne saurait mal faire ; et, si l'on se plaint de ce qu'il a mal fait, c'est de la sédition. Les gens de cette trempe voudraient que l'on ne trouve point à redire à ce qu'ils font ; du moins, ils croient qu'il est dangereux, lorsqu'ils ont mal fait, de permettre qu'on le dise. Car cela signifierait qu'ils se sont trompés, et il leur paraît capital de s'en défendre. Ils préféreront tenir bon, dussent-ils en périr, plutôt que de reconnaître leur erreur et d'admettre que leurs inférieurs ont pu juger mieux qu'eux, même lorsque leur propre intérêt leur conseillerait de le faire. Et, en vérité, la seule satisfaction que les hommes orgueilleux donnent au monde pour tous les maux qu'ils y causent, c'est que, tôt ou tard, ils préfèrent au parti qu'ils devraient adopter pour leurs intérêts réels, celui que leur conseille leur humeur hautaine, et provoquent ainsi presque toujours leur propre perte. Voilà la fin où l'orgueil mène les orgueilleux, et la ruine où il les entraîne, après avoir fait souffrir d'autres hommes par leur faute.

7. Mais, plus que tout, l'orgueil est intolérable chez les hommes qui professent la religion et, plus particulièrement, chez les ministres du culte. Car l'orgueil et la religion sont absolument contradictoires. Je parle sans respect et sans haine des personnes ou des parties ; je ne m'en prends qu'aux méchants de toute espèce. Que vient faire l'orgueil avec la religion qui le rejette ? Que vient faire l'ambition avec les ministres du culte dont le premier devoir est l'humilité ? Et pourtant il n'y en a que trop parmi eux qui, outre le fait qu'ils partagent avec les autres hommes la convoitise de la chair et l'orgueil du monde, s'enorgueillissent du nom et du devoir mêmes qui devraient constamment les inciter au renoncement. Ils utilisent ce nom comme les mendiants utilisent le nom de Dieu ou celui du Christ, aux seules fins d'en tirer profit. Ils mettent à leur propre compte les avantages de cette profession sacrée, et ils font de leur fonction un simple instrument politique pour s'élever aux principaux honneurs du siècle. Mais comment de tels hommes peuvent-ils être les ministres de Celui qui a dit : « Mon royaume n'est pas de ce monde » ? (Jean xviii, 36). Qui, de toute l'espèce humaine, est plus infatué de lui-même que le sont ces hommes ? Si on les contredit, ils s'emportent et deviennent arrogants, comme si cela faisait partie de leur vocation. Si vous conseillez l'un d'entre eux, il vous méprise ; si vous lui faites un reproche, il n'est pas loin de vous excommunier, sous prétexte qu'il est « ministre du culte et Ancien [1] ». Il se réfugie derrière ces titres pour se mettre à l'abri d'une juste censure, alors qu'en fait ils l'y exposent plus que quiconque. Car il est bien pire pour un ministre du culte de mal faire et de refuser les reproches, que pour un homme ordinaire ; et, par conséquent, la faute du premier ne saurait être moindre que celle du second.

8. Mais il prétend que sa fonction le place au-dessus des autres hommes. Quoi ! Élèverait-il des poulets pour qu'ils viennent lui arracher les yeux ? Devrait-il subir les reproches et recevoir les leçons d'un laïc ou de l'un des membres de sa congrégation, d'un homme plus jeune, moins instruit, moins talentueux ? Il n'en est pas question. Il voudrait, en fait, nous faire croire que la prérogative de son ministère l'a mis hors d'atteinre de la censure populaire [2]. Il

1. Référence à l'organisation interne des différentes Églises protestantes, et, notamment, de l'Église presbytérienne, dans laquelle, à côté du pasteur, ou ministre du culte, des « Anciens », c'est-à-dire des laïcs estimés pour leur connaissance de la Bible, pour leur piété et pour leurs qualités morales, gèrent la vie de la communauté religieuse locale.

2. Le terme anglais *« impeachment »* employé par Penn, et qui a été traduit par « censure », fait référence à une procédure juridique très employée au siècle précédent, par laquelle une personne jouissant normalement d'une immunité (ministre...) pouvait néanmoins être accusée par la Chambre des Communes et jugée par la Chambre des Lords. Penn utilise ce terme, ici, dans un sens plus général de mise en accusation de personnes qui jouissent, ou prétendent jouir, d'une certaine immunité.

refuse d'être assujetti aux jugements du vulgaire. Poser des questions sur la religion relève déjà du schisme. Il faut croire ce qu'il dit. Ce n'est pas la place des hommes ordinaires d'aller fouiller avec une telle curiosité dans les mystères de la religion ; et les choses n'ont jamais bien été depuis que les laïcs se sont autant mêlés des affaires du clergé. Il ne prend pas garde, l'insensé, que la réciproque est on ne peut plus vraie : les choses n'ont guère bien été depuis que le clergé s'est autant mêlé des affaires des laïcs. Bien qu'après tout, en dehors des dons spirituels qui sont dévolus au clergé, et de l'amélioration de ces dons par le bon usage que le clergé devrait en faire pour le bien des autres, une telle distinction ne s'impose pas.

Pour certains ministres du culte, de bons préceptes comme : « Soyez prêts à apprendre », « Répondez avec douceur », « Que chacun parle d'après le don de Dieu dans son cœur », « Si quelque chose est révélé à un autre qui est assis près de là, que le premier se taise », « Ne vous arrogez point la domination de l'héritage du Seigneur, mais soyez débonnaires et humbles », « Lavez les pieds du peuple, comme Jésus l'a fait pour ses pauvres disciples », tous ces préceptes sont déraisonnables et démodés. C'est presque une hérésie que de les leur rappeler ; et, à leur sens, c'est la marque d'une grande désaffection pour l'Église. Car, dans leur orgueil, ils en sont venus à se regarder comme constituant l'Église, tandis que le peuple n'en est, au mieux, que le vestibule, qu'un zéro, de valeur nulle, à moins qu'ils ne mettent leur propre chiffre devant. Ils oublient que, s'ils étaient aussi parfaits qu'ils devraient l'être, ils ne devraient être que des ministres, des économes, des pasteurs en second ; c'est-à-dire, les serviteurs de l'Église, de la famille, du troupeau et de l'héritage de Dieu, et non point cette Église, cette famille, ce troupeau et cet héritage, dont ils ne sont que les serviteurs. Rappelez-vous les paroles du Christ : « Quiconque veut être grand parmi vous, qu'il soit votre serviteur » (Matthieu xx, 26).

9. On ne trouve qu'un seul passage dans les Saintes Écritures où le mot *clerus* puisse proprement s'appliquer à l'Église, et les ministres du culte se le sont approprié. A partir de là, ils se donnent le nom de « clergé », c'est-à-dire de successeurs ou héritiers de Dieu ; tandis que Pierre exhorte les ministres de l'Évangile à ne point s'arroger la domination de l'héritage de Dieu et à ne point paître son troupeau pour un gain sordide (I Pierre v, 2, 3). Pierre, de même, avait prévu que l'orgueil et l'avarice seraient les tentations des ministres du culte. En effet, ils ont souvent succombé à ces deux péchés ; et, pour dire vrai, ils ne pouvaient guère succomber à de pires péchés. Or, il n'est aucune excuse qu'ils puissent apporter pour les justifier qui ne soit pire que ces péchés eux-mêmes. Car, s'ils ne se sont point arrogé la domination de l'héritage du Seigneur, c'est parce qu'ils se sont constitué eux-mêmes cet héritage et qu'ils ont déshérité le peuple. De sorte que, maintenant, ils peuvent dominer le peuple du Seigneur, en ignorant l'avis du bon vieux Pierre.

Quant à l'autre péché, celui d'avarice, ils ne peuvent s'en défendre qu'en disant, avec vérité, que, comme ils ne paissent jamais le troupeau (de Dieu), on ne peut les accuser de le faire pour un gain sordide. En fait, ils prennent l'argent du peuple de Dieu pour rien, sans rien donner en échange. Nous en avons un exemple dans ce passage où Dieu lui-même se plaint des pratiques des faux prophètes orgueilleux et avaricieux de l'ancien temps, et de ce que le peuple donnait son argent pour des choses qui ne nourrissaient point, et son travail pour des choses qui ne rassasiaient point (Esaïe lv, 2). Et pourquoi ? Parce qu'alors le prêtre n'avait point de vision religieuse. Or, de nos jours, trop de gens ne s'inquiètent nullement de cela.

10. Hélas ! Au bout du compte, quelle folie que celle de l'orgueilleux ! Quel manque de religion ! Il ne peut ajouter un seul pouce à sa taille ; il ne peut se prémunir contre aucune croix [1]. Il ne peut se garantir d'aucune déception, ni se protéger d'aucun malheur. Il ne peut se délivrer des coups du sort qui frappent le commun des mortels. La maladie défigure l'orgueilleux, la douleur le rend difforme,

1. Ici, au sens d'épreuve.

et la mort abolit la texture dont il est fait. Six pieds de terre glacée renferment toutes ses grandes pensées ; et sa personne, qu'aucun lieu n'était digne de porter, est finalement contrainte de se loger dans les limites étroites d'un caveau aussi petit qu'obscur. Et lui, qui pensait que rien n'était assez beau pour lui, devient bientôt le jouet des plus vils de tous les animaux, les vers eux-mêmes. Ainsi, l'orgueil et la pompe aboutissent à la fin commune ; mais avec cette différence qu'ils suscitent moins de pitié de la part des vivants, et plus de douleur de la part des mourants. Les quartiers de noblesse de l'orgueilleux ne peuvent le protéger de la mort, pas plus que ses armoiries ne peuvent le mettre à l'abri du Jugement. Dans cette dernière extrémité, les titres d'honneur disparaissent : aucun pouvoir, aucune richesse, aucun honneur, aucun respect, ne peut les sauver ou les préserver. Ainsi que l'arbre tombe, il reste [1] ; et ainsi que la mort laisse l'homme, le Jugement dernier le trouve.

11. Comment, donc, prévenir une fin aussi funeste ? Et comment remédier à cette chute malheureuse de l'ancien état de douceur, d'humilité et de piété, et de cette vie et de cette puissance saintes qui étaient si manifestes dans la prédication et l'exemple de vie des croyants des temps primitifs et purs du Christianisme ? En vérité, les seuls remèdes sont un examen intérieur sincère, selon le témoignage de la lumière et de l'esprit saints de Jésus, de l'état de leurs âmes et de leurs esprits vis-à-vis du Christ, et une étude plus attentive de la doctrine et des exemples contenus dans les Saintes Écritures. Dieu s'est plaint, jadis, « de ce que, la lumière étant venue dans le monde, les hommes ont préféré les ténèbres à la lumière, parce que leurs œuvres étaient mauvaises » (Jean iii, 19). Si tu veux être un enfant de Dieu, et croire dans le Christ, il te faut être un enfant de la Lumière. Il te faut apporter tes œuvres à cette Lumière, et les examiner à cette sainte lampe qui est dans ton âme et qui est la chandelle du Seigneur. Elle te montrera ton orgueil et ton arrogance, et te reprochera de t'être complu dans les

1. Réminiscence de l'Ecclésiaste, xi, 3.

vaines coutumes du monde. La religion est un renoncement au Moi ; et un renoncement à toute religion inventée par le Moi. C'est un lien solide, un engagement de l'âme à être sainte ; il conduit au bonheur, car il mène les hommes jusqu'au Seigneur. Ceux qui ont le cœur pur, a dit Jésus, verront Dieu (Matthieu v, 8) : celui qui accepte, une première fois, de porter le joug du Christ, ne sera pas entraîné par les séductions du diable. Il trouvera de grandes joies à s'attendre à Dieu et à Lui obéir. Si les hommes aimaient la Croix du Christ, ses préceptes et sa doctrine, ils contrarieraient leurs volontés propres, qui les conduisent à enfreindre la sainte volonté du Christ et à perdre leur âme en faisant la volonté du diable. Si Adam avait suivi cette lumière sainte au Paradis, plutôt que la tentation du serpent, et avait fixé son esprit sur son Créateur, qui récompense ceux qui sont fidèles, il aurait vu les pièges de l'ennemi et lui aurait résisté. Ne prends point de plaisir à ce qui est interdit. N'y attache point ton regard, si tu ne veux pas être victime de la tentation. Ne fais pas porter à ton âme le poids du péché de la connaissance. Le Christ lui-même n'a-t-il point soumis sa volonté à celle de son Père, et, en vue de la joie qui lui était réservée, n'a-t-il point souffert la croix et méprisé l'ignominie (Hébreux xii, 2) d'un chemin nouveau et non encore défriché qui devait mener à la gloire ? Toi aussi, tu dois soumettre ta volonté à la loi sainte et à la lumière sainte du Christ dans ton cœur, et, en vue de la récompense qu'Il te réserve, à savoir, la vie éternelle, tu dois porter sa croix et mépriser l'ignominie. Tous désirent se réjouir avec Lui, mais bien peu acceptent de souffrir avec Lui, ou pour Lui. Beaucoup voudraient participer à Son repas, mais bien peu acceptent de partager son abstinence. Ils prennent les pains, mais ils rejettent la coupe de son agonie : elle est trop amère, ils ne veulent point en boire. Certains vantent ses miracles, mais s'offensent de l'ignominie de sa croix. Mais, ô homme, ce qu'Il a fait pour ton salut, tu dois le faire pour l'amour de Lui : tu dois t'abaisser toi-même (Philippiens ii, 7) et être content de n'avoir aucune renommée, afin de pouvoir Le suivre, non d'une manière charnelle, formelle, selon la tradition et les ordonnances vaines des hommes, mais, ainsi que le Saint Esprit l'exprime par la bouche de l'apôtre, par la route nouvelle et vivante (Hébreux x,

19, 20) que Jésus a consacrée. Elle conduit tous ceux qui y marchent au repos éternel de Dieu : Il y est entré Lui-même, Lui le saint et le seul bienheureux Rédempteur.

XIII

1. La convoitise, second péché capital : définition et différents aspects de ce vice. 2. Il consiste à désirer des choses illégitimes. 3. Comme lorsque David a désiré la femme d'Urie. 4. Ou bien lorsqu'Achab a convoité la vigne de Naboth. 5. Il consiste, en second lieu, à désirer d'une façon illégitime des choses légitimes. 6. La convoitise est la marque des faux prophètes. 7. Elle déshonore la religion. 8. Elle est ennemie de l'État. 9. Elle engendre la trahison. 10. Elle suscite l'oppression. 11. Judas en est un exemple. 12. Simon le magicien en est un autre. 13. Enfin, elle consiste à amasser de l'argent sans en faire usage. 14. La convoitise est un fléau social. 15. Elle est hypocrite. 16. L'or est son dieu. 17. Elle amasse, même s'il doit lui en coûter la vie. 18. La convoitise est condamnée par le Christ et ses disciples. 19. Péché et jugement d'Ananias et de Sapphira. 20. Voir le discours de Guillaume Tyndale sur ce sujet. 21. Témoignage de Pierre Charron contre la convoitise. 22. Satire acerbe et pleine d'esprit d'Abraham Cowley contre ce vice.

*

1. J'en viens à la seconde partie de ce discours, qui est l'avarice ou la convoitise, maladie épidémique qui fait de grands ravages dans le monde. Elle s'accompagne de tous les maux qui peuvent rendre les hommes malheureux, tant pris séparément qu'en société. Elle est si proche du mal dont je viens de traiter, l'orgueil, que l'un va rarement sans l'autre : la libéralité est presqu'aussi détestable aux yeux de l'orgueilleux qu'aux yeux de l'avare. Aussi je définirai la convoitise en ces termes : La convoitise est l'amour de l'argent ou des richesses (Ephésiens v. 35) ; et, ainsi que l'a dit l'apôtre : « elle est la racine de tous les maux » (I Timothée vi. 9, 10). Elle se décompose en trois branches :

premièrement, le désir de choses illégitimes ; deuxièmement, le désir illégitime de choses légitimes ; enfin, l'accumulation ou la rétention de richesses qui devraient servir au bien des particuliers ou de la société. Je commencerai par faire connaître ce que dit l'Écriture, et les exemples que celle-ci nous fournit contre cette sorte d'impiété ; je donnerai ensuite mes propres arguments, avec, à l'appui, l'autorité de quelques auteurs renommés. Je ferai voir par là qu'extirper du cœur des hommes l'amour des richesses n'est pas moins l'œuvre de la Croix du Christ que de déraciner tout autre péché dans lequel l'homme serait tombé.

2. Tout d'abord, pour ce qui est de désirer ou de convoiter des choses illégitimes, ceci est expressément défendu par Dieu lui-même, dans la loi qu'Il a dictée à Moïse sur le Mont Sinaï, afin que cela constitue une règle pour les Juifs, son peuple. Dieu a dit : « Tu ne convoiteras point la maison de ton prochain, ni son serviteur, ni sa servante, ni son bœuf, ni son âne, ni aucune chose qui appartienne à ton prochain » (Exode xx. 17). Dieu a confirmé ce commandement par le tonnerre et les éclairs et autres signes redoutables, afin que le peuple, frappé de terreur, le reçût et l'observât, et qu'enfeindre ces préceptes moraux lui parût une chose plus terrible. Michée, en son temps, s'est plaint tout haut de ce que « ils convoitent des champs, et ils s'en emparent » (Michée ii. 2) ; mais ils finirent misérablement. Aussi disait-on jadis : « Malheur à ceux qui convoitent dans l'iniquité ». Cet adage convient à notre propos. Nous en trouvons de nombreux exemples dans l'écriture ; j'en citerai deux brièvement.

3. David, pourtant un saint homme, fut surpris, faute de veiller sur lui-même : la beauté de la femme d'Urie fut une tentation trop forte pour lui, alors qu'il était désarmé et ne se tenait pas spirituellement sur ses gardes. Rien ne put le dissuader : Urie fut envoyé en première ligne, au fort de la bataille, là où il était presque impossible qu'il en réchappât. Cela pour hâter la satisfaction illégitime de ses désirs, d'une manière que l'on ne pouvait ouvertement qualifier de meurtre. Le stratagème réussit : Urie fut tué, et sa femme devint bientôt celle de David. Ceci révéla la convoitise de David. Mais cela se déroula-t-il bien ? Les choses en restèrent-elles là ? Non, car son plaisir se changea bientôt en anxiété et en amertume de l'esprit ; son âme fut écrasée de chagrin ; les vagues passèrent sur lui (Psaumes li ; lxxvii ; xlii. 7). Il fut consumé au dedans de lui ; il s'enfonça dans la boue et l'argile ; il cria, il pleura ; ses yeux furent comme des sources de larmes (Psaumes lxix. 2. 14). Le poids de la faute pesait sur lui. Il fallait qu'il en fût purgé, que ses péchés, qui étaient rouges comme le cramoisi, fussent lavés et devinssent blancs comme la neige ; sans quoi il était perdu à jamais. Son repentir prévalut. Voilà les conséquences de cette manifestation de la convoitise ! Voilà quels maux elle produit, quels chagrins elle cause ! Si ceux qui en sont coupables acceptaient de laisser entrer le repentir de David au plus profond de leurs âmes, pour être sauvés comme David ! Purifie-moi, dit à Dieu ce saint homme : montrant par là qu'il avait connu, jadis, un état meilleur. Ceci doit apprendre aux hommes vertueux à craindre, et à vivre dans le respect, de peur de pécher et de succomber. Car David fut pris au dépourvu : il n'était point sur ses gardes ; il était éloigné de la croix ; la loi n'était plus sa lampe et sa lumière en cet instant ; il s'était éloigné de sa place forte, de sa tour de garde, et il fut surpris. Ce fut à ce moment-là que l'ennemi l'attaqua et triompha de lui.

4. Mon second exemple est celui de la vigne de Naboth (I Rois xxi). Cette vigne était convoitée par Achab et Jézabel ; et le même esprit qui leur avait fait concevoir ce désir illégitime leur inspira le moyen de l'assouvir. Il fallait que Naboth mourût, car il refusait de vendre. Pour le faire mourir, ils accusèrent l'innocent de blasphème et trouvèrent deux méchants hommes, deux enfants de Bélial, qui acceptèrent de témoigner contre lui. Ainsi au nom de Dieu, témoignant d'un zèle pur pour sa gloire, Naboth dut mourir et fut, en conséquence, lapidé. Lorsque Jézabel reçut la nouvelle, elle ordonna à Achab de se lever et de prendre possession de la vigne, puisque Naboth était mort. Mais Dieu les poursuivit tous les deux de sa vengeance terrible : « Au lieu même où

les chiens ont léché le sang de Naboth », dit Élie, au nom du Seigneur, « les chiens lècheront aussi ton propre sang ; et je ferai venir le malheur sur toi, et j'exterminerai ta maison » [1]. Et quant à Jézabel, sa femme, complice de sa convoitise et de son meurtre, il ajoute « les chiens mangeront sa chair près du rempart de Jizreel » [2]. Voilà l'infamie et le châtiment qui récompensent cette forme de convoitise. Que ceci serve d'exemple à ceux qui désirent des choses interdites, à savoir les biens d'autrui ; car Dieu, qui est juste, finira par les payer avec l'intérêt. Mais de tels hommes ne sont peut-être pas nombreux, soit parce qu'ils ne convoitent pas les biens d'autrui, soit parce qu'ils n'osent pas le montrer, de crainte que la loi ne les châtie s'ils osaient le faire. En revanche, les adeptes de la deuxième forme de convoitise sont légion : ils crient, pourtant, bien haut contre l'iniquité du premier type. Et ils croient qu'en faisant semblant d'abhorrer celle-ci, ils seront absous de tous les péchés qu'ils commettent dans l'autre. C'est ceux-là que nous allons maintenant examiner.

5. La deuxième sorte — la plus courante — de convoitise consiste en un désir illégitime de choses légitimes, notamment de richesses. L'argent est une chose légitime, mais l'amour de l'argent est la racine de tous les maux. Ainsi, la richesse est légitime, mais ceux qui font de la richesse une fin, tombent dans des tentations, des pièges et des désirs divers. Dieu dit des richesses qu'elles sont « transitoires », pour montrer la folie de ceux qui en font leur but, et le danger qu'ils courent. La cupidité est détestable aux yeux de Dieu. Il a prononcé de terribles jugements sur ceux qui en sont coupables. Dieu en a fait, jadis, un de ses motifs d'accusation, une des raisons de Ses jugements, contre Israël : « A cause de son avidité coupable », a dit Dieu, « je me suis irrité et j'ai frappé » (Esaïe I vii. 17). Dans un autre passage, il a aussi déclaré : « Tous sont avides de gain, et, depuis le prophète jusqu'au sacrificateur, tous usent de tromperie »

1. Penn cite ici les versets 19 à 23 du Livre des Rois (I Rois xxi. 19-23).
2. *Ibid.*

(Jérémie vi. 13) ; « c'est pourquoi je donnerai leurs femmes à d'autres, et leurs champs à ceux qui les déposséderont » (Jérémie viii. 10). A un autre endroit, Dieu s'est plaint en ces termes : « Mais tu n'as des yeux et un cœur que pour te livrer à la cupidité » (Jérémie xxii. 17). Par la bouche d'Ezéchiel, Dieu renouvelle et répète sa plainte contre leur cupidité : « Et ils se rendent en foule auprès de toi ; et mon peuple s'assied devant toi ; ils écoutent tes paroles, mais ils ne les mettent point en pratique ; leur bouche professe un grand amour, mais leur cœur se livre à la cupidité » (Ezéchiel xxxiii. 31)[1]. C'est pourquoi Dieu, dans le choix de ses magistrats, requiert, entre autres qualités nécessaires, qu'ils haïssent la cupidité ; car il a prévu les maux auxquels serait sujette une société ou un gouvernement où des hommes cupides seraient au pouvoir : leur intérêt influerait sur leur conduite, et ils sacrifieraient le bien public pour arriver à leurs propres fins. David demandait, dans ses prières, que son cœur n'inclinât point vers le gain, mais vers les préceptes de son Dieu (Psaumes cxix. 36). Et le sage nous dit expressément que : « Celui qui est ennemi de la cupidité prolonge ses jours » (Proverbes xxviii. 16), et prononce ainsi une malédiction contre les adeptes de ce vice. Luc le reproche aux Pharisiens comme un signe de leur malignité, et le Christ, par la bouche de l'évangéliste, ordonne à ses disciples : « Gardez-vous avec soin de toute avarice » ; et Il leur en donne une raison qui contient un enseignement excellent : « car », dit-Il, « la vie d'un homme ne dépend pas de l'abondance de ses biens » (Luc xii. 15). Mais Il va plus loin : il assimile l'avarice à l'adultère, au meurtre et au blasphème (Marc vii. 21, 22). Il ne faut donc pas s'étonner si l'apôtre Paul censure si fréquemment ce vice. Dans son épître aux Romains, il l'inclut dans le terme « toute espèce d'injustice » (Romains i. 29). Il écrit la même chose aux Éphésiens, et ajoute : « Que la cupidité ne soit pas même nommée parmi vous » (Éphésiens v. 3) ; et il ordonne aux Colossiens de mortifier leurs membres, et cite plusieurs

1. La citation de Penn diffère sensiblement de la Bible de 1611 et de la traduction de Louis Segond, qui donnent : « ...car leur bouche en fait un sujet de moquerie, et leur cœur se livre à la cupidité ».

péchés, tels l'impudicité, l'impureté, et autres affections déréglées, finissant par « l'avarice qui », dit-il, « est une idolâtrie » (Colossiens iii. 5). Or, nous savons qu'il n'est point de plus grande offense aux yeux de Dieu. Et ce même apôtre nous dit que « l'amour de l'argent est la racine de tous les maux ; et quelques-uns, en étant possédés, se sont égarés loin de la foi, et se sont jetés eux-mêmes dans bien des tourments. Car ceux qui veulent s'enrichir tombent dans la tentation, dans le piège, et dans beaucoup de désirs insensés et pernicieux... Pour toi, homme de Dieu », dit-il à son bien-aimé Timothée, « fuis ces choses, et recherche la justice, la foi, la patience et la douceur » (Timothée vi. 9-11).

6. Pierre était de la même opinion : il fait de la cupidité une des principales marques auxquelles on peut reconnaître les faux prophètes et les faux docteurs qui devaient s'introduire parmi les Chrétiens. Car, dit-il, « par cupidité, ils trafiqueront de vous au moyen de paroles trompeuses » (II Pierre ii. 3). Pour conclure, Paul termine son épître aux Hébreux, entre autres recommandations importantes et zélées qu'il leur fait, par celle-ci : « Ne vous livrez pas à l'amour de l'argent » (Hébreux xiii. 5). Il ne se contente pas de cette généralité, mais il poursuit : « et contentez-vous de ce que vous avez ; car Dieu lui-même a dit : 'Je ne te délaisserai point, et je ne t'abandonnerai point'. » Que conclure de tout cela ? : que ceux qui ne sont pas contents de ce qu'ils ont et qui cherchent à devenir riches, ont abandonné Dieu ? Cette conclusion peut paraître dure, mais elle est naturelle ; car il est clair que ceux qui ne sont pas contents de ce qu'ils ont, désirent avoir davantage ; qu'ils voudraient devenir riches, s'ils le pouvaient, et qu'ils ne vivent point dans cette dépendance et cette confiance en la Providence, qui leur sont recommandées ; et que la sainteté, se satisfaisant d'elle-même, ne leur paraît point un avantage suffisant.

7. En vérité, il est honteux qu'un homme, surtout un homme religieux, ne sache point quand il possède suffisamment, quand il doit s'arrêter, quand il doit s'estimer satisfait. Bien que Dieu lui envoie d'année en année une moisson abondante, loin d'y trouver une raison pour se retirer du commerce du monde, il en fait un motif pour s'y plonger plus avant : comme s'il pensait que, plus il possède, plus il peut espérer posséder encore. Ainsi il ranime son appétit, se démène plus que jamais, afin de prendre sa part du gâteau, tant qu'il en reste ; comme si les tracas et le gain étaient le devoir et le réconfort d'un Chrétien, plutôt que la retraite et le contentement. Oh, si les hommes voulaient mieux réfléchir ! car ce défaut, du fait qu'il est moins visible, et moins censuré par la loi, que les autres vices, est, par là même, plus dangereux. Il est évident que la plupart des hommes recherchent, non le nécessaire, mais les richesses. Certains les aiment de façon immodérée, et les dépensent avec libéralité lorsqu'ils les ont. Bien que cela soit un péché, c'est un péché moins grave que d'aimer l'argent pour l'argent ; car c'est là une des passions les plus basses dont l'esprit de l'homme puisse être possédé : c'est la convoitise pure ; c'est le plus grand de tous les péchés compris sous le nom de concupiscence, et celui qui souille le plus l'âme. Cette considération devrait inciter les hommes à examiner sérieusement à quel degré ils sont possédés de cette tentation de l'amour de l'argent ; et ce, d'autant plus que les progrès qu'elle fait dans l'âme sont presque insensibles, ce qui rend le danger plus grand. Il y a des milliers de personnes qui croient ne point être concernées par cette mise en garde, et qui pourtant sont coupables de ce défaut. Et comment cela ne serait-il point, quand ceux qui, à l'origine, n'avaient rien et se sont enrichis, continuent à peiner pour augmenter, voire doubler ou tripler leurs richesses, et ce en se donnant le même mal et les mêmes peines que lorsqu'ils ont commencé ? Est-ce là vivre dans le confort, ou être riche ? Ne les voyons-nous pas se lever de bonne heure et veiller tard le soir, n'être occupés que de la bourse, de leur boutique, de leur entrepôt, de la douane, de leurs factures, de leurs contrats, de leurs chartes-parties, etc. ? Ils courent partout avec le même empressement que s'il s'agissait de sauver la vie d'un innocent. C'est là un désir insatiable, et, par là même, nuisible aux hommes en même temps que déplaisant à Dieu, qui leur donne les richesses pour qu'ils en usent, et non pour qu'ils les aiment, c'est-à-dire en abusent. Et si l'on prétend que cet empressement, cette ardeur, cette activité incessante, ne proviennent pas de l'amour de l'argent, chez ceux qui en ont dix fois plus que lorsqu'ils ont débuté, et bien plus qu'ils n'en dépensent ou n'en ont besoin, je ne sais pas quelles preuves l'homme peut donner de son amour pour quoi que ce soit.

8. Pour conclure : la convoitise, chez les magistrats, est le fléau de l'État, car elle mène à la corruption. C'est pourquoi ceux que Dieu a choisis étaient des hommes qui Le craignaient et qui détestaient la convoitise. Par ailleurs, elle est nuisible à la société, car les vieux commerçants maintiennent la jeunesse dans l'indigence ; et la principale raison pour laquelle certains ont trop peu, et sont forcés de travailler comme des esclaves pour nourrir leur famille et garder la tête au-dessus de l'eau, est que les riches ne veulent rien lâcher, cherchent à devenir plus riches, et désirent avoir toujours davantage ; ce qui tarit les petites sources de gain offertes aux petites gens. Il devrait exister une règle qui fixe l'étendue et la durée du commerce d'un homme : ensuite, le maître-artisan devrait partager sa pratique avec ceux de ses serviteurs qui le méritent. Ceci aiderait les jeunes à gagner leur vie, et, en même temps, donnerait aux vieux le temps de penser à bien quitter ce monde, dans lequel ils ont été actifs, afin de s'assurer une part dans l'autre, dont ils se sont si peu inquiétés.

9. La convoitise est encore une autre source de mal pour l'État : elle conduit les hommes à tromper ou à frauder le gouvernement, en cachant ou en falsifiant les marchandises dont ils font commerce : par exemple, ils introduisent en contrebande des marchandises interdites, ou même des marchandises permises, afin d'éviter de payer des droits ; ou bien, ils prêtent leur nom à des marchands ennemis, moyennant intérêts ; ou encore ils vendent des produits défectueux, ils ne donnent pas la juste mesure ; ils trompent le public de toutes sortes de manières.

10. La convoitise a aussi été la cause de querelles destructrices pour les familles : car, lorsqu'un héritage tombait entre les mains de personnes que la cupidité poussait à en tirer un plus grand profit qu'il ne leur appartenait en bonne justice, il en résultait beaucoup de troubles et d'injustices ; car, trop souvent, il arrivait que ceux qui étaient chargés d'administrer les biens gardaient pour eux-mêmes les revenus qu'ils auraient dû verser aux propriétaires légitimes et s'en servaient pour les empêcher de rentrer en possession de leur bien [1].

11. Mais ce n'est pas tout. La cupidité trahit l'amitié : si vous voulez faire exécuter une mauvaise action, ou causer la perte d'un homme, nul ne sera plus facile à corrompre que celui qui a la convoitise au cœur. Car c'est une passion capable d'assassiner l'âme aussi bien que le corps : l'âme, parce qu'elle détruit la vie qu'elle devrait avoir en Dieu (car, lorsque l'argent devient maître de l'esprit, il en exclut tout amour pour des choses meilleures) ; le corps, parce que, pour de l'argent, elle tuera, soit en assassinant, soit par le poison, soit par un faux témoignage, etc. Je conclurai l'article sur la convoitise par le péché et le sort malheureux de deux hommes cupides, Judas et Simon le magicien.

La religion de Judas tomba dans un terrain épineux : l'amour des richesses l'étouffa. L'orgueil et la colère des Juifs les poussèrent à mettre le Christ à mort. Mais ils ne savaient comment s'y prendre avant que la cupidité ne vînt à leur secours. Ils découvrirent que Judas portait la bourse, et soupçonnèrent qu'il se pouvait qu'il aimât l'argent ; ils décidèrent de le mettre à l'épreuve, et le firent. Ils fixèrent un prix, et Judas trahit son Maître, son Seigneur, et le livra entre les mains de ses cruels adversaires. Mais, pour lui rendre justice, il rapporta l'argent, et, pour se venger de

---

1. Penn fait ici allusion, soit au système anglais du *trust* (avant que l'*equity* n'intervienne, selon la *common law*, l'administrateur des biens, *trustee*, était considéré comme propriétaire d'origine dans l'intérêt du bénéficiaire du *trust*, qui peut être le propriétaire d'origine ou tout tiers désigné par celui-ci), soit aux exécuteurs testamentaires ou tuteurs qui spoliaient très souvent les héritiers légitimes.

lui-même, il se pendit. A mauvaise action, mauvaise fin. Venez, maintenant, vous autres hommes cupides : que dites-vous de votre frère Judas ? N'était-ce pas un méchant ? N'a-t-il pas commis une très mauvaise action ? Assurément. Auriez-vous agi de même ? Assurément non, en aucune manière. Mais ces mauvais Juifs en disaient autant de ceux qui avaient lapidé les prophètes, et pourtant ces mêmes Juifs crucifièrent le Fils bien-aimé de Dieu. Celui qui venait pour les sauver, et qui les aurait sauvés s'ils L'avaient reçu et ne L'avaient point rejeté le jour où Il est venu parmi eux. Frottez bien vos yeux, car ils sont pleins de poussière ; et examinez soigneusement votre conscience afin de voir si, par amour de l'argent, vous n'avez point trahi le Juste à l'intérieur de vous-même et si vous n'êtes point devenus les frères de Judas, en iniquité. Je parle pour défendre Dieu contre une idole ; écoute-moi avec patience. N'avez-vous point résisté au bon Esprit du Christ, dans votre quête de vos chères richesses ? Examinez-vous vous-mêmes, éprouvez-vous vous-mêmes. Ne vous reconnaissez-vous point vous-mêmes ? : si le Christ n'est pas en vous, s'Il n'y règne point, s'Il n'y est point au-dessus de tout ce qui vous est le plus cher, vous êtes réprouvés, vous êtes perdus ! (2 Corinthiens xiii. 5).

12. Le deuxième homme cupide est Simon le magicien. Il croyait aussi au Christ, mais sa foi n'était point assez grande en raison de sa cupidité (Actes viii. 9-24). Il a souhaité faire un marché avec Saint Pierre : tant d'argent pour tant de Saint-Esprit, afin de le revendre, et de réaliser un bénéfice. Il jugeait, à tort, Pierre en fonction de lui-même, et ne le regardait que comme un homme capable d'en imposer au peuple mieux que lui, qui s'était fait passer en Samarie pour la grande puissance de Dieu, avant que la vraie puissance de Dieu, qui était en Philippe et en Pierre, ne détrompât le peuple. Mais quelle fut la réponse de Pierre et son jugement ? « Que ton argent périsse avec toi », lui dit-il, « Il n'y a pour toi ni part, ni lot dans cette affaire : tu es dans un fiel amer et dans les liens de l'iniquité. » Sentence terrible ! D'ailleurs, la convoitise mène au luxe et, souvent, en tire sa source ; car, avoir beaucoup amène à dépenser beaucoup et à s'appauvrir par le luxe ; il en est qui désirent gagner beaucoup afin de dépenser davantage. La tempérance pourrait remédier à cela. Car, si les hommes voulaient n'être point si prodigues pour leur table, leur maison, leur ameublement, leur parure ou leur jeu, ou si une meilleure éducation, ou de bonnes lois bien appliquées, les en empêchaient, ils n'auraient point autant de tentations pour désirer ardemment ce qu'ils ne réussiraient point à dépenser. Car il est assez rare de rencontrer un avare qui aime l'argent pour l'argent.

13. Ceci m'amène à considérer le dernier type de convoitise, celle qui est la plus basse et la plus sordide, à savoir celle qui consiste à amasser et à garder l'argent, sans en tirer profit ni pour soi-même ni pour les autres. C'est le cas de l'avare de Salomon, qui s'enrichit et ne possède rien (Proverbes xiii. 7), et c'est là un grand péché aux yeux de Dieu. Salomon se plaignait de ceux qui avaient amassé le labeur des pauvres gens dans leurs maisons [1], il appelle cela fouler le peuple et écraser le visage des pauvres [2], parce qu'ils ne peuvent jamais recouvrer le fruit de leur labeur. Mais il bénit ceux qui s'intéressent aux pauvres, et il ordonne à chacun d'ouvrir sa main à son frère indigent (Psaumes xli. 1 ; Deutéronome xv. 7, 8) ; non seulement à celui qui est un frère spirituel, mais aussi à celui qui est un frère naturel ; et il enjoint de ne point refuser l'aumône aux pauvres. L'apôtre recommande à Timothée, devant Dieu et devant Jésus-Christ, de ne point manquer de « recommander aux riches du présent siècle... de ne pas mettre leur espérance dans des richesses incertaines, mais de la mettre en Dieu, qui nous donne avec abondance... et de faire du bien, afin d'être riches en bonnes œuvres » (I Timothée vi. 17, 18). Les richesses sont souvent source de corruption ; mais la charité en préserve la douceur et la vertu. Celui qui ne s'en sert pas oublie, lorsqu'il les acquiert, la fin pour laquelle elles lui sont données ; il les aime pour elles-mêmes, et non

---

1. Penn cite ici, de mémoire, Esaïe iii. 14, et, là où la Bible parle de « la dépouille du pauvre », il écrit « le labeur du pauvre » (« the labours of the poor »).
2. Esaïe iii. 15.

pour l'usage qu'il pourrait en faire. L'avare est pauvre au milieu de ses richesses ; dans sa crainte de dépenser, il reste dans le besoin. Et ses craintes augmentent en même temps que ses espérances, qu'il met toutes dans ses gains ; de sorte que son plaisir devient son tourment. Il ressemble, plus que tout autre, à celui qui avait caché son talent dans une serviette ; car les talents de cet homme sont cachés dans ses sacs, loin des yeux des hommes dans des caves, sous des planches, derrière des boiseries, ou bien dans des contrats et des hypothèques, et ne croissent que sous terre, en quelque sorte, car ils ne font de bien à personne.

14. L'avare hait tout art et toute science utiles ; il les regarde comme choses vaines, de crainte qu'il ne lui en coûte quelque chose pour les apprendre. C'est pourquoi son esprit, tout comme sa bourse, est fermé à l'industrie. Il laisse ses maisons tomber en ruine, et ses chemins s'effondrer pour épargner les réparations ; quant à sa mauvaise chère, à la simplicité de ses vêtements, et à la pauvreté de son ameublement, il voudrait les faire passer pour de la sobriété. Ô monstre d'homme, qui est capable de porter la croix pour l'amour de l'argent, et non pas pour le Christ !

15. Mais il prétend aussi, d'une manière négative, au titre de croyant ; car, pour mieux cacher son avarice, il censure constamment la prodigalité. S'il vous voit répandre sur la tête d'un saint homme un parfum de prix, pour épargner de l'argent et pour paraître vertueux, il vous parlera des pauvres ; mais s'il se présente des pauvres il trouvera des prétextes pour déguiser son manque de charité : ou bien il en trouvera l'objet indigne, ou bien il fera valoir sa pauvreté, ou encore il prétendra qu'il préfère donner son argent à des gens plus méritants. Il n'ouvre guère sa bourse que quatre fois l'an [1], de peur de la perdre.

---

1. *Quarter-day :* l'un des quatre jours de l'année, à la charnière de chaque saison, où s'effectuaient, depuis le Moyen-Age, des paiements ou règlements d'échéances échus ces jours-là.

16. Mais il est plus misérable que les pauvres ; car il ne jouit pas de ce qu'il craint tant de perdre ; tandis que les pauvres ne craignent pas de perdre ce dont ils ne jouissent pas. Ainsi, il est pauvre à force de trop estimer ses richesses. J'appelle malheureux celui qui, avec de l'argent dans sa poche, refuse de manger chez un traiteur ; cependant, comme il a fait un dieu de son or, qui sait s'il n'estime pas contraire à la nature de manger cela même qu'il adore ?

17. Mais, ce qui aggrave encore ce péché, c'est qu'il y a des hommes — j'en ai moi-même connu — qui, pour gagner de l'argent, se sont tués à la tâche ; et qui, pour demeurer fidèles à leurs principes, lorsqu'ils étaient malades, ne voulaient point faire la dépense d'un médecin pour prolonger leur vie de pauvre pécheur. Ainsi, ils mouraient par avarice : pareille constance mérite bien qu'on les canonise martyrs de l'argent.

18. Mais voyons maintenant quels exemples de censure nous fournit l'Écriture contre ceux qui amassent et qui thésaurisent de façon sordide. Un jeune homme, en apparence bon, vint trouver le Christ et s'enquit de ce qu'il devait faire pour hériter la vie éternelle : le Christ lui répondit d'observer les commandements. Le jeune homme répliqua qu'il les avait observés depuis son plus jeune âge : il semblerait qu'il n'était point débauché, et, en vérité, ces sortes de gens ne le sont pas, pour éviter la dépense. « Pourtant il te manque une chose », lui dit le Christ, « vends ce que tu possèdes, donne-le aux pauvres, et tu auras un trésor dans le ciel ; puis viens, et suis-moi » (Matthieu xix. 20, 21). Il semble que le Christ toucha là son point faible ; il toucha au but et le frappa au cœur, Lui qui connaissait ce cœur ; par là il fit voir au jeune homme qu'il n'avait point observé le commandement « d'aimer Dieu par-dessus toutes choses ». Il est relaté que le jeune homme s'en alla tout triste ; et la raison qu'on en donne, c'est qu'il possédait de grands biens. Il eut à choisir entre les richesses et la vie éternelle, deux désirs contraires. Mais à quoi donna-t-il la préférence ? aux richesses. Hélas ! Et que dit le Christ à

cela ? « Les riches entreront difficilement dans le royaume des cieux ! » Il ajoute : « Il est plus facile à un chameau de passer par le trou d'une aiguille qu'à un riche d'entrer dans le royaume de Dieu » (Matthieu xix. 23, 24). C'est-à-dire que pour un homme riche de cette espèce, à savoir un homme riche et avare, qui a de la peine à faire du bien avec ce qu'il a, cela serait plus qu'un miracle. Qui donc, après cela, souhaiterait être riche et avare ? Ce fut contre ces riches que le Christ prononça sa malédiction : « Malheur à vous, ô riches, car vous avez votre consolation ici-bas » (Luc vi. 24). Quoi ! et aucunement dans le ciel ? Non, à moins que vous n'acceptiez de devenir pauvres, de renoncer à tout, de vivre détachés du monde, de vous dégager de ses liens et même de le fouler aux pieds : d'en faire votre serviteur, et non votre maître.

19. Le second exemple est également terrible : c'est celui d'Ananias et de Sapphira. Au commencement des temps apostoliques, il était de coutume que ceux qui recevaient la parole de vie apportassent ce qu'ils possédaient et le missent aux pieds des apôtres : entre autres, Joseph, surnommé Barnabas, en donna l'exemple. De ceux qui restaient, Ananias et sa femme Sapphira, lorsqu'ils rendirent témoignage à la vérité, vendirent leurs biens ; mais, par avarice, ils gardèrent pour eux-mêmes une partie du produit de la vente, qu'ils ne voulaient pas verser dans la bourse commune ; ils apportèrent une partie pour le tout, et la mirent aux pieds des apôtres. Mais Pierre, homme simple et ferme, dit, avec la majesté que confère l'Esprit : « Ananias, pourquoi Satan a-t-il rempli ton cœur, au point que tu mentes au Saint-Esprit, et que tu aies retenu une partie du prix du champ ? S'il n'eût pas été vendu, ne te restait-il pas ? Et, après qu'il ait été vendu, le prix n'était-il pas à ta disposition ? Comment as-tu pu mettre en ton cœur un pareil dessein ? Ce n'est pas à des hommes que tu as menti, mais à Dieu » (Actes v. 3, 4). Mais quelle fut la conséquence de la cupidité et de l'hypocrisie d'Ananias ? Eh bien, « Ananias, entendant ces paroles, tomba, et expira ». La même chose arriva à sa femme, qui était complice du crime que leur avarice leur avait fait commettre. Et l'on ajoute que : « une grande crainte saisit toute l'Église, et ceux qui entendirent ces choses » ; et il devrait en être de même pour ceux qui les lisent à présent. Car si ce jugement a été exécuté, et nous a été transmis, pour nous avertir de nous garder de tels vices, qu'adviendra-t-il de ceux qui, tout en faisant profession de la religion chrétienne (religion qui enseigne aux hommes à vivre détachés du monde et à renoncer à tout pour la volonté et le service du Christ et de son royaume), non seulement retiennent une partie, mais le tout, et sont incapables de donner la moindre chose pour l'amour du Christ ? Je supplie Dieu d'incliner le cœur de mes lecteurs à peser mûrement ces choses. Cela ne serait point arrivé à Ananias et Sapphira s'ils avaient agi comme en présence de Dieu, avec cet amour parfait, cette vérité et cette sincérité qu'il leur convenait d'avoir. Ô, si les hommes voulaient bien faire usage de cette lumière que le Christ leur a donnée, pour examiner leur cœur et voir à quel point ils sont sous l'emprise de cette passion inique ! Car s'ils voulaient bien veiller, pour se garder de l'amour du monde, et être moins esclaves des choses visibles et temporelles, ils commenceraient à tourner leur cœur vers les choses d'en haut, qui sont éternelles. Leur vie serait cachée avec le Christ en Dieu, à l'abri des incertitudes du temps, des troubles, et des changements des choses périssables. Bien plus, si les hommes voulaient bien considérer combien il est difficile d'acquérir les richesses, puis de les conserver, l'envie qu'elles suscitent ; s'ils voulaient bien admettre qu'elles ne peuvent ni les rendre sages, ni les guérir, ni prolonger leur vie, et encore moins leur donner la paix à l'heure de leur mort, enfin que, mis à part la nourriture et le vêtement (qu'ils peuvent, en fait, se procurer sans être riches), les richesses ne leur apportent aucun bien tangible ; et que le seul bon usage qu'ils puissent en faire est de soulager leurs semblables dans leur détresse (puisque les riches ne sont que les économes des bienfaits de la providence de Dieu et que, par conséquent, ils auront à rendre compte de l'usage qu'ils en font) ; si, dis-je, ces considérations avaient quelque poids sur notre esprit, nous ne nous précipiterions pas ainsi pour acquérir (et nous ne nous soucierions pas de cacher et de garder) une chose si vile et si peu utile. Oh, si la Croix du Christ, qui est l'Esprit et le pouvoir de Dieu dans l'homme, pouvait occuper plus de place dans nos âmes, pour nous crucifier de plus en plus au monde, et le monde en nous ; afin que, comme au temps du paradis, la terre redevienne le marchepied, et les trésors de la terre le serviteur, et non le dieu de l'homme ! — De nombreux auteurs ont écrit contre ce vice : j'en citerai trois.

20. William Tyndale, ce digne apôtre de la Réforme en Angleterre, consacre à ce sujet un discours entier, intitulé *The Parable of the Wicked Mammon*, auquel je renvoie le lecteur.

21. Le second auteur, Pierre Charron, écrivain français célèbre, notamment pour l'ouvrage qu'il écrivit sur la sagesse, consacre tout un chapitre à l'avarice. En voici un extrait : « Aymer et affectionner les richesses c'est avarice ; non seulement l'amour et l'affection, mais encore tout soin curieux entoure les richesses... Le désir des biens et le plaisir à les posséder, n'a racine qu'en l'opinion ; le déréglé désir d'en avoir est une gangrene en nostre âme, qui avec une venimeuse ardeur, consomme nos naturelles affections pour nous remplir de virulentes humeurs. Sitost qu'elle s'est logée en nostre cœur, l'honneste et naturelle affection que nous devons à nos parens et amis, et à nous-mesmes, s'enfuit. Tout le reste comparé à nostre profit ne nous semble rien : nous oublions enfin et mesprisons nous-mesme, notre corps, et notre esprit, pour ces biens ; et comme l'on dict, nous vendons nostre cheval pour avoir du foin. Avarice est passion vilaine et lasche des sots populaires, qui estiment les richesses comme le souverain bien de l'homme, et craignant la pauvreté comme son plus grand mal, ne se contentent jamais des moyens nécesaires qui ne sont refusez à personne ; ils pesent les biens dedans les balances des orphevres, mais nature nous apprend à les mesurer à l'aulne de la necessité. Mais quelle folie que d'adorer ce que nature mesme a mis sous nos pieds, et caché sous terre, comme indigne d'estre veu, mais qu'il faut fouler et mespriser ; ce que le seul vice de l'homme a arraché des entrailles de la terre, et mis en lumière pour s'entretuer ! *In lucem propter quae pugnaremus, excutimus ; non erubescimus summa apud nos haberi, quae fuerunt* *ima terrarum*. La nature semble en la naissance de l'or avoir aucunement présagé la misère de ceux qui le devoient aimer ; car elle a fait qu'ès terres où il croist, il ne vient ny herbes, ny plante, ny autre chose qui vaille ; comme nous annonçant qu'ès esprits où le désir de ce metail naistra, il ne demeurera aucune scintille d'honneur, ny de vertu. Que se dégrader jusques-là, que de servir et demeurer esclave de ce qui nous doit estre sujet. *Apud sapientiem divitiae sunt in servitutem ; apud stultum in imperio :* car l'avare est aux richesses, non elles à luy ; et il est dict avoir les biens comme la fièvre, laquelle tient et gourmande l'homme, non luy elle. Que d'aymer ce qui n'est bon, ny ne peust faire l'homme bon, voire est commun et en la main des plus meschans du monde, qui pervertissent souvent les bonnes mœurs, n'amendent jamais les mauvaises, sans lesquelles tant de sages ont rendu leur vie heureuse, et pour lesquelles plusieurs meschans ont eu une mort malheureuse : bref, attacher le vif avec le mort, comme fesoit Mezentius, pour le faire languir et plus cruellement mourir ; l'esprit avec l'excrément et escume de la terre, et embarasser son âme en mille tourments et traverses qu'ameine cette passion amoureuse des biens ; et s'empescher aux filets et cordages du malin, comme les appelle l'Escriture Saincte qui les descrie fort, les apellant iniques espines, larron du cœur humain, lacqs et filets du diable, idolatrie, racine de tous maux. Et certes qui verroit aussi bien la rouille des ennuis qu'engendrent les richesses dedans les cœurs, comme leur esclat et splendeur, elles seroient autant haïes, comme elles sont aymées [1] ». Voici ce qu'en dit Charron, sage et grand homme. Le troisième témoignage sur lequel je m'appuierai est celui d'un auteur qui, pour son esprit, plaira sûrement à certains. Puissent-ils faire autant de cas de sa morale, et du jugement qu'il montra après avoir beaucoup plus mûri.

22. Abraham Cowley, homme ingénieux et plein d'esprit, est le troisième auteur que je citerai. Voici ce qu'il dit de

1. Pierre Charron, *De la sagesse*, copie de Bordeaux en trois livres, 1657, chapitre XXIII.

l'avarice : « Il y a deux sortes d'avarice : la première est une espèce bâtarde, qui consiste en un appétit vorace pour le gain ; non pas pour l'amour du gain en lui-même, mais pour le plaisir de le faire passer aussitôt par tous les canaux de l'orgueil et du luxe. La seconde est la véritable espèce, l'avarice proprement dite ; elle consiste en un désir continuel, un appétit insatiable, de richesses, non dans le dessein d'en faire usage, mais pour l'amour des richesses mêmes, pour les amasser et les conserver, et les augmenter sans cesse. L'homme cupide de la première espèce est comme l'autruche vorace qui dévore n'importe quel métal, mais dans le but de s'en nourrir, et qui, en fait, parvient à les digérer et à les dissoudre. L'autre ressemble à la sotte pie, qui n'aime voler de l'argent que pour le cacher. Le premier fait beaucoup de mal aux hommes en général, et un peu de bien à quelques individus ; le second ne fait de bien à personne, pas même à lui-même. Le premier ne saurait justifier ses actions, ni aux yeux de Dieu, ni à ceux des anges, ni à ceux des hommes raisonnables ; le second ne peut alléguer, pour ce qu'il fait, ni raison, ni prétexte, pas même aux yeux du diable : il est l'esclave de Mammon, et ne retire nul salaire pour ses peines. Le premier trouve moyen de se faire aimer, et d'être envié aussi, il faut le dire, de certains ; le second est un objet de haine et de mépris pour tous. Il n'y a point de vice contre lequel on fait plus de belles phrases ; les poètes, surtout, l'ont poursuivi de leurs satires, de leurs fables, allégories et allusions, et lui ont jeté la pierre de toutes les manières possibles. De toutes les attaques contre l'avarice, aucune ne me paraît plus justifiée que ce vers d'Ovide :

« Multa
Luxuriae desunt, omnia avaritiae. »

ce qui veut dire : « Le luxe a de grands besoins, mais tout manque à l'avare ». A cette sentence, je voudrais faire un ajout, et la rendre ainsi : la pauvreté a des besoins, le luxe en a beaucoup, mais tout manque à l'avare. Quelqu'un a dit, en parlant d'un homme sage et vertueux, que, n'ayant rien, il a tout. L'avare est opposé, car, ayant tout, il n'a rien.

Quel homme est en misère à l'avare pareil ?
Il jeûne en regorgeant de biens, présents du ciel !
Le pauvre, en son malheur, excite ma pitié,
La misère du riche est pire de moitié [1].

Je me demande comment il se fait qu'on n'ait jamais édicté de lois contre les avares ; que dis-je, contre eux ? On aurait dû en faire en leur faveur. Car, de même qu'on pourvoit à la subsistance de tous les autres fous, il serait tout à fait raisonnable que le roi charge certaines personnes de gérer les biens des avares pendant leur vie (car ordinairement leurs héritiers n'ont pas besoin de cela), et de veiller à ce qu'ils ne manquent pas du nécessaire qui convient à leur rang ; puisqu'ils sont incapables de prélever ce nécessaire de leurs propres mains rapaces. Nous soulageons des vagabonds oisifs et des faux mendiants ; mais nous ne nous inquiétons nullement de tous ces malheureux, qui sont vraiment pauvres et qui devraient, à mon sens, être traités avec respect, eu égard à leur qualité. Je n'en finirais point, si je voulais dire tout ce que le sujet m'inspire ; il se présente à mon esprit une si grande foule d'idées que je m'y perds. Je suis comme eux, l'abondance me rend pauvre ». Voilà ce que je voulais dire contre l'avarice, ce ver rongeur de l'âme, ce chancre de l'esprit.

---

1. Nous avons repris, pour la traduction de ce passage en vers rimés, la traduction proposée par Bridel (Londres, 1793).

XIV

1. Ce qu'est le luxe, et le mal qu'il fait dans le monde. Il est ennemi de la Croix du Christ. **2.** *Du luxe de la table : combien il est à l'opposé de la vie du Christ, et contraire aux Écritures.* **3.** *Le mal fait au corps, aussi bien qu'à l'âme.* **4.** *Du luxe dans les vêtements et les divertissements ; le péché a introduit le premier vêtement ; les hommes ne devraient point s'enorgueillir des emblèmes de leur infortune.* **5.** *Les récréations du siècle sont les ennemies de la vertu : elles sont le produit de la dépravation de l'homme.* **6.** *L'usage des vêtements peut se justifier ; mais leur abus est blâmable.* **7.** *La principale récréation des hommes justes de jadis était de servir Dieu, et de faire du bien à leurs semblables ; de suivre une vocation honnête, et non de courir après des divertissements et des passe-temps vains.* **8.** *Les païens réfléchissaient et agissaient mieux : les Infidèles ont surpassé les Chrétiens en sobriété.* **9.** *Le luxe est condamné dans la parabole du riche.* **10.** *La doctrine de l'Écriture condamne expressément la vie voluptueuse.*

*

1. J'en viens maintenant à l'autre extrême, à savoir le luxe, qui consiste en une tendance excessive du Moi à se donner des aises et des plaisirs. C'est la dernière grande impiété que j'attaquerai dans ce discours sur la Sainte Croix du Christ : en vérité, il appartient à sa puissance et à sa vertu de la mortifier. C'est une maladie aussi épidémique que mortelle : elle gagne tous les états et toutes les classes de la société. Car souvent les pauvres outrepassent leurs possibilités en satisfaisant leurs appétits ; et les riches se complaisent fréquemment dans ces choses qui satisfont les désirs de l'œil et de la chair, et l'orgueil de la vie : ils ont aussi peu d'égards pour la discipline sévère de Jésus, qu'ils appellent leur Sauveur, que si le luxe, et non la Croix, était

le chemin du ciel qu'il leur a été ordonné de suivre. Que mangerons-nous, que boirons-nous, et que porterons-nous ? Ce qui constituait jadis l'occupation des païens voluptueux, est maintenant la pratique, et, ce qui est bien pire, le souci de ceux qui se prétendent Chrétiens. Que ces Chrétiens rougissent, qu'ils se repentent ; qu'ils se souviennent que Jésus n'a pas reproché ces choses aux païens pour les permettre à ses disciples. Ceux qui veulent posséder le Christ doivent s'assurer auparavant qu'ils sont vraiment à lui : ils doivent être d'un même esprit que lui, ils doivent vivre dans la tempérance et la modération, en sachant que le Seigneur est proche. Les vêtements somptueux, les riches onguents, les eaux de toilette délicates, un mobilier de grand prix, une cuisine dispendieuse, et des divertissements comme les bals, les masques, les concerts, les spectacles, les romans, etc., qui font les délices et les amusements de ce siècle, n'appartiennent point au chemin saint que Jésus, ses apôtres et ses vrais disciples suivirent pour parvenir à la gloire. Non. « C'est par beaucoup de tribulations, dit un des principaux d'entre eux, « qu'il nous faut entrer dans le royaume de Dieu » (Actes xiv. 22). J'implore très sincèrement les hommes vains et voluptueux entre les mains desquels ce discours pourrait tomber, de peser mûrement les raisons et les exemples qui y sont donnés contre leur mode de vie. Si par bonheur ils pouvaient voir combien il est éloigné du vrai Christianisme, et combien il est dangereux pour leur paix éternelle ! Que le Dieu tout-puissant, par Sa grâce, veuille bien ouvrir leurs cœurs à son enseignement, et répandre sur leurs âmes son tendre amour, pour qu'ils puissent être submergés par le repentir et par l'amour de la sainte voie de la croix de Jésus, le bienheureux Sauveur des hommes. Car ils ne peuvent croire qu'Il puisse leur faire du bien, tant qu'ils refusent de renoncer à leurs péchés pour l'amour de Celui qui a renoncé à sa vie pour l'amour d'eux ; ou qu'Il leur donnera une place au ciel, eux qui Lui refusent une place dans leurs cœurs sur la terre. Mais examinons le luxe sous ses différents aspects.

2. Il y a beaucoup de sortes de luxe. La première, que Jésus, le modèle du renoncement à Soi, nous interdit, est la gloutonnerie : « Ne vous inquiétez donc point, et ne dites pas : « Que mangerons-nous ? que boirons-nous ? » — Car toutes ces choses, ce sont les Gentils qui les recherchent. » (Matthieu vi. 31, 32). C'est-à-dire les non-circoncis, les païens, ceux qui vivent sans le vrai Dieu, et dont le soin est de satisfaire leur appétit, plutôt que de chercher Dieu et son royaume. Vous ne devez point agir ainsi, mais « cherchez premièrement le royaume de Dieu, et la justice de Dieu ; et toutes ces choses vous seront données par-dessus » (Matthieu vi. 33). Ce qui vous convient viendra, mais que chaque chose vienne en son temps et lieu.

C'est là une réprimande sévère pour ceux qui s'adonnent au luxe dans le boire et le manger, et qui sont entièrement occupés du soin de leur palais, s'interrogeant : « Que mangerons-nous, et que boirons-nous ? » ; qui, ne sachant que désirer pour le repas suivant, tiennent en leur service un domestique pour inventer de nouveaux mets et un cuisinier pour préparer, déguiser les viandes, et les rendre si méconnaissables que l'œil s'y trompe et qu'on les prenne pour des chères nouvelles ou inconnues ; et tout cela pour réveiller l'appétit, ou exciter l'admiration. Assurément, à force de recherche et d'argent, leur table offre une grande variété ; la sauce coûte parfois plus cher que la viande ; car ils sont toujours si rassasiés que, sans cela, ils n'auraient guère d'appétit ; j'appelle cela forcer l'estomac, plutôt que le satisfaire. Et, comme ils mangent, ils boivent : rarement par soif, mais par plaisir, pour flatter leur palais. A cette fin, ils ont diverses sortes de liqueurs, et ils veulent goûter de toutes : une seule, aussi bonne qu'elle soit, est fade et insipide ; la variété est plus savoureuse que la meilleure sorte ; en conséquence, le monde entier suffit à peine pour fournir leur cave. Encore s'ils se contentaient d'un peu de chaque sorte, leur goût de la variété pourrait passer pour de la curiosité, plutôt que pour du luxe. Mais ce qu'un homme modéré boirait comme un cordial, ils le boivent à pleins verres, jusqu'à ce que l'excès trouble leur raison et qu'ils deviennent dangereux, sinon pour les autres, du moins pour eux-mêmes, car ils ne sont alors plus capables de se reconnaître : ils tombent, en effet, dans un état de brutalité telle qu'ils boivent au point de ne plus se connaître. C'est là la convoitise de la chair, qui ne procède pas du Père, mais du monde ; car après cela vient la musique et la danse, et la joie, et le rire, c'est-à-dire la folie (Ecclésiaste ii. 2) ; afin de pouvoir, dans le bruit d'un plaisir, noyer l'iniquité d'un autre, de peur que la voix de leur conscience ne se fasse entendre trop clairement à eux. Voilà la manière dont vivent les hommes voluptueux : ils oublient Dieu, et ne tournent point leurs regards sur les affligés. Oh, si les fils et les filles des hommes voulaient bien considérer leur folie et leur iniquité lorsqu'ils se comportent ainsi ! Comme ils répondent mal à la bonté de Dieu par l'usage et l'abus qu'ils font de l'abondance qu'Il leur accorde ! Comme ils sont cruels envers ses créatures, comme ils sont prodigues de leur propre vie et de leur vertu, comme ils s'en montrent peu reconnaissants ! Ils oublient Celui qui leur donne tout, ils abusent de Ses dons, ils méprisent Ses conseils, ils rejettent loin derrière eux Son enseignement ! Ils perdent toute tendresse et ils oublient leurs devoirs, car ils sont submergés par leurs plaisirs et entassent excès sur excès. Dieu a reproché ce péché aux Juifs, par la bouche du prophète Amos : « Vous croyez éloigné le jour du malheur, et vous faites approcher le règne de la violence ; ils reposent sur des lits d'ivoire, ils sont mollement étendus sur leurs couches ; ils mangent les agneaux du troupeau, et les veaux mis à l'engrais. Ils extravaguent au son du luth, ils se croient habiles comme David sur les instruments de musique. Ils boivent le vin dans de larges coupes, ils s'oignent avec la meilleure huile, et ils ne s'attristent pas sur la ruine de Joseph » (Amos vi. 3-6). Voilà, semble-t-il, quels étaient les vices des Juifs dégénérés, en dépit de toutes leurs professions de religiosité. Mais ces vices ne sont-ils pas ceux des Chrétiens d'aujourd'hui ? Si, et ce qui est reproché aux Juifs forme le principal type de luxe que j'attaque dans ce discours. Rappelle-toi que le mauvais riche, malgré sa table somptueuse, alla en enfer ; rappelle-toi aussi que l'apôtre annonce de grand maux à ceux « qui ont pour Dieu leur ventre, car ils mettent leur gloire dans ce qui fait leur honte » (Philippiens iii. 19).

Le Christ regarde ces choses comme appartenant aux cours des rois de la terre, et non à ses royaumes. Il les juge inconvenantes pour ses disciples ; c'est pourquoi le repas qu'Il donna à la multitude, et qui était un de ses miracles, fut simple et sans apprêt. Il leur donna suffisamment, mais rien de rare ou qui relevât de l'art culinaire ; et ils mangèrent de bon appétit, car ils avaient faim, et c'est, en vérité, le meilleur moment, et le plus approprié, pour manger. De même, l'apôtre, dans les conseils qu'il donne à son bien-aimé Timothée, rabaisse ceux qui aiment l'abondance du monde. Il lui recommande la piété et le contentement comme principales sources de gain, et il ajoute : « si donc nous avons la nourriture et le vêtement, cela nous suffira » (I Timothée vi. 6, 8). Vois quelle était la vie frugale, et pourtant très sereine, de ces pèlerins, de ces fils du ciel, la race immortelle du grand pouvoir de Dieu. Ils jeûnaient souvent, ils étaient souvent au milieu des dangers, et ils mangeaient ce qu'on leur servait. Et ils apprenaient à se satisfaire des conditions dans lesquelles ils se trouvaient. Ô hommes malheureux ! Ô esprits bienheureux ! Que mon âme habite avec les vôtres pour toujours !

3. Mais le luxe, par les maladies qu'il engendre et entretient, constitue un fléau pour le genre humain ; car, outre le mal qu'il fait aux âmes des hommes, il mine la santé, abrège la vie, en ne donnant au corps qu'une mauvaise nourriture, qui y laisse et y nourrit des humeurs corrompues, si bien que le corps devient pléthorique et malsain, paresseux et scorbutique, incapable d'aucun exercice et encore plus d'aucun travail honnête. L'esprit se trouvant ainsi chargé de mauvaise chair, et l'âme efféminée, l'homme devient inactif, et par conséquent inutile à la société ; car, de même qu'il entraîne les maladies, le luxe entraîne l'oisiveté. Ses adeptes sont des fardeaux pour tous : ils dévorent les bonnes choses, n'aiment qu'eux-mêmes, et ainsi oublient Dieu. Mais la fin, triste, et pourtant juste, de ceux qui oublient Dieu, est d'être mis en enfer (Psaumes ix. 17).

4. Mais il y a un autre type de luxe, qui est très répandu chez les hommes et les femmes vains : c'est la magnificence du vêtement. C'est une des plus grandes folies dans lesquelles on puisse tomber, car c'est l'une des plus coûteuses, des plus vaines, et des moins profitables.

5. Il en va de même des récréations, comme on les appelle, car elles sont d'une espèce proche. Dieu avait créé, en l'homme, une créature noble, raisonnable et grave ; son plaisir consistait à faire son devoir, et son devoir consistait à obéir à Dieu, c'est-à-dire à l'aimer, à le craindre, à l'adorer, et à le servir : et à faire usage des choses créées avec une vraie tempérance et une sainte modération, en sachant que le Seigneur, son juge, celui qui devait examiner et récompenser ses œuvres, était proche. En un mot, son bonheur consistait à vivre en communion avec Dieu. Son erreur fut de s'éloigner de cette conduite, et de laisser ses yeux s'égarer à contempler des choses transitoires. Si les divertissements de ce siècle étaient aussi agréables et aussi nécessaires qu'on le prétend, Adam et Eve, qui ne les connurent jamais, auraient donc été bien malheureux. Mais sans leur chute, et si le monde n'avait pas été corrompu par leur folie et leur mauvais exemple, l'homme n'aurait peut-être jamais connu la nécessité ou l'usage de nombre de ces choses. C'est le péché qui a donné naissance à ces choses, de même qu'il a causé la chute. Quand ils eurent péché, ils craignirent la présence du Seigneur, qui faisait leur joie tant qu'ils demeuraient dans l'état d'innocence. Alors leur âme s'égara, chercha d'autres plaisirs, et commença à oublier Dieu. Et c'est ce dont Dieu se plaignit par la suite par la bouche du prophète Amos : « Ils croient éloigné le jour du malheur... Ils mangent les agneaux du troupeau, les veaux mis à l'engrais... Ils boivent le vin dans de larges coupes, ils s'oignent avec la meilleure huile, ils reposent sur des lits d'ivoire, ils extravaguent au son du luth, ils se croient habiles comme David sur les instruments de musique, ils ne s'attristent pas sur la peine et la captivité du pauvre Joseph » (Amos vi. 3-6). Il fut vendu par des méchants, l'innocence fut entièrement bannie, et bientôt la honte devint une habitude, jusqu'à ce qu'enfin le mauvais exemple leur apprît à ne plus rougir de rien. Et en vérité, de nos jours, il n'est pas moins honteux de se rapprocher de l'innocence primitive par une modeste sobriété, qu'il ne fut honteux pour Adam d'avoir perdu cette innocence, et de se voir obligé d'assembler des feuilles de figuier pour couvrir sa nudité. C'est pourquoi c'est en vain que les hommes et les femmes se glorifient de prétendues professions de foi, et flattent leurs misérables âmes de beaux noms de

Christianisme, d'innocence, de bonté, de vertu, et d'autres titres semblables, alors que de telles vanités et de telles folies règnent parmi eux. C'est pourquoi il est de mon devoir de vous déclarer à tous, de la part du Dieu éternel, que vous vous moquez de Celui dont on ne se moque pas et que vous vous abusez (Galates vi. 7). Il faut que vous renonciez à cette intempérance, et que vous vous assuriez de changer, et de vous rapprocher de la pureté primitive, avant de pouvoir prétendre à ce que vous ne faites actuellement qu'usurper. Car seuls ceux qui sont conduits par l'Esprit de Dieu sont fils de Dieu (Romains viii. 14), dont les fruits sont la tempérance et la douceur (Galates v. 23).

6. Mais le monde chrétien, comme il prétend s'appeler, est véritablement à blâmer, parce que la fin même pour laquelle les vêtements ont à l'origine été inventés a été grossièrement pervertie. Lorsque le péché eut dépouillé l'homme de son innocence originelle, les vêtements furent créés, comme il a été dit, uniquement dans le but de cacher la nudité de l'homme : c'est pourquoi les premiers vêtements étaient simples et modestes. Le second but fut de protéger l'homme du froid, aussi donna-t-on aux vêtements une consistance suffisante. Enfin, il fallait distinguer les sexes, aussi les vêtements furent-ils différenciés. De sorte qu'à l'origine, on mit en usage les vêtements par nécessité ; tandis qu'à présent on se vêt par orgueil et par vaine curiosité. Ce qu'on faisait jadis par commodité, on le fait maintenant par vanité et par plaisir. Les vêtements servaient alors à se couvrir ; mais aujourd'hui, c'est ce qui compte le moins : il faut plaire aux yeux par de voyantes superfluités, comme si les vêtements n'étaient faits que pour se parer, pour être vus, plutôt que pour être portés, et pour supporter les autres curiosités qu'on doit y accrocher comme garnitures, sans se soucier s'ils protègent du froid ou s'ils distinguent les deux sexes. Ceux qui les portent ne s'en servent que pour étaler leur impudicité, leur caprice, et leur opulence.

7. Jadis, les divertissements consistaient à servir Dieu, à être juste, à suivre sa vocation, à garder son troupeau, à faire le bien, à exercer son corps d'une manière convenable à la gravité, à la tempérance et à la vertu ; mais maintenant on donne le nom de divertissement à n'importe quelle folie, tant les hommes sont dégénérés de l'état d'Adam, même dans sa désobéissance, tant ils ont acquis d'art et d'assurance dans l'exercice de l'impiété. Oui, leur esprit, par la force de l'habitude, est devenu si insensible à l'incommodité qui accompagne toutes ces folies, que ce qui n'était jadis qu'une nécessité, fait à présent les délices, le plaisir et la récréation de ce siècle. Comme cela est ignoble, ignominieux, et indigne d'une créature raisonnable ! L'homme, qui est doué d'entendement, fait pour contempler l'immortalité, et pour être l'égal (pour ne pas dire le supérieur) des anges, s'occuper d'un peu de poussière et de quelques haillons honteux qui ne sont que des inventions de l'orgueil et du luxe, des babioles si ridicules et si vaines, des amusements si grossiers et si terrestres, qu'une crécelle, une poupée, un cheval de bois, une toupie, sont des choses moins sottes pour un enfant, moins indignes d'occuper ses pensées, que ne le sont de pareilles inventions, qui font l'occupation et le plaisir d'hommes adultes ! C'est la marque d'une grande stupidité que de telles vanités puissent occuper le noble esprit de l'homme, qui est l'image du grand Créateur du ciel et de la terre.

8. Cela apparaissait si clairement à un grand nombre de païens de l'antiquité, qu'ils détestaient de telles vanités, et regardaient l'affectation dans les vêtements et cette variété d'amusements aujourd'hui en vogue et en estime parmi les faux Chrétiens, comme la ruine des bonnes mœurs ; car, disaient-ils, elles détournaient très facilement l'esprit des hommes de la sobriété, elles les encourageaient à l'impudicité, à l'oisiveté, et à la mollesse, et les mettaient au niveau de l'animal mortel : témoins ces hommes célèbres, Anaxagore, Socrate, Platon, Aristide, Caton, Sénèque, Epictète, etc., pour lesquels le véritable honneur et la vraie satisfaction ne sauraient être rien moins que la vertu et l'immortalité. Bien plus, on trouve encore de tels vestiges d'innocence parmi certains Maures et certains Indiens de nos jours, que si un Chrétien (bien que ce serait là un bien étrange Chrétien) lâche quelque mot grossier, il est en usage parmi eux, pour lui en faire comprendre l'impropriété, de lui apporter de l'eau pour se laver la bouche. Une telle vertu et une conduite si raisonnable sont, en vérité, un reproche pour ceux qui professent le Christianisme, et montrent l'étendue de leur folie et de leur intempérance. Ô si les hommes et les femmes avaient la crainte de Dieu devant les yeux, et s'ils étaient assez charitables envers eux-mêmes pour se rappeler d'où ils viennent, ce qu'ils font, et où ils doivent retourner, afin de prendre leur plaisir et leur amusement à des choses plus nobles, plus vertueuses, plus raisonnables et plus célestes ! S'ils pouvaient, une fois, être persuadés de croire à quel point la folie, la vanité, et la conversation auxquelles ils sont le plus accoutumés sont incompatibles avec la vraie noblesse d'une âme raisonnable ; et s'ils voulaient bien se laisser guider par ce juste principe qui gouvernait les païens, de peur qu'au jour du jugement le sort des païens ne soit plus supportable que celui de pareils Chrétiens ! Car si, malgré leurs notions incomplètes et leur connaissance imparfaite des choses, ils ont été capables de découvrir tant de vanité, si leur petite portion de lumière l'a condamnée et qu'en conséquence, par obéissance à cette lumière, ils y ont renoncé, ne convient-il pas aux Chrétiens, à fortiori, d'y renoncer ?

9. En outre, ces choses, que je viens de condamner, n'ont jamais constitué la conversation ni la pratique quotidienne des saints hommes et des saintes femmes de l'ancien temps, dont les Écritures nous recommandent d'imiter le saint exemple. Abraham, Isaac et Jacob étaient des hommes simples, et des seigneurs de leur famille et de leur troupeau, selon l'usage des bergers. Ils s'inquiétaient peu des vanités dont les hommes de cette génération font tant de cas, car ils plaisaient à Dieu par leur foi. Le premier quitta la maison de son père, ses parents et son pays : il fut le symbole ou la figure véritable de ce renoncement que doivent pratiquer tous ceux qui veulent avoir Abraham pour père. Ils ne doivent point penser à vivre au milieu de ces plaisirs, de ces modes et de ces coutumes auxquels il leur faudra renoncer ; ils doivent tout abandonner, dans l'espoir de la

récompense ultime et d'une patrie meilleure, c'est-à-dire éternelle et céleste (Hébreux xi. 26, 16; II Corinthiens v. 6). Les prophètes étaient d'ordinaire de pauvres travailleurs : l'un était berger, l'autre bouvier, etc. Ils criaient souvent aux Juifs impudiques et repus de se repentir, de craindre et de redouter le Dieu vivant, de renoncer aux péchés et aux vanités dans lesquels ils vivaient. Mais jamais ils ne voulurent les imiter. Jean-Baptiste, le messager du Seigneur, prêchait au monde la venue du Christ vêtu d'un manteau de chameau, vêtement simple et grossier (Matthieu iii. 4). Et il est difficile de croire que Jésus-Christ lui-même était mieux vêtu, Lui qui, selon la chair, était de basse extraction, et qui vivait de la manière la plus simple ; au point que l'on avait coutume de dire par dérision : « N'est-ce pas Jésus, le charpentier, fils de Marie ? » (Matthieu xiii. 55 ; Marc vi. 3). Et ce même Jésus dit à ses disciples que « ceux qui portent des habits magnifiques, et qui vivent dans les délices, sont dans les maisons des rois » (Luc vii. 25), ce qui veut dire que Lui et ses disciples ne doivent point rechercher ces sortes de choses. Aussi il semble qu'il nous fasse connaître par là la grande différence qu'il y avait entre ceux qui aimaient les modes et les coutumes du monde, et ceux qu'Il avait choisis et enlevés au monde. Et Il ne s'est pas contenté de venir lui-même sous une apparence basse et méprisable, pour détruire l'orgueil de toute chair ; mais Il a donné à ses disciples l'exemple de la vie de renoncement qu'il leur fallait mener, s'ils voulaient être ses vrais disciples. Bien plus, Il leur a également laissé une parabole à ce sujet, afin qu'ils en soient encore plus convaincus, et qu'ils voient combien une vie pompeuse et mondaine est incompatible avec le royaume qu'Il est venu établir et à la possession duquel Il est venu inviter les hommes. Cette parabole est l'histoire édifiante de Dives, qui est représenté tout d'abord comme un homme riche (Luc xvi. 19-31), ensuite comme un homme voluptueux, richement vêtu, tenant bonne table, possédant des chiens, et enfin comme un homme sans charité, plus occupé de satisfaire la convoitise des yeux, la convoitise de la chair, et l'orgueil de la vie, et de vivre dans la magnificence chaque jour, que de prendre pitié du pauvre Lazare qui se tenait à sa porte. En vérité, ses chiens avaient plus d'humanité et de compassion que lui. Mais quel fut le sort de cet homme heureux, de cet homme grand et riche ? L'Écriture nous dit que ce fut un tourment sans fin, tandis que le sort de Lazare fut une joie éternelle avec Abraham, Isaac et Jacob, dans le royaume de Dieu. En bref, Lazare était un homme juste, et Dives un grand de ce monde : l'un était pauvre et pratiquait la tempérance, l'autre était riche et s'adonnait à ses plaisirs. Il n'y en a que trop de cette espèce-là de nos jours : et ce serait une bonne chose si la condamnation de Dives pouvait leur inspirer le repentir.

10. Les douze apôtres, les messagers immédiats du Seigneur Jésus-Christ, n'étaient, eux aussi, que des hommes pauvres : l'un était pêcheur, l'autre fabricant de tentes, et celui qui avait la profession la plus élevée (mais peut-être pas la plus honnête), était péager (Matthieu iv. 18 ; ix. 9 ; Actes xviii. 3). De sorte qu'il est très peu probable qu'aucun d'entre eux suivît les modes du monde ; ils en étaient, en fait, si éloignés que, ainsi qu'il sied aux disciples du Christ (I Corinthiens iv. 9-14), ils embrassaient une vie de pauvreté, d'affliction et de renoncement, ordonnant aux Églises de marcher selon le modèle qu'elles trouvaient en eux (Philippiens iii. 17 ; I Pierre ii. 21). Pour conclure ce sujet, voilà comment ils décrivirent les saintes femmes des premiers temps, les donnant comme modèles de la sainte tempérance (I Pierre iii. 3, 4) : elles ne faisaient aucunement usage de parures d'or ou d'argent, de cheveux tressés, de beaux vêtements, ni d'autres choses semblables ; leur ornement était un esprit doux et paisible, et la parure intérieure et cachée dans le cœur, qui est d'un grand prix devant Dieu. Assurant que celles qui vivent dans les plaisirs sont mortes, quoique vivantes (Timothée v. 6) : car les soucis et les plaisirs de cette vie étouffent et détruisent la semence du royaume de Dieu (Luc viii. 14), et empêchent tout progrès dans la vie cachée et divine. Aussi découvrons-nous que les saints hommes et saintes femmes des premiers temps[1] n'étaient point accoutumés à ces plaisirs et à ces vaines récréations.

1. Il s'agit, non des premiers temps de l'humanité, mais des premiers temps du christianisme.

Leurs âmes étaient tournées vers les choses d'en-haut, et ils cherchaient un autre royaume, fait de justice et de joie dans le Saint-Esprit ; ayant obtenu un bon témoignage, ils sont entrés dans le repos éternel, c'est pourquoi leurs œuvres les suivent et les louent aux portes (Romains xiv. 17 ; Hébreux xi. 2 ; iv. 9 ; Apocalypse xiv. 13).

XV

1. Les jugements de Dieu annoncés aux Juifs, en raison de leurs excès de luxe, sans exception de rang. 2. Le Christ enjoint à ses disciples de se garder de ce péché : exhortation aux habitants de l'Angleterre. 3. La tempérance recommandée aux Églises par les apôtres. 4. L'Angleterre exhortée à se juger par rapport à cette règle. 5. Quelles sont les récréations d'un Chrétien. 6. Ceux qui ont besoin d'autres amusements pour passer le temps sont indignes du ciel et de l'éternité. 7. L'homme n'a que peu de jours à vivre : il pourrait mieux les employer ; cette doctrine ne peut être désagréable à ceux qui désirent le vrai bonheur. 8. Non seulement une vie de luxe nous empêche de faire le bien, mais elle nous entraîne au mal : elle rompt les liens de l'amour légitime et du mariage, ruine la santé, dilapide les biens, etc. Le théâtre et les spectacles sont en cela des instruments des plus pernicieux. 9. Ils inspirent la vanité aux jeunes gens : méfaits produits par les fêtes nocturnes, le jeu, etc. Pareille vie est au-dessous de celle des illustres païens. 10. Les vrais disciples de Jésus se mortifient en s'abstenant de ces choses : plaisir et récompense d'un bon emploi du temps.

*

1. Non seulement un tel excès de parure et de plaisir est défendu par l'Écriture, mais il fait l'objet de reproches terribles adressés par le prophète Esaïe au peuple d'Israël : « L'Éternel dit aussi : Parce que les filles de Sion sont orgueilleuses, et qu'elles marchent le cou tendu et les regards effrontés, parce qu'elles vont à petits pas, et qu'elles font résonner les boucles de leurs pieds, le Seigneur rendra chauve le sommet de la tête des filles de Sion, l'Éternel découvrira leur nudité. En ce jour, le Seigneur ôtera les boucles qui servent d'ornement à leurs pieds, et les filets et les croissants ; les pendants d'oreilles, les bracelets et les voiles ; les diadèmes,

les chaînettes des pieds et les ceintures, les boîtes de senteur et les amulettes ; les bagues et les anneaux du nez ; les vêtements précieux et les larges tuniques, les manteaux et les gibecières ; les miroirs et les chemises fines, les turbans et les surtouts légers. Au lieu de parfum, il y aura de l'infection ; au lieu de ceinture, une corde ; au lieu de cheveux bouclés, une tête chauve ; au lieu de large manteau, un sac étroit ; une marque flétrissante, au lieu de beauté. Tes hommes tomberont sous le glaive, et tes héros dans le combat. Les portes de Sion gémiront et seront dans le deuil ; dépouillée, elle s'assiéra par terre » (Esaïe iii. 16-26). Voilà, ô vains et insensés habitants de l'Angleterre et de l'Europe, quelle est votre folie et quelle sera votre condamnation ! [1] Lisez encore la vision du prophète Ezéchiel concernant la malheureuse ville de Tyr et le châtiment que son orgueil et son luxe lui attirèrent. Entre autres circonstances, je mentionnerai celles-ci : « Ils trafiquaient avec toi en toutes sortes de marchandises, en manteaux teints en bleu, en broderies, en riches étoffes contenues dans des coffres, en émeraudes, en pourpre, en fin linon, en corail et en agathe, en épices, en toutes sortes de pierres précieuses, en or, en chevaux, en chariots, etc. ». Et pour tout cela, voilà quelle fut sa condamnation : « Tes richesses et tes foires, tes marchandises et toute la multitude qui est au milieu de toi, tomberont dans le cœur des mers, au jour de ta chute... Tous les habitants des îles sont dans la stupeur à cause de toi ; les marchands parmi les peuples sifflent sur toi ; tu inspireras la terreur, et tu ne seras plus à jamais » (Ezéchiel xxvii.). Voilà de quelle manière Dieu déclara sa colère contre le luxe de ce monde débauché. Le prophète Sophonie va encore plus loin, lorsqu'il dit : « Au jour du sacrifice de l'Éternel, je châtierai les princes et les fils du roi, et tous ceux qui portent des vêtements étrangers » (Sophonie i. 8). Il apparaît par là combien il était dangereux, dans ce temps-là, pour les grands, de se permettre de suivre les vaines coutumes des autres nations, ou de pervertir la fin habituelle des vêtements, pour gratifier une curiosité imbécile.

---

1. Note de l'auteur : Les modes, les parures, et la vanité de ce siècle sont tout aussi dignes d'exciter la colère de Dieu, qui menace l'Angleterre et l'Europe, et est prête à s'exécuter sur leurs habitants rebelles.

2. Notre Seigneur Jésus-Christ enjoignait expressément à ses disciples de ne point s'inquiéter de ces choses, leur donnant à entendre que ceux qui s'en inquiétaient ne pouvaient être ses disciples. Car, leur dit-il : « Ne vous inquiétez donc point, et ne dites pas : 'Que mangerons-nous ? que boirons-nous ? de quoi serons-nous vêtus ?' Car toutes ces choses, ce sont les païens qui les recherchent. Votre Père céleste sait que vous en avez besoin. Cherchez premièrement le royaume et la justice de Dieu ; et toutes ces choses vous seront données par-dessus » (Matthieu vi. 31-33). Sous les noms de manger, de boire, et de vêtements, Il comprend toutes les choses extérieures sans exception ; cela apparaît clairement, du fait que non seulement Il leur interdit les choses qui sont opposées au royaume de Dieu et à sa justice, (qui sont des choses invisibles et célestes), mais également Il leur enjoint de ne point s'inquiéter des choses qui sont le plus nécessaires et les plus innocentes de toutes. Or, s'ils ne devaient point se soucier de ces choses, *a fortiori* ils ne devaient pas se soucier d'inventions imbéciles, superstitieuses et vaines, destinées à satisfaire les appétits et les esprits charnels des hommes. Tant il est certain que ceux qui vivent pour ces choses ne sont nullement ses disciples, mais des païens. Et, comme Il le dit dans un autre passage : « Les gens de ce monde, qui ne connaissent point Dieu » (Luc xii. 22-33). Si, donc, la marque qui distingue les disciples de Jésus des disciples du monde est que les uns s'occupent des choses du ciel et du royaume de Dieu, qui « est la justice, la paix et la joie par le Saint Esprit » (Romains xiv. 17), sans se soucier des objets extérieurs, même les plus innocents et les plus nécessaires, tandis que les autres s'occupent de manger, de boire, de se vêtir, et des affaires du monde, des convoitises, des plaisirs, des profits et des honneurs qui lui appartiennent, souffrez, dans l'intérêt de vos âmes, ô habitants de l'Angleterre, que je vous supplie de réfléchir un moment, avec gravité, au soin, à la dépense, au temps et à l'argent, que vous prodiguez pour des choses imbéciles, et même criminelles. Tant vous êtes dégénérés de la simplicité de la vie des premiers Chrétiens. Que d'achats et de ventes, que de commerce et de trafic, que d'écritures et de messages, que de peines et de travail, que de bruit, de hâte, de tumulte et de confusion,

que d'étude, que d'inventions et de duperies, enfin que de banquets, de boissons, de vanité vestimentaire, de divertissements des plus ridicules ! En bref, que d'efforts pour se lever tôt, se coucher tard, et quel mauvais usage d'un temps précieux, pour des choses périssables ! Observez les rues, les boutiques, la bourse, les théâtres, les parcs, les cafés, etc. : ne trouvez-vous pas le monde, ce monde périssable, gravé sur tous les visages ? Ne dites pas en vous-mêmes : « Mais comment, sans cela, les hommes vivraient-ils ? » C'est là une objection commune, quoique frivole. Il y a assez pour tous. Que certains se contentent de moins : peu de choses, simples et décentes, suffisent pour une vie chrétienne. C'est la convoitise, l'orgueil, l'avarice, qui poussent les hommes à de telles folies : si leur esprit s'occupait davantage du royaume de Dieu, ces divertissements périssables n'auraient que peu d'emprise sur leur temps et leurs pensées.

3. Cette doctrine du renoncement fut confirmée par les apôtres, et mise en pratique par leur exemple, comme nous l'avons déjà vu ; et par leurs préceptes, comme nous en avons la preuve dans ces deux passages très remarquables de Paul et de Pierre, où ils nous disent, non seulement ce qu'il faut faire, mais aussi ce qu'il faut éviter, et ce à quoi il faut renoncer : « Je veux aussi que les femmes, vêtues d'une manière décente, avec pudeur et modestie, ne se parent ni de tresses, ni d'or, ni de perles, ni d'habits somptueux, mais qu'elles se parent de bonnes œuvres, comme il convient à des femmes qui font profession de servir Dieu » (I Timothée ii. 9, 10). Ils veulent dire, absolument, que celles qui se parent d'or, d'argent, de perles, d'accoutrements somptueux, et qui tressent leurs cheveux, ne peuvent être en même temps des femmes qui professent la sainteté ; car ils disent que ces choses sont contraires à la modestie, et par conséquent qu'elles sont mauvaises et ne siéent point à des femmes qui professent la sainteté. A cela, l'Apôtre Pierre joint un autre précepte du même genre : « Ayez, non cette parure extérieure, qui consiste dans les cheveux tressés, les ornements d'or, ou les habits qu'on revêt », quoi donc, alors ? « mais la parure intérieure et cachée dans le cœur, la pureté incorruptible d'un esprit doux et paisible, qui est d'un grand prix devant Dieu » (I Pierre iii. 3-5). Et, pour mieux persuader, il ajoute : « Ainsi se paraient autrefois les saintes femmes qui espéraient en Dieu ». Ce qui fait voir, non seulement que les saintes femmes se paraient ainsi, et qu'il convient à celles qui veulent être saintes et qui espèrent en Dieu, de s'orner de la sorte, mais aussi que celles qui faisaient usage de ces ornements défendus (et ceci s'applique aux femmes et aux hommes de toutes les époques, quoi qu'ils puissent dire) n'étaient point saintes, et n'espéraient point en Dieu. De telles femmes sont si loin d'espérer en Dieu que l'Apôtre Paul dit d'elles expressément : « celle qui vit dans les plaisirs est morte à Dieu quoique vivante » (I Timothée v. 6). Et ce même apôtre dit encore que les Chrétiens devraient avoir leur cité dans les cieux, qu'ils devraient fixer leur esprit sur les choses d'en haut (Philippiens iii. 20 ; Colossiens iii. 1-4), et « marcher honnêtement, comme en plein jour, loin des excès et de l'ivrognerie, de la luxure et de l'impudicité, des querelles et des jalousies » (Romains xiii. 13). Il dit encore : « Que l'impudicité, qu'aucune espèce d'impureté, et que la cupidité, ne soient pas même nommées parmi vous ; qu'on n'entende ni paroles déshonnêtes, ni propos insensés, ni plaisanteries, choses qui sont contraires à la bienséance ; qu'on entende plutôt des actions de grâces » (Éphésiens v. 3, 4) ; « Qu'il ne sorte de votre bouche aucune parole mauvaise, mais, s'il y a lieu, quelque bonne parole, qui serve à l'édification et communique une grâce à ceux qui l'entendent » (Éphésiens iv. 29) ; « Mais revêtez-vous du Seigneur Jésus-Christ, et n'ayez pas soin de la chair pour en satisfaire les convoitises » (Romains xiii. 14). Et à nouveau : « N'attristez pas le Saint-Esprit de Dieu » (voulant dire qu'une telle conduite l'attriste) (Ephésiens iv. 30), mais « Devenez donc les imitateurs de Dieu, comme des enfants bien-aimés : prenez donc soin de vous conduire avec circonspection, non comme des insensés, mais comme des sages ; rachetez le temps, car les jours sont mauvais » (Ephésiens v. 1,15).

4. D'après ceci, jugez-vous vous-mêmes, ô habitants de ce pays, qui croyez qu'on vous fait tort lorsqu'on met en doute votre titre de Chrétiens. Voyez quelle partie de votre vie et de votre esprit est conforme à ces préceptes et à ces exemples de sainteté et de renoncement. En vérité, mes amis, mon âme s'afflige pour vous : j'ai été avec vous et parmi vous ; votre vie et vos passe-temps ne me sont point inconnus ; et c'est avec compassion, et avec une pitié indicible, que je déplore votre folie. Ô si vous vouliez bien être sages ! Si vous acceptiez d'entendre le principe juste qui est en vous ! Si l'éternité avait le temps de plaider sa cause auprès de vous ! Pourquoi faut-il que vos lits, vos miroirs, vos vêtements, vos tables, vos amours, vos théâtres, vos parcs, vos festins, vos divertissements, pauvres joies passagères, occupent tant de place dans votre âme, dans votre temps, vos soins, votre bourse, et votre estime ? Recevez, je vous prie, ce conseil, au nom du Dieu vivant, de la part d'un homme qui, comme certains d'entre vous le savent, a eu sa part de ces choses, et, par conséquent, a eu le temps de mesurer combien peu de telles vanités conduisent au bonheur vrai et solide. Non, mes amis, Dieu Tout-Puissant sait, et plût à Dieu que vous acceptiez de me croire et de me suivre, qu'elles conduisent à la honte et l'affliction. Le Très-Saint est fidèle à sa parole, Lui qui a décrété que tout homme et toute femme moissonnera ce qu'il aura semé. Cela ne sera-t-il pas une triste et terrible moisson, que le trouble, l'angoisse, et la perte de toute espérance que vous récolterez pour avoir mal dépensé votre temps et votre substance en choses superflues et en vaines récréations ? Faites donc retraite ; n'éteignez pas le Saint-Esprit qui est en vous ; rachetez votre temps précieux, dont vous avez abusé ; recherchez une conversation qui vous soutienne contre vos mauvaises inclinations. C'est ainsi que vous suivrez les exemples et pratiquerez les préceptes de Jésus-Christ, et de tous ses disciples. Car j'ai maintenant démontré clairement que la manière de vivre en usage parmi vous, habitants de ce pays, n'a jamais été, et ne peut être, une vie vraiment chrétienne.

5. Mais la meilleure récréation est de faire le bien ; et toutes les coutumes chrétiennes tendent à la tempérance et à quelque fin bonne et utile. Ceci peut se faire plus ou moins dans chacune de nos actions (I Pierre i. 15 ; Hébreux

x. 25 ; I Pierre iv. 9-11. Matthieu xxv. 36, 37). Par exemple, si les hommes et les femmes voulaient bien s'appliquer à suivre chacun leur vocation, fréquenter les assemblées religieuses, visiter ceux de leurs voisins qui vivent sobrement, afin de s'édifier, et ceux qui vivent dans le péché, afin de les réformer ; s'ils voulaient bien élever leurs enfants avec soin, et donner un bon exemple à leurs domestiques, soulager ceux qui sont dans le besoin, visiter les malades et les prisonniers, et les soulager dans leurs infirmités et leurs souffrances ; s'ils s'occupaient de mettre la paix entre les voisins ; enfin, s'ils s'appliquaient avec modération à l'étude de quelques arts utiles et louables, comme la navigation, l'arithmétique, la géométrie, l'agriculture, le jardinage, la médecine, ou quelque branche de la mécanique, etc. ; et si les femmes filaient, cousaient, tricotaient, tissaient, jardinaient, faisaient des confitures, et autres occupations honnêtes du ménage, comme c'était la pratique des matrones les plus nobles et les plus éminentes, ainsi que de la jeunesse, chez les païens mêmes ; si elles aidaient les autres, qui ne sont pas assez riches pour entretenir des domestiques, à faire les choses nécessaires dans leur ménage ; enfin, si hommes et femmes se retiraient souvent des affaires du monde, pour jouir du Seigneur, et se livraient à des méditations privées et soutenues sur la vie divine et l'héritage céleste ; car c'est de l'impiété que de manquer à ces occupations et d'en poursuivre d'autres, sous prétexte de récréations. Et rien n'est plus vain que l'objection que font certains, à savoir, qu'ils ne sauraient consacrer tout leur temps à ces choses, et qu'en conséquence ils ne voient pas pourquoi ils ne pourraient s'autoriser les amusements ordinaires. Car, je vous le demande, que cherchent-ils ? que veulent-ils faire ? que désirent-ils ? Ceux qui ont une profession n'ont pas assez de temps pour faire la moitié de ce qui leur a été recommandé. Quant à ceux qui n'ont rien à faire, et qui, en vérité, ne font rien (ce qui, si on excepte le péché, est la pire des choses), ils trouveront, parmi les occupations que je viens de décrire, un grand nombre de passe-temps, et même d'amusements, agréables, utiles et honorables. De telles personnes sont capables de faire leurs délices de passer des journées entières au théâtre, au bal, aux mascarades, au jeu, et..., à boire, à banqueter, à festoyer, et même à faire de la nuit le jour, pervertissant ainsi l'ordre de la création, pour satisfaire leurs passions (Amos vi. 3-8). Et si ce n'est qu'il faut qu'ils mangent et qu'ils dorment, il n'est pas même certain qu'ils trouveraient un instant pour délaisser ces passe-temps vains et criminels avant l'heure où la mort, soudain, les assignerait à comparaître dans l'autre monde. Et cependant, ils trouvent intolérable et quasiment impossible de consacrer autant de temps à un exercice utile ou religieux.

6. Mais comment pensent-ils passer leur éternité ? « Car, si un arbre tombe, il reste à la place où il est tombé » (Ecclésiaste xi. 3). Qu'aucun ne se méprenne et n'abuse son âme immortelle par un rêve agréable, mais des plus faux et des plus pernicieux, que, précisément au moment où leur âme quittera leur corps, ils seront changés par un pouvoir fort et irrésistible. Non, mes amis : « ce que vous aurez semé, vous le moissonnerez aussi » (Galates vi. 4-9). Si vous semez la vanité, la folie, les plaisirs visibles, les joies périssables, vous ne moissonnerez jamais rien d'autre que la corruption, l'affliction et l'angoisse terrible d'un désespoir éternel. Mais hélas ! pourquoi est-il si commun d'entendre crier : « Faut-il que nous pensions toujours à ces choses ? » La raison en est certainement qu'ils ne savent pas quelle paix et quelle joie il y a à parler et à agir, comme en la présence du Dieu très saint : cela dépasse leur vain entendement (Ephésiens iv. 18-20), aveuglé par les gloires et les plaisirs du dieu de ce siècle (II Corinthiens iv. 4). Car leur religion ne consiste qu'en une série de paroles dévotes, marmonnées avec ignorance, comme le feraient des perroquets. En effet, s'ils étaient de ceux dont le cœur s'occupe des choses d'en haut, et dont le trésor est dans le ciel, leurs esprits y habiteraient, et ils y trouveraient constamment leur plus grand plaisir. Et j'ose affirmer que ceux pour qui cela est un fardeau, et qui cherchent à se divertir au moyen de passe-temps comme une comédie, une contre-danse, une farce italienne, un bal, une mascarade, des cartes, des dés, ou autres amusements vains, non seulement n'ont jamais connu l'excellence de Dieu et de sa vérité, mais font voir par là qu'ils ne sont pas faits pour en jouir dans un autre monde. Car comment pourraient-ils faire leurs délices, pendant toute une éternité, d'une satisfaction qui, pour une durée de trente ou quarante ans, leur paraît si ennuyeuse et si désagréable que, pour se divertir l'esprit, il leur faut avoir recours aux bagatelles et aux passe-temps vains de ce monde périssable ? Assurément, ceux qui doivent rendre compte de toute parole vaine (Matthieu xii. 36) ne doivent pas chercher des amusements pour passer un temps qu'il leur est enjoint si diligemment de racheter ; surtout s'ils considèrent que leur tâche ne consiste en rien de moins que d'assurer leur élection et leur vocation céleste (Ephésiens v. 16 ; Philippiens iii. 14 ; II Pierre i. 10 ; Colossiens iv. 5). Ils doivent encore moins s'appliquer à inventer des récréations pour leurs esprits vains et y consacrer la plus grande partie de leurs jours, de leurs mois et de leurs années, n'accordant pas un quart de leur temps à l'intérêt essentiel de leur vie et de leur âme, pour lequel pourtant ce temps leur a été donné.

7. Il n'est vraiment pas besoin de raccourcir, par des amusements imbéciles, un temps qui de lui-même passe si rapidement et qu'il est impossible de rappeler, une fois qu'il est passé. Le théâtre, les parcs, les bals, les festins, les romans, la musique, les madrigaux, et autres divertissements, ne seront qu'autant d'arguments pour justifier la condamnation de ceux qui y prennent tant de goût et de plaisir, lorsqu'il leur faudra subir le juste jugement de Dieu. Ô mes amis ! ces amusements n'ont été inventés que par un esprit qui avait tout d'abord perdu la joie et les délices indicibles de la sainte présence de Dieu. De sorte que je conclurai, premièrement que, ces occupations excellentes dont j'ai déjà fait mention comme étant dignes d'être adoptées par les esprits qui sont enclins à ces sortes de vanités, requièrent suffisamment de temps, non seulement pour occuper leurs heures de loisir, mais deux fois plus qu'ils n'en ont, d'une manière très agréable, récréative, et profitable à la fois pour eux-mêmes et pour les autres, à condition qu'ils s'arrachent à ces bagatelles vaines et inutiles, et qu'ils réfléchissent aux grandes satisfactions et aux récompenses certaines que procurent, dans cette vie et dans l'autre, des actions utiles à tous et l'exemple de la vertu. Je conclurai, en second lieu, que tout ce que je viens de dire ne peut déplaire et être

désagréable qu'à ceux qui ne savent pas ce que c'est que de marcher en Dieu, de se préparer pour la demeure éternelle, d'exercer son esprit à des choses bonnes et célestes, de suivre l'exemple des saints hommes et des saintes femmes des temps anciens et heureux ; qu'à ceux qui ne connaissent pas la doctrine, la vie, la mort et la résurrection du Christ, mais préfèrent fixer leur esprit sur la chair, et se laissent éblouir, tromper, et misérablement ruiner par les attributs de la chair ; qu'à ceux, enfin, qui méprisent le ciel et les joies qu'ils ne voient pas, et qui pourtant sont éternelles, et leur préfèrent quelques babioles périssables, qu'ils voient, et qui pourtant sont destinées à disparaître. Est-il possible de dire que de tels hommes sont baptisés en le Christ, en sa sainte vie, en ses cruelles souffrances, en sa mort honteuse, qu'ils sont ressuscités avec Lui à des désirs immortels, des méditations célestes, une nouvelle vie divine, et qu'ils croissent dans la science des mystères célestes et de toute sainteté, à la mesure de la stature parfaite du Christ, le grand modèle de tous (Romains vi. 3-8 ; I Corinthiens xii. 13 ; Galates iii. 27 ; Colossiens ii. 12, 13 ; Éphésiens iv. 13) ? Est-il possible de dire que de tels hommes approchent des qualités les plus nécessaires à un Chrétien, ou qu'ils les possèdent à quelque degré ? qu'ils répondent à cette question dans le calme de leur conscience, après mûre réflexion.

8. Mais, par ailleurs, ces parures et ces passe-temps, non seulement font voir le caratère très mondain des inclinations des hommes, et leur très grande ignorance des joies divines ; mais la pratique de ces modes (et la fréquentation de ces lieux et de ces divertissements) leur fait non seulement omettre beaucoup de bien, mais ouvre la porte au mal, et leur en fait commettre beaucoup. Premièrement, ils perdent un temps précieux qui, sur leur lit de mort, vaudrait autant que le siècle tout entier ; ils dépensent en vanités leur argent, alors qu'ils pourraient l'employer pour le bien général ; ils prennent plaisir à ce qui devrait faire leur honte ; ils satisfont leur convoitise ; ils éloignent leur esprit des choses célestes, et l'exercent à de pures folies ; ils ne sont acceptés par la société que pour autant que leurs habits soient bien ornés et leur parure à la mode, et l'acceptation des personnes en découle si naturellement (Jacques ii. 1-9) que le nier équivaut à dire que le soleil ne brille pas à midi. Car il est notoire que l'on prodigue les saluts et les révérences, et les titres de Monsieur et de Madame, en proportion de la magnificence des habits de chacun. Ceci est si détestable aux yeux de Dieu, et si absolument défendu dans l'Écriture, que ceux qui le font enfreignent la loi divine, et, par conséquent, encourent les châtiments d'une telle transgression. En outre, de telles pratiques font des brèches énormes dans les patrimoines, conduisent les hommes à négliger leur profession ou leurs obligations, entraînent de jeunes personnes à la ruine, sont causes d'adultères, engendrent des querelles et des haines dans les familles, séparent les maris des femmes, font déshériter les enfants et renvoyer les domestiques. Tandis que l'intempérance des chefs de famille leur fait traiter leurs domestiques comme des esclaves, négliger leurs enfants, mépriser et traiter leurs femmes d'une manière honteuse ; si bien qu'elles finissent par suivre leur mauvais exemple ou bien que, prenant à cœur une injustice si cruelle, elles languissent le reste de leurs jours dans le chagrin et la misère. Mais de toutes ces inventions criminelles, aucune n'est plus pernicieuse et ne conduit plus sûrement à ces fins tristes et misérables, que les théâtres, qui sont autant d'écoles de l'enfer : on n'y présente guère que des bagatelles superficielles et impudiques, sinon franchement obscènes et profanes, dont il est notoire qu'elles ont un mauvais effet sur l'esprit de la plupart des gens qui les fréquentent, et surtout de la jeunesse. C'est ainsi qu'on encourage et qu'on soutient une foule de comédiens oisifs et débauchés, ce qui constitue sans doute la plus grande abomination qu'on puisse imaginer, dans ce genre d'impiétés, comme je le démontre plus loin. En vérité, seul le plaisir excessif que les hommes y prennent les empêche de s'en apercevoir.

9. Un autre mauvais effet, enfin, est que les spectateurs passent et repassent dans leur esprit les différentes aventures dont on les a divertis et dont ils gardent un souvenir agréable, surtout les jeunes, chez qui il est facile d'enflammer les passions et d'animer le tempérament frivole et bouillant ; si bien qu'ils sont peu disposés à des méditations soutenues, graves et célestes. Et quant aux autres amusements ordinaires, tels que les bals, les masques, les festins, les cartes, les dés, etc..., ils sont également l'occasion de produire les mêmes méfaits. Bien plus : combien de querelles, de haines, de meurtres même, quelle perte de biens et de temps précieux, ont été la conséquence immédiate de ces pratiques ! En bref, c'étaient là les coutumes des Gentils, qui ne connaissaient point Dieu, mais ce n'a jamais été la pratique de ceux qui Le craignaient (Éphésiens iv. 17-25) : et même, les plus illustres parmi les païens eux-mêmes, tels Anaxagore, Socrate, Platon, Antisthène, Héraclite, Zénon, Aristide, Caton, Tullien, Épictète, Sénèque, etc..., ont laissé un témoignage de leur dégoût pour ces choses, aussi odieuses que destructrices, non seulement pour l'honneur du Dieu immortel, mais pour toute espèce d'ordre et de gouvernement. Ils les ont dénoncées comme génératrices de relâchement, d'oisiveté, d'ignorance, et de mollesse, qui sont les fléaux et la ruine de tous les États et de tous les empires. La prétendue innocence de ces divertissements fait perdre de vue aux hommes des choses meilleures, par amour pour ceux-ci ; ils s'en font les défenseurs, et aucun argument ne les convaincra du contraire. Mais pourquoi ? Parce que c'est une liberté qui nourrit la chair, et qui satisfait l'œil et le palais concupiscents des pauvres mortels. De sorte qu'ils se croient dans une condition louable, alors qu'ils ne sont pas mieux que des bêtes, qui ne mangent et ne boivent que ce dont leur nature a besoin. Et même ceux-là sont rares, tant les hommes et les femmes de ce siècle ont oublié la modération ; car, ou bien ils croient que leur volonté doit être la seule règle de leurs actions, ou bien que, dès lors qu'ils ne sont pas coupables des plus basses vilenies, ils ont matière à se vanter ; et ils le peuvent, en effet, en un siècle où les actions les plus basses sont permises. Mais assurément, c'est un signe que l'impiété est devenue générale dans un pays, lorsque ne pas se rendre coupable des péchés que les païens eux-mêmes tiennent en abomination, passe pour une marque de vertu, et même de vertu chrétienne, et assure une bonne réputation. Quel mauvais symptôme pour un pays ! Mais n'est-ce pas de l'aveuglement ? Ceux que nous traitons d'infidèles regardent comme infâmes des pratiques que ceux qui s'appellent Chrétiens ne peuvent ou ne veulent pas reconnaître comme telles, mais déguisent sous les beaux noms d'ornements, de décorum, de récréation, et autres termes semblables ! Cependant, mes amis, même s'il n'y avait ni Dieu, ni ciel, ni enfer, ni saints exemples, ni Jésus-Christ, avec sa croix, sa doctrine et sa vie, pour servir de modèles, être charitable envers les pauvres, aider les nécessiteux, faire régner la paix autour de soi, visiter les malades, prendre soin de la veuve et de l'orphelin, et tous les autres bons offices dont j'ai déjà parlé, seraient des occupations plus nobles, et beaucoup plus dignes de votre argent et de vos peines. Car, en vérité, il n'est pas concevable qu'une telle variété de plaisirs charnels puisse aplanir le chemin de la gloire. Car alors la conviction religieuse, un esprit abattu, un cœur brisé, un esprit régénéré (Proverbes xviii. 14 ; Psaumes li. 17 ; Matthieu v. 4 ; Luc vi. 25 ; Romains ii. 7 ; Psaumes xl. 8 ; Romains vii. 22 ; Hébreux xi. 13-16 ; Romains i. 25-30), en un mot, l'immortalité, ne seraient que de pures fictions, comme quelques-uns le disent, et comme d'autres, en conséquence, le croient. Non, ces pratiques doivent être abolies et chassées à jamais de toute société chrétienne. Car j'affirme que, pour celui qui connaît Dieu de l'intérieur, et qui est conscient de sa sainte présence, tous ces amusements signifient la mort ; ils sont, en effet, plus dangereux, plus pernicieux, et plus propres à détourner l'esprit des exercices célestes que ne le sont des impiétés plus choquantes. Car ces dernières sont si frappantes qu'il est impossible de ne pas les voir, si scandaleuses qu'elles sont bientôt découvertes. L'éducation et la modération ordinaire, et, chez beaucoup, la constitution naturelle, apprennent à détester ces fautes grossières ; et, si on les commet, on est puni en proportion de son crime. Tandis que ces plaisirs soi-disant innocents, ces satisfactions dans lesquelles on ne suppose pas de mal, s'introduisent par surprise, et sont d'autant plus destructeurs. Car, ainsi qu'ils se frayent facilement un chemin par les sens, de même, plus ils prétendent à l'innocence, plus ils rassurent l'esprit des hommes et les encouragent à les pratiquer, inconscients de leurs effets pernicieux, au point qu'ils en viennent à oser plaider en leur faveur.

10. Mais, tout comme il est clair que ce n'est point là renoncer au monde (I Jean ii, 15-17), mais, au contraire, employer les vaines inventions des hommes et des femmes charnels pour satisfaire la convoitise des yeux, la convoitise de la chair, et l'orgueil de la vie (toutes choses qui abaissent l'esprit au-dessous du seul vrai plaisir, à savoir le plaisir divin, car il n'en est point d'autre), de même il faut que ceux-là sachent que la vie céleste et les joies chrétiennes sont d'une autre espèce, comme je l'ai déjà dit. Il faut qu'ils sachent que les vrais disciples de notre Seigneur Jésus-Christ doivent se crucifier quant aux objets et aux occupations qui les attirent vers la terre, et que leurs affections doivent s'élever vers une conversation plus sublime et plus spirituelle, afin d'en user avec ce monde, même dans ses jouissances les plus innocentes, comme s'ils n'en usaient point. Mais s'ils prennent plaisir à quelque chose ici-bas, ce devrait être aux bons offices dont j'ai déjà parlé, dont il peut résulter quelque bien pour les autres ; de sorte que Dieu soit honoré au-dessus de toutes les choses visibles, la nation secourue, le gouvernement amélioré, et qu'eux-mêmes deviennent un exemple du bien, et par là méritent d'être heureux dans ce monde, de jouir d'une bonne réputation pour la postérité, et enfin d'être assis à la droite de Dieu, où ils auront de l'allégresse et de la joie pour toujours (Job xxxvi. 7 ; Psaumes v. 12 ; Proverbes x. 7, 11). Or, il n'y a rien de plus honorable, ni de plus certain qu'un tel monde éternel.

XVI

1. Les Chrétiens ne devraient point s'adonner au luxe, parce qu'il est incompatible avec l'esprit du Christianisme. 2. Ce qu'est la coupe à laquelle les vrais disciples du Christ ont bu. 3. Quels sont ceux qui veulent boire à cette coupe ? 4. Réponse à une objection formulée par certains sur la nature du royaume de Dieu, et ce en quoi il consiste. 5. Quel doit être l'état d'esprit des disciples du Christ.

*

1. Mais le luxe que je dénonce dans ce discours ne devrait point être permis aux Chrétiens, parce que l'esprit qui invente, qui y prend plaisir et qui plaide avec tant de force en sa faveur, est incompatible avec le véritable esprit du Christianisme ; et la nature même du Christianisme ne peut l'admettre. Car c'est pour cela que l'immortalité et la vie éternelle ont été révélées, afin que les hommes renoncent à tous les plaisirs inventés de la vie mortelle, dans lesquels le monde vit, et qu'ils les abandonnent. C'est pour cette raison que Dieu ne promet rien de moins que des récompenses immenses et une demeure éternelle, pour encourager les hommes et les femmes à renoncer de leur plein gré à la vanité et aux satisfactions charnelles du monde, et à braver la honte et les souffrances auxquelles ils doivent s'attendre, peut-être, de la part de leurs amis et de leurs parents les plus proches.

Car, si la religion chrétienne avait admis que la jouissance de ce monde pût consister en autre chose que l'usage pur et simple des créatures que Dieu a réellement destinées aux besoins et à la commodité de la création tout entière, par exemple, si elle permettait tout cet orgueil, cette vanité, cette curiosité, cette pompe, ce changement de parures, ces honneurs, ces dignités, ces modes, et les récréations ordinaires du monde, qui incluent tout ce qui peut satisfaire et ravir les sens, alors, quel besoin y aurait-il de porter sa croix chaque jour, de mener une vie de renoncement, de rechercher le salut avec crainte et tremblement, de chercher les choses d'en haut, d'avoir son cœur et son trésor au ciel ? Quel besoin y aurait-il de s'abstenir de paroles vaines, de plaisanteries inutiles, et de craindre et de méditer tout le jour, de subir les reproches, le mépris, les coups, les moqueries amères, et une mort cruelle ? A quoi serviraient toutes ces choses ? Et pourquoi seraient-elles nécessaires pour gagner cette glorieuse immortalité et cette couronne immortelle, si la vanité, l'orgueil, la prodigalité, la paresse, la concupiscence, l'envie, la malice, enfin tout ce qui fait la vie de ceux qu'on appelle Chrétiens, étaient permis par la religion chrétienne ? Il y aurait là une contradiction. Mais comme notre Seigneur Jésus-Christ savait bien à quels futiles objets, à quels vains plaisirs, et à quelles impiétés plus graves s'attachait l'esprit des hommes et des femmes, et combien ils s'étaient éloignés du principe céleste de vie, pour tomber dans une quête illégitime et effrénée des joies de ce monde périssable, inventant même tous les jours de nouveaux moyens de satisfaire leurs appétits charnels ; aussi a-t-il également prévu la difficulté que tous auraient à abandonner ces plaisirs et à y renoncer, lorsqu'il le leur demanderait, et combien ils auraient de répugnance à les quitter et à s'en sevrer. C'est pourquoi, pour les y engager, Il ne leur a pas parlé le langage de la loi ; Il ne leur a point promis un Canaan terrestre, de grandes dignités, une descendance nombreuse, une longue vie, ni d'autres choses semblables. Il leur promet plutôt le contraire, ou, du moins, Il leur dit de prendre ces choses comme elles viendront. Mais Il leur parle sur un ton plus élevé : Il leur promet un royaume et une couronne qui sont immortels, que ni le temps, ni les cruautés, ni la mort, ni le tombeau, ni l'enfer, avec tous ses instruments, ne pourront jamais soustraire ou ôter à ceux qui croiront en lui et qui Lui obéiront. Il leur promet encore qu'ils seront reçus dans cette alliance intime d'amitié, dans cette parenté étroite et divine des frères chrétiens, qui les rendra cohéritiers avec Lui de toute félicité céleste et d'une glorieuse immortalité. C'est pourquoi, si l'on se rappelle que ceux qui n'entendaient point Moïse devaient mourir, à plus forte raison doivent mourir ceux qui refusent d'entendre et de pratiquer les préceptes de Celui qui promet des récompenses immenses et éternelles à ceux qui Le cherchent avec diligence et qui Le suivent.

2. C'est pourquoi Il a voulu, par son propre exemple, nous donner un avant-goût de cette coupe à laquelle ses disciples doivent s'attendre à boire à grands traits, à savoir, la coupe du renoncement, des épreuves cruelles, et des afflictions les plus amères. Il est venu nous ouvrir le chemin du repos éternel, non point au moyen de l'or, de l'argent, des rubans, des dentelles, des gravures, des parfums, de vêtements somptueux, d'ornements recherchés, de parures assorties, de riches joyaux, de divertissements agréables, de comédies, de festins, de bals, de masques, de fêtes nocturnes, de romans, de madrigaux, et autres passe-temps du monde. Non, hélas ! Le chemin qu'il nous a tracé est de renoncer à toutes ces sortes de jouissances, et même, quelquefois, à des plaisirs plus légitimes, et de souffrir sans regret la perte de tout, et aussi les reproches, l'ignominie, et les persécutions les plus cruelles de la part des impies. Il ne se serait pas privé de cette variété des plaisirs mondains, s'ils eussent été compatibles avec la nature de son royaume. Car Il fut tenté, tout comme le sont ses disciples, par l'offre de toutes les richesses du monde. Mais Il commanda de chercher un autre royaume, et d'amasser dans le ciel des trésors qui ne s'altèrent point ; et, en conséquence, Il leur enjoignit de ne jamais s'inquiéter de ce qu'ils mangeraient, de ce qu'ils boiraient, ou de ce dont ils seraient vêtus, « parce que », dit-Il, « toutes ces choses, ce sont les païens », qui ne connaissent point Dieu, « qui les recherchent » (Matthieu vi. 19-33), (ainsi que les chrétiens qui prétendent Le connaître), « et, si nous avons la nourriture et le vêtement, cela nous suffira » (I Timothée vi. 6-11). Celui, dis-je, qui enseignait cette doctrine et qui donnait cet exemple saint et céleste, oui, le Seigneur Jésus-Christ lui-même, ordonna à ceux qui voulaient être ses disciples de prendre la même croix, et de Le suivre (Luc xiv. 26, 27, 33).

3. Quels sont ceux qui veulent Le suivre, et qui veulent être de vrais Chrétiens ? Il ne nous faut point songer à prendre une autre route, ni à boire d'une autre coupe, que celle que le Prince de notre salut a choisie avant nous (Hébreux ii. 10). Non, car c'est là précisément la question qu'Il a posée à Jacques et à Jean, fils de Zébédée, lorsqu'ils demandèrent à être assis, l'un à sa droite, et l'autre à sa gauche, dans son royaume : « Pouvez-vous boire la coupe que je dois boire, et être baptisés du baptême dont je dois être baptisé ? » (Matthieu xx. 22) Sans cela, point de disciples, point de Chrétiens. Quiconque veut venir au Christ et être un bon Chrétien doit abandonner de bon gré tous les plaisirs qui pourraient accaparer les affections de son esprit et les détourner du divin principe de vie ; il doit faire divorce avec toutes les vanités qui lui sont chères. Or, tout ce qui existe sous le soleil de Justice, en comparaison avec Lui, fait partie de ces vanités.

4. Objection 1. Mais certains prétendent trouver une excuse à leur concupiscence dans l'Écriture, quoiqu'il s'agisse là, de toute évidence, d'une interprétation abusive. Ils sont prêts à objecter que le royaume de Dieu ne consiste pas en viandes, ou en boissons, ou encore en vêtements. Je leur répondrai que cela est vrai, et que c'est la raison pour laquelle nous nous en écartons. Mais assurément vous êtes les personnes les moins bien placées pour nous faire cette objection, vous qui estimez ces choses si nécessaires à la vie que vous nous reprochez violemment de ne point nous y conformer. Est-ce là une attitude bien chrétienne, cela ressemble-t-il à la justice, à la paix et à la joie qui règnent dans le royaume céleste ? : j'en laisse juge le principe de justice qui existe dans votre conscience. Notre vie est fondée sur la tempérance ; or, la tempérance est fondée sur la justice ; et c'est ainsi que nous avons obtenu ce royaume dans lequel votre laxisme et vos excès n'ont point de part et point de place. Si seuls, donc, peuvent être de vrais disciples ceux qui se résolvent à porter chaque jour leur croix, et qui suivent l'exemple de notre Seigneur Jésus-Christ (Philippiens iii. 10 ; I Pierre iv. 13 ; Tite ii. 11-13 ; Jean i. 9 ; Romains vi. 6 ; Galates ii. 20 ; v. 24 ; vi. 4), dans son baptême,

dans ses afflictions, et dans ses tentations ; et si seuls sont baptisés avec Lui ceux dont l'esprit s'est retiré des vanités au milieu desquelles le monde vit habituellement, qui se sont soumis à la sainte lumière et à la divine grâce, par laquelle ils ont été illuminés d'en haut, et qui, en conséquence, s'entraînant chaque jour à crucifier toute affection contraire, et à mettre en lumière l'immortalité. Si, donc, seuls ceux que je viens de décrire sont de vrais disciples, et, très certainement, nos objecteurs n'en sont pas, alors, que les hommes de ce siècle réfléchissent sur eux-mêmes calmement, et ils concluront que quiconque vit et se plaît dans ces vaines coutumes et cette vie si peu conforme à celle du Christ, ne peut être un vrai Chrétien, ni un disciple de Jésus crucifié. Car autrement, serait-ce réellement une croix, et la vie chrétienne entraînerait-elle des difficultés et des reproches ? Non, le scandale de la croix, qui est « la puissance de Dieu pour ceux qui croient » (Galates v. 11 ; I Corinthiens i. 18), disparaîtrait bientôt : toute concupiscence et toute vanité serait vaincue, et la créature dans l'homme serait réduite à une sainte sujétion d'esprit à la volonté céleste de son Créateur. Et c'est pour cela qu'on a dit que Jésus-Christ a été, et est, manifesté, afin de confondre, par sa vie sainte et sa doctrine de renoncement, et par l'immortalité qu'Il a mise, et qu'il met chaque jour, en lumière, la gloire de leur repos et de leurs plaisirs éphémères (I Corinthiens i. 27-29) ; afin que leurs esprits, sevrés de ces plaisirs, et crucifiés, cherchent un autre royaume, et obtiennent un héritage éternel : car « les choses visibles sont passagères » (II Corinthiens iv. 18), et il fallait que ces hommes fussent rachetés, de même que tous les Chrétiens doivent être rachetés, du malheur de s'y fixer ; tandis que les choses invisibles sont éternelles, et il fallait qu'ils y fussent conduits, comme tous doivent y être conduits, et qu'ils en fassent le principal objet de leurs affections.

5. C'est pourquoi l'esprit d'un vrai disciple de notre Seigneur Jésus-Christ doit être si occupé des choses célestes qu'il doit faire usage des choses de ce monde comme si elles n'existaient pas ; de sorte que, pourvu qu'il ait ce qui lui est nécessaire et convenable, il s'en contente, sans se

soucier du superflu de ce monde (I Timothée vi. 8). Ainsi, le plaisir que, dans les temps d'ignorance, on prenait aux coutumes et aux modes du monde, sera désormais remplacé par le plaisir bien plus grand de la vie cachée et céleste de Jésus : car, à moins qu'on ne demeure en le Christ, il est impossible de porter beaucoup de fruit (Jean xv. 4, 7, 8), et c'est pourtant ce qu'Il requiert de ses disciples et ce par quoi son Père est glorifié. Mais, tout comme il est évident que ceux qui vivent dans les vanités, les plaisirs, les amusements, et la concupiscence du monde ne demeurent point en Lui, et ne Le connaissent point, car ceux qui Le connaissent renoncent à l'iniquité, de même c'est parce qu'ils demeurent et se plaisent dans ces folies qui les aveuglent qu'ils sont dans une telle ignorance et une telle inconscience de Celui qui se tient continuellement à la porte de leurs cœurs et y frappe (Apocalypse iii. 20). Alors qu'ils devraient demeurer en Lui et qu'ils devraient savoir que son pouvoir divin consiste en la croix, sur laquelle toute convoitise adorée et toute vanité trompeuse devrait être immolée et crucifiée, afin qu'ils puissent sentir la vie céleste s'élever dans leurs cœurs et qu'ils sentent s'éveiller en eux le désir de rechercher les choses d'en haut. De sorte que quand le Christ paraîtra, ils paraîtront aussi dans la gloire avec Lui, qui est Dieu sur toutes choses, béni éternellement (Colossiens iii. 1 ; Romains ix. 5). Amen.

XVII

1. Les coutumes, les modes, etc., qui constituent la parure et les plaisirs de ce siècle, sont les ennemis de la retraite intérieure. **2.** *Leur fin est de satisfaire la concupiscence.* **3.** *Si de telles coutumes avaient eu de la consistance, Adam et Ève, qui ne les connurent jamais, auraient été malheureux.* **4.** *Mais l'assurance et la présomption avec lesquelles les Chrétiens, comme ils se nomment, en font usage, est abominable.* **5.** *Le fait que leurs auteurs soient habituellement des gens vains et débauchés est une raison de plus pour les condamner.* **6.** *La plupart de ces coutumes sont empruntées aux païens, qui ne connaissaient point Dieu.* **7.** *Analyse et réfutation de l'objection quant à leur utilité ; réprimande de ceux qui font cette objection.* **8.** *Les meilleurs d'entre les païens avaient en horreur ce que de prétendus Chrétiens cherchent à justifier.* **9.** *L'usage de ces choses encourage ceux qui en sont les auteurs à continuer d'en créer d'autres.* **10.** *Réponse à l'objection selon laquelle ces métiers nourrissent beaucoup de familles : on ne doit point faire le mal parce qu'il doit en résulter un bien. On pourrait trouver de meilleurs emplois, qui seraient plus utiles à la société.* **11.** *Réponse à une autre objection : Dieu n'est point l'auteur de leurs inventions ; aussi ne peut-on dire, pour les justifier, que c'est Lui qui les a instituées.* **12.** *Ceux qui cherchent à justifier ces vanités montrent ce qu'ils sont. Exhortation aux gens sensés et raisonnables. Une grande partie du chemin qui mène à la voie des vrais disciples consiste à abandonner cette école et cette boutique de Satan.*

*

1. Enfin, ces coutumes et ces modes, qui constituent la parure et la conversation ordinaires des gens de ce siècle, sont un obstacle majeur à cette retraite intérieure de l'âme par laquelle les hommes peuvent accéder à la contemplation des gloires de l'immortalité. Au lieu de se souvenir de leur Créateur pendant les jours de leur jeunesse, de rechercher le royaume de Dieu avant tout (Ecclésiaste xii. 1), et de s'en rapporter à la parole de Dieu et de notre Seigneur Jésus-Christ, qui leur a promis que toutes les autres choses de nécessité ou de commodité leur seront données par surcroît aussitôt qu'ils sont capables d'agir, ils recherchent l'orgueil, la vanité, et la conversation la plus charnelle (Jérémie xviii. 18-20), dont ils font leur divertissement favori. Or, il est évident qu'une telle conduite engendre la concupiscence, déchaîne des pensées corrompues, des discours licencieux, mène à des festins voluptueux, et, parfois, à des actes criminels. Rien n'ennuie tant, ni n'offense tant, de telles gens que de leur parler du ciel ou d'une autre vie. Dites-leur de réfléchir sur leurs actions passées, de ne point affliger le Saint-Esprit, de songer au jugement éternel et de s'y préparer : et ils vous répondront d'ordinaire par des railleries insultantes (Éphésiens v. 3, 4), des réparties profanes, ou même par des coups. Car leurs pensées sont tournées ailleurs : les matinées ne leur suffisent point pour se laver, se lisser la peau, se farder, se mettre des mouches, se tresser les cheveux, se friser, se parfumer, se poudrer, se parer et s'orner (Psaumes xii. 2 ; Esaïe v. 12 ; lix. 3, 4). Leurs après-midi sont ordinairement retenues pour les visites et les spectacles. Ces derniers consistent en quelque adaptation des romans les plus à la mode, comprenant d'étranges aventures, de grandes passions, de cruels refus, des obstacles presque insurmontables, des poursuites importunes, des déceptions amères, des surprises merveilleuses, des rencontres imprévues, des châteaux pris d'assaut, des amants délivrés de prison, et les retrouvailles de gens qu'on croyait morts, des duels sanglants, l'écho de voix languissantes s'élevant de bosquets solitaires, de tristes plaintes et de profonds soupirs poussés dans des déserts sauvages, des intrigues conduites avec une subtilité inouïe ; et lorsque toute espérance semble perdue, on voit reparaître les gens qu'on croyait morts, les ennemis se réconcilient, le désespoir se change en joie, ce qui était impossible devient possible : on voit arriver des choses qui ne se voient jamais, ne se sont jamais vues, et ne se verront jamais. Et, comme si les hommes et les femmes étaient trop lents à répondre aux suggestions débauchées de leur nature corrompue ; comme s'ils étaient trop occupés des spéculations divines et des affaires du ciel, on leur propose tout ce que les esprits les plus imaginatifs peuvent inventer : non seulement des mensonges grossiers, mais des fictions qui sont des défis à la nature même. Et cela pour éveiller dans leurs cœurs ces passions vaines, et remplir leurs imaginations troublées de riens pompeux et de fictions oiseuses, qui, non seulement, accaparent tout leur temps, amollissent leur nature, dégradent leur raison, et les poussent à mettre ces choses en pratique et à imiter chacune des aventures qu'ils voient, mais qui, s'ils sont déçus (et que pourrait-il arriver d'autre lorsque l'on se livre à de tels fantasmes) leur font croire que le meilleur remède est de se plonger dans le vice sans limites. Et pourtant ce sont là les plus innocentes de leurs récréations ; mais ce sont de véritables pièges préparés par Satan, pour y faire tomber les hommes. Ils sont prévus pour flatter leurs faiblesses et pour se rendre maîtres de leurs affections sans qu'ils s'en aperçoivent, au moyen de divertissements qui ont un grand pouvoir sur leurs sens. C'est en de telles occasions que leurs cœurs engendrent la vanité, et que leurs yeux deviennent les interprètes de leurs pensées, et que leurs regards communiquent le feu secret de leur âme corrompue (Proverbes vii. 10-21), errant dehors jusqu'à ce que finalement leurs actions débauchées amènent la nuit dans leur âme, et remplissent leurs esprits et leurs réputations de concupiscence et d'infamie.

2. Voilà quel est le but de toutes leurs modes et récréations : c'est de satisfaire la convoitise des yeux, la convoitise de la chair, et l'orgueil de la vie (I Jean ii. 16). Les vêtements qui, à l'origine, furent donnés pour couvrir la honte, auraient maintenant besoin qu'on les couvre pour en cacher l'extravagance honteuse. Et les hommes s'enorgueillissent et tirent gloire de cela même qui devrait leur rappeler la perte de leur innocence ; mais la centième partie des choses qui, aujourd'hui, constituent la récréation agréable, et même, les qualités nécessaires pour passer pour un homme accompli, coûtèrent à l'homme la perte du Paradis. Car, tout comme la faute d'Adam fut de chercher d'autres jouissances que celles permises par Dieu, de même la ruine de ce siècle provient de ce que les hommes trouvent leur exercice, leur plaisir et leur idéal à passer la plus grande portion de leur temps à des vanités très éloignées du but de leur création, à savoir, une vie divine.

3. Si les plaisirs de ce siècle étaient vrais et consistants, Adam et Ève, qui ne les connaissaient point, eussent été malheureux dans leur innocence. Mais, tout comme, jadis, leur bonheur était de n'avoir aucune connaissance de tels plaisirs, de même, le bonheur de ceux qui connaissent le Christ en vérité est d'être rachetés par son pouvoir éternel et ressuscités à l'amour de l'immortalité, qui est encore un mystère pour ceux qui vivent et trouvent leur plaisir dans des ornements recherchés, dans une abondance de vêtements somptueux, dans des costumes élégants, dans l'invention et l'imitation des modes, dans des parures de prix, une démarche affectée et des regards lascifs, dans les romans, les comédies, les festins, les bals, et autres divertissements qu'ils considèrent comme indispensables. Car, tout comme ces plaisirs n'auraient jamais existé si l'homme était resté chez lui, avec son Créateur, et que son esprit ne s'était occupé que des nobles fins de sa création, de même il est certain que l'usage que les hommes et les femmes font de ces vanités, non seulement est un signe qu'ils ne connaissent point leur vrai repos et leur vrai plaisir, mais les empêche et leur interdit de se retirer au-dedans d'eux-mêmes et de s'occuper sérieusement de chercher les choses qui sont éternelles. Oh ! est-il possible qu'il y ait parmi les hommes tant de bruit, d'embarras, d'inventions, de trafic, de curiosité, d'activité, de peine, et tant de dépense de temps et d'argent, pour satisfaire cette pauvre partie mortelle d'eux-mêmes ! Et que l'âme, qui est l'image de la divinité elle-même, occupe si peu leurs pensées ! Quelles preuves plus flagrantes, quels témoignages plus évidents, peut-on leur donner, pour leur démontrer que ce sont le corps, les sens, l'enveloppe de l'âme, un peu de chair et d'os couverts de peau, ainsi que les jouets et les ornements vains, en un mot les vanités mêmes de cette vie mortelle et de ce monde périssable, qui leur plaisent, les séduisent et les gouvernent, dont ils ne peuvent se passer,

et pour lesquelles ils ne comptent ni leur temps, ni leur amour, ni leur argent !

4. Voilà de quoi leurs âmes s'occupent. Et leur imagination est si vaine, et leur entendement si obscurci, que, non seulement ils se croient dans un état d'innocence, mais qu'ils se persuadent que, ce faisant, ils sont de bons Chrétiens. Et leur faire des reproches est pire qu'être hérétique (Luc viii. 14 ; Proverbes i. 30 ; x. 17 ; xii. 1 ; xv. 14 ; Esaïe lviii. 1-10 ; Jérémie xvi. 19-21 ; Matthieu vi. 7). Ainsi, ils ne savent ce qu'est la vie cachée ; ces choses les détournent d'un examen sérieux d'eux-mêmes ; et ils se contentent de répéter, avec un zèle forcé, pendant une demi-heure, des paroles fixées par d'autres, et auxquelles ils n'attachent aucun sens. Car ils pensent aussi peu à ce qu'ils disent, ou, du moins, songent si peu à l'exécuter (et leurs œuvres le prouvent), que le jeune homme de l'Évangile qui a dit qu'il irait, et n'alla point. Pourquoi cela, hélas ! Parce qu'ils ont d'autres convives ! Et qui donc ? Pharamond, Cléopâtre, Cassandre, Clélie : une comédie, un bal, un jardin public, un parc, un galant, la bourse de Londres, en un mot, le monde. Ces convives les attendent, les appellent, les importunent ; et c'est d'eux qu'ils s'occupent, d'eux qu'ils font leur compagnie la plus intime. C'est ainsi que leurs cœurs sont détournés de l'exercice divin, et même d'affaires extérieures, dont pourtant leur intérêt ou celui d'un Prochain dans le besoin exigerait qu'ils s'occupent. Mais ils se complaisent dans les idées que le monde a imposées à leurs esprits vains et mondains à propos de ces bagatelles et de ces niaiseries ; et, s'ils ne peuvent pas toujours les pratiquer, faute de moyens, du moins, autant que possible, ils les admirent, en sont épris, et tolèrent volontiers qu'elles s'emparent de leurs pensées. Or, tout cela dérange singulièrement l'esprit, et le détourne de la vie et du principe divin du bienheureux Jésus-Christ ; mais surtout, comme on l'a souvent dit, l'esprit des jeunes gens, à qui ces sortes de divertissements (Jérémie ii. 5) (qui leur présentent ce qui s'accorde le mieux avec leurs penchants de sorte qu'ils excitent en eux plus de vanité qu'ils n'en avaient jamais imaginé auparavant), sont incomparablement plus agréables

que tout ce qu'on peut dire de la crainte de Dieu, d'une vie retirée, de récompenses éternelles, et de joies indicibles et pleines de gloire ; tant les hommes et les femmes sont vains, aveugles, et inconscients de ce qui rend véritablement disciple du Christ (Romains xiii. 11, 12 ; Matthieu xv. 7-14). Oh ! s'ils voulaient bien peser ces choses, se tenir sur leurs gardes contre ces vanités, et y renoncer à cause de la venue du Seigneur, de peur que, n'étant pas préparés, et étant occupés par d'autres convives, ils n'entrent point dans son repos éternel !

5. Ce qui prouve encore combien toutes ces modes et récréations sont illégitimes, c'est qu'elles sont, soit les inventions d'esprits vains, oisifs et impudiques, qui cherchent à satisfaire leur propre sensualité, et à exciter chez les autres la même curiosité criminelle, pour les pousser à les imiter (ce qui ne fait que promouvoir la concupiscence et la folie), soit les trouvailles de beaux esprits en mal de création et tombés dans l'indigence, qui n'ont plus que cela pour les faire vivre. Dans les deux cas, qu'on en considère l'origine ou l'intention, on doit les détester. Car le premier type de licence traduit l'impiété, et le second encourage une manière de vivre misérable, et, en conséquence, détourne d'autres occupations plus légitimes, plus utiles, et plus nécessaires. Il n'est pas difficile de démontrer que ces sortes de personnes sont à la fois les inventeurs et les acteurs de toutes ces folies. Car, s'il était possible que quelqu'un nous montre la ceinture du père Adam et le tablier de la mère Ève, quelles risées, quel dédain, quelles moqueries, ces vêtements simples n'exciteraient-ils pas ! Il est certain que leur tailleur ne trouverait guère de clients, bien qu'il soit écrit que ce fut Dieu lui-même qui leur fit des habits de peau (Genèse iii. 21). Quant aux autres vanités, on peut en dire autant, en se référant aux saints hommes et aux saintes femmes de toutes les générations mentionnées dans les Saintes Écritures. Combien de pièces de ruban, combien de plumes, de galons, et autres ornements semblables, Adam et Ève portèrent-ils au Paradis, ou après l'avoir quitté ? Quelles riches broderies, quelles soieries, quelles dentelles, Abel, Enoch, Noé, et le bon vieux Abraham possèdent-ils ? Ève, Sarah, Susanne,

Élisabeth, et la Vierge Marie avaient-elles coutume de se friser, de se poudrer, de mettre des mouches, de se farder, de porter des postiches ou des couleurs empruntées, de riches points, des franges, des robes garnies de dentelles, des jupons brodés, des souliers et des mules garnis de soie ou de dentelle d'argent, et ornés de plusieurs mètres, sinon de pièces entières, de rubans, qui leur font des pieds semblables à ceux des pigeons pattus ? A combien de représentations théâtrales Jésus-Christ et ses apôtres assistèrent-ils ? Quels poèmes, quels romans, quelles comédies, ou autres productions semblables, les apôtres et les saints ont-ils rédigés ou lus, pour passer le temps ? Je sais qu'ils recommandent à tous d'économiser leur temps, d'éviter les propos insensés, les plaisanteries vaines, les bavardages profanes, et les histoires fabuleuses (Éphésiens v. 1-5, 15, 16 ; II Timothée ii. 16, 22 ; Matthieu xxv. 13 ; Philippiens ii. 12, 13 ; Colossiens iii. 1, 2, 5) comme tendant à l'impiété, et de s'employer plutôt à veiller, à assurer leur propre salut avec crainte et tremblement, à fuir les convoitises folles de la jeunesse, et à suivre la justice, la paix, la bonté, l'amour et la charité, et de penser aux choses qui sont en haut, s'ils veulent obtenir l'honneur, la gloire, l'immortalité et la vie éternelle.

6. Mais si l'on me demandait d'où viennent donc ces vanités, ma réponse serait toute trouvée : « Elles viennent des Gentils, qui ne connaissaient point Dieu », même si certains d'entre eux les abhorraient, comme on le verra. Elles constituaient les plaisirs de l'efféminé Sardanapale, du capricieux Miracles, du comique Aristophane, du prodigue Charaxux, du luxurieux Aristippe. Elles étaient pratiquées par des femmes telles l'infâme Clytemnestre, Jézabel qui se fardait, la lascive Campaspe, l'immodeste Posthumia, la dispendieuse Laïs de Corinthe, la très impudente Flore, l'impudique Cléopâtre d'Égypte, et l'insatiable Messaline, toutes personnes dont le mauvais renom s'est conservé à travers les âges, et que la pourriture accompagne partout. C'étaient ces sortes de gens (et non les saints hommes et les saintes femmes des temps anciens, qui pratiquaient le renoncement) qui s'adonnaient à ce type de récréations et à ces vains plaisirs. Car les plus sages des païens eux-mêmes, grâce à un principe de grande vertu, qui est universellement reconnu, détestaient semblables folies et immorales pratiques. Il n'en est point fait mention dans les ouvrages de Platon ou de Sénèque ; Pythagore, Socrate, Phocion, Zénon, etc. ne se permettaient point de tels amusements. La vertueuse Pénélope, la chaste Lucrèce, la grave Cornélie, et beaucoup d'autres, trouvaient suffisamment de quoi s'occuper avec leurs enfants, leurs domestiques, et leurs voisins. Quoique nobles, leur plus grand plaisir, après leurs dévotions, consistait à filer, tisser, jardiner, coudre, et autres occupations du ménage, toutes louables. Et quoique païennes, elles montraient plus de Christianisme dans toutes leurs actions, que ne le font les gens vains et immoraux de ce siècle, qui, pourtant, prétendent au titre de Chrétiens. Mais, vous surtout, gens du spectacle, d'où croyez-vous que sont venues ces comédies dont vous êtes si épris et qui, de même qu'elles sont l'amusement le plus pernicieux, sont aussi le plus prisé, et celui que l'on fréquente avec le plus de plaisir ? Eh bien, je vais vous le dire : leur ancêtre était un païen, et non un des meilleurs ; il s'appelait Epicharmus. Il est vrai qu'on lui donne le nom de philosophe, c'est-à-dire d'amoureux de la sagesse. Mais il n'était philosophe que de nom, et ne l'était pas plus, en réalité, que les comédiens de ce siècle ne sont chrétiens. Un historien grec, Suidas, dit de lui qu'il fut le premier à avoir inventé la comédie, et qu'avec le secours d'un certains Phormus il composa également cinquante fables. Mais voulez-vous savoir de quel pays il était, et ce qui fut à l'origine de son invention ? Il était de Syracuse, capitale de la Sicile, fameuse pour l'infamie de nombre de ses tyrans. Ce fut pour amuser quelques-uns d'entre eux, et pour satisfaire leurs goûts pervertis, qu'il employa ainsi ses talents. Ne croyez-vous pas que ce soit là une bien mauvaise origine ? Et vaut-il la peine d'imiter, ou de justifier, pareilles inventions, alors que les plus vertueux d'entre les païens les ont condamnées ? Bien plus, n'est-il pas abominable que des gens qui se prétendent chrétiens continuent de les imiter et de les justifier ? Les larmoyantes tragédies n'ont pas une meilleure source : elles furent inventées par un poète athénien nommé Thespis, auquel on attribue également la coutume indécente de se peindre le visage et de contrefaire, ou représenter, d'autres personnages, en prenant un vêtement, un caractère, etc. semblables aux leurs, toutes coutumes qui sont tant pratiquées et tant prisées par les grands de notre siècle. Ajoutez à cette liste ce poète amoureux, à qui une passion désordonnée inspira des transports poétiques dus à une admiration tellement basse et efféminée qu'elle confine à l'idolâtrie. C'était un Lydien, nommé Alcman, ou Alcina ; on dit de lui qu'il fut le premier à introduire dans le monde ce genre de folie, à savoir d'écrire des histoires d'amour en vers, parce qu'il était éperdument amoureux d'une jeune fille de son pays. Depuis, presque toutes les nations se sont fait un devoir de l'imiter dans leurs romans.

7. Objection 2. Je sais que certains m'objecteront que nous avons nombre de comédies, de tragédies, de sonnets, de chansons, etc. dont le but est de réprimer le vice, et où l'on peut apprendre des principes très louables. Bien que ce soit là un argument pitoyable, beaucoup se sont permis, par manque de décence ou de sens commun, de me faire cette réponse. Je ne nierai point que parmi les païens c'était là, après les sermons graves et moraux de leurs philosophes, le meilleur remède contre les vices qui existaient. Je citerai deux auteurs de ce type : Euripide, à qui Suidas donne le titre de savant poète tragique, et Eupolis, que ce même historien qualifie de poète comique. Le premier était si chaste, et, par conséquent, si différent des poètes de notre époque, qu'on disait de lui qu'il détestait les femmes, c'est-à-dire les femmes libertines, car, en fait, il se maria deux fois. Du second, il dit que c'était un censeur sévère des vices. D'où je conclus que leur dessein n'était pas de satisfaire les vaines fantaisies d'hommes oisifs, ni simplement de gagner de l'argent ; mais, comme le peuple avait été débauché par des esprits vicieux, leur tâche était de les corriger, en tournant le vice en ridicule, et en dirigeant les traits de leur esprit contre la méchanceté. Et cela semble d'autant plus véridique, d'après la description de Suidas, qu'il paraît qu'Euripide fut déchiré en pièces par des femmes débauchées (sans doute pour avoir déclamé contre leur impudence). Quant à l'autre poète, après qu'il eut été tué dans une bataille entre les Athéniens et les Lacédémoniens, il fut si regretté qu'on passa une loi, selon laquelle de si bons poètes

se verraient désormais interdire le port des armes (sans nul doute parce qu'en le perdant on avait conscience de perdre un censeur du vice). De sorte que le but des auteurs dramatiques approuvés en ces temps-là était de corriger le peuple en rendant le vice odieux ; et ce, non par des raisonnements et des arguments, à la manière des philosophes, mais par des railleries mordantes, des remarques sévères, et en exposant leurs actions vicieuses à la honte, au ridicule, et à l'exécration, afin que, par souci de leur réputation, ils ne s'en rendent plus coupables. C'était là, selon moi, un châtiment à peine moins dur que le fouet, ou la maison de correction. Donc, vous qui plaidez en faveur des spectacles, si vous voulez vous contenter d'être mis au rang des païens (et des plus débauchés et des plus méchants d'entre eux), et si vous aimez mieux qu'on vous force à renoncer à vos vices en vous tournant en ridicule, plutôt qu'en vous raisonnant, je vous concèderai que ces comédies, et ces tragédies, peuvent être de quelque utilité. Mais alors, honte à vous, n'insultez pas le nom de Jésus-Christ au point de vous prétendre chrétiens, vous dont les passions sont si fortes que vous êtes obligés d'avoir recours aux misérables stratagèmes des païens pour vous en défaire et renoncer à vos vices ; non par amour de la vertu, mais par crainte, par honte, ou par souci de votre réputation. Est-ce là l'amour que vous avez pour Jésus ? Est-ce là le respect que vous avez pour les Écritures, qui, par la foi, peuvent rendre l'homme de Dieu parfait ? Tous vos beaux discours sur les ordonnances, les prières, les sacrements, le Christianisme, et le reste, n'ont-ils donc pour conséquence, finalement, que de faire de vous les disciples de ces censeurs du vice que les païens sages autorisaient à sévir afin d'arracher les plus débauchés à leurs turpitudes ? Je ne vois pas de remède plus humiliant que celui-là, si ce n'est les punitions corporelles.

8. Cela est si opposé au Christianisme que nombre de païens éminents, tant hommes que femmes, étaient mieux instruits et mieux disposés, et s'occupaient de contemplations plus célestes et de méditations sur des sujets d'une nature éternelle. Et même, ils surpassaient tellement les Chrétiens de notre siècle, que, non seulement ils étaient exemplaires par leur conversation grave et modérée, mais que, dans l'intérêt général, les Athéniens instituèrent les Gynaecosmi. Il s'agissait d'un groupe de vingt hommes, dont le devoir était de veiller à ce que tous soient vêtus et se comportent avec décence. S'ils découvraient que certains offensaient la pudeur, ou se comportaient de manière débauchée, ils avaient pleins pouvoirs pour les punir. Mais aujourd'hui le cas est bien différent : on s'expose soi-même à être puni lorsqu'on s'élève contre de telles conduites ; on risque les plus grands affronts et les reproches les plus amers. Et même, ils ont acquis tant d'impudence au milieu de leurs impiétés, qu'ils rient aux dépens de ceux qui ont de la religion ; et non seulement ils montrent, par leur débauche, qu'ils ne font aucun cas de la piété et d'une vie sévère, mais ils manifestent même leur mépris en tournant la piété en ridicule, par des plaisanteries et des railleries insultantes dans leurs théâtres. Pour démontrer combien cela est dangereux, et capable de déprécier la religion aux yeux du peuple, nous avons l'exemple de ce siècle ; mais rappelons-nous qu'Aristophane ne trouva pas de meilleur moyen pour rabaisser Socrate dans l'esprit du peuple (qui lui portait une grande estime pour sa vie et sa doctrine, sévères et vertueuses), que de le tourner en ridicule dans une comédie. Si bien que la foule inconsidérée, vaine et inconstante, préféra tourner le dos au véritable Socrate qu'au Socrate ridiculisé. Et la principale raison pour laquelle les pauvres Quakers sont tellement en butte au mépris des hommes, est leur sévérité à blâmer le péché et la vanité, et leur attitude de renoncement, en un siècle adonné, avec tant d'excès, aux satisfactions de ce monde. Cependant que les libertins, malgré leur conduite contraire aux bons préceptes et au bon exemple, se pavanent et se rengorgent sous le nom de Chrétiens ; tandis que nous, nous passons pour des gens capricieux, entêtés, moroses, mélancoliques, ou bien pour des hérétiques, des imposteurs, ou pire. Ô aveuglement ! Ô hypocrisie pharisienne ! Comme si de pareilles gens étaient dignes d'être juges en matière de religion ! ou comme s'il était possible qu'ils aient une idée et une connaissance justes de la vraie religion, ou qu'ils soient vraiment religieux, alors que leur entendement est obscurci par le dieu des plaisirs de ce monde, et que leurs âmes sont recouvertes d'un voile épais par les jouissances extérieures et une multiplicité de plaisirs mondains. Non, au nom du Dieu éternel, vous vous moquez de Lui, et vous égarez vos propres âmes ; car la colère du Tout-Puissant est allumée contre vous tous, tant que vous serez dans cet esprit et dans cette condition ; tous vos vains discours, toutes vos formalités, sont inutiles, Dieu se rit et se moque de vous ; ce sont ces choses qui allument sa colère. C'est pourquoi je vous recommande la tempérance et le repentir.

9. D'ailleurs, non seulement ces sortes de gens, qui inventent et jouent ces pièces, sont méchants, débauchés et vains, mais, par le grand plaisir que vous prenez à ces vaines inventions, vous les encouragez à s'y adonner, et vous les détournez de professions plus honnêtes et plus utiles. Car, pourquoi tant de marchandises sont-elles à un si haut prix, sinon parce que la main-d'œuvre est chère ? Et pourquoi est-elle chère, sinon parce que tant de mains sont occupées à d'autres activités, à savoir à la confection de la vanité de toutes les vanités ? Et même, n'est-il pas fréquent de voir ces pourvoyeurs mercenaires de la folie des hommes, quand l'argent commence à leur manquer, présenter au public une mode nouvelle et soi-disant plus commode ; de sorte qu'il faut donner des habits qui ne sont même pas à moitié usés, ou bien les faire retailler selon la coupe à la dernière mode ? Ô prodigalité, aussi fréquente qu'extravagante !

10. Objection 3. Je sais que je vais être confronté à un des arguments les plus plausibles que les auteurs de toutes ces nouveautés nous objectent, lorsqu'on les pousse dans leurs retranchements, à savoir : « Comment vivront tant de familles, dont la subsistance dépend de cette mode et de ces divertissements que vous êtes si acharnés à décrier ? » A cela, je répondrai que c'est toujours un mauvais argument en faveur du mal, si léger soit-il, que de dire qu'il en résulte un bien. Si vous et eux avez fait du mal votre plaisir et votre profit, contentez-vous d'y trouver la peine et le châtiment, jusqu'à ce que vous ayez appris, vous-même, à vous passer de telles vanités, et eux, à vivre d'occupations plus honnêtes. C'est la vanité d'un petit nombre de grands

qui procure tant d'ouvrage à un grand nombre de petits : et, sans les excès des uns, les autres ne seraient pas si surchargés de travail. Si les hommes voulaient bien apprendre à se contenter de peu de choses, de ce qui est nécessaire et commode (comme le faisaient les premiers Chrétiens), tout serait bien moins cher, et l'on vivrait à peu de frais. Si les propriétaires avaient moins de passions à satisfaire, les fermiers auraient moins de fermages à payer, et, de pauvres qu'ils sont, pourraient devenir riches ; de sorte qu'ils pourraient donner à leurs enfants des occupations plus honnêtes et plus familiales, au lieu de les laisser devenir des escrocs et vivre d'expédients, ce qui n'est qu'un euphémisme pour leurs péchés. Si nous en croyons ceux qui s'y connaissent le mieux en agriculture, on pourrait doubler la production des terres ; et si plus de bras étaient disponibles pour des manufactures plus légitimes et plus utiles, les produits fabriqués seraient moins chers, il s'en ferait un plus grand débit, et ce profit ajouterait à la prospérité générale. Or, c'est surtout sur les habitants laborieux des campagnes que retombe le fardeau ; parce que tous les gens qui sont employés par les pourvoyeurs de vanités des villes, sont autant de bras qui font défaut au labourage et à l'agriculture utiles. Si les hommes ne se croient jamais assez riches, ils ne manqueront jamais d'embarras et de préoccupations ; mais ceux qui sont capables de prendre pour modèle l'état primitif et la création de Dieu, apprendront à se contenter de peu, sachant que la soif des richesses, non seulement entrave et détruit la vraie foi, mais qu'une fois ces richesses acquises elles augmentent les tentations et les tracas. Il n'y a point de mal à se repentir du mal. Mais cela ne peut être, tant que les hommes cherchent à justifier ce dont ils devraient se repentir. C'est un mauvais argument que de ne pas pratiquer la tempérance, ou de vouloir justifier la débauche, sous prétexte que ceux qui inventent et exécutent ces vanités ne pourraient pas vivre sans cela ; puisque, en les soutenant de cette manière, on entretient la cause, au lieu de la détruire. Que ceux de ces marchands de vanités qui ont assez d'argent, se contentent de se retirer, et de dépenser leur argent plus honnêtement qu'ils ne l'ont gagné ; et qu'on aide, par charité, ceux qui sont vraiment pauvres, à trouver une profession plus honnête. Cela serait plus prudent, et même plus chrétien, que de dépenser de l'argent en pareilles futilités et en bagatelles aussi vaines. Ouvrir des ateliers publics serait un moyen efficace pour mettre un terme à cette épidémie d'oisiveté et de vanité : la bourse et la conscience de tous s'en trouveraient mieux. C'est pourquoi nous ne pouvons, ni n'osons, modeler notre conduite sur celle du monde ; mais nous voulons, par notre sobriété et notre modération, témoigner contre ces vanités extravagantes, et, par notre vie grave et réglée, montrer, pour l'honneur de Dieu, combien nous désapprouvons une avidité si mondaine et si immodérée. Oui, nous entendons nous refuser des plaisirs que nous pourrions, en temps normal, nous permettre de manière légitime, avec une indifférence justifiée, sinon avec satisfaction, en raison de l'abus de plaisirs que commettent la plupart des hommes.

11. Objection 4. Je sais que certains feront une autre objection ; et diront : « Dieu nous a-t-il donné ces jouissances afin de nous condamner lorsque nous en faisons usage ? » A ces pauvres esprits misérables et ignorants, qui aiment mieux imputer au Dieu très haut et très saint l'invention ou la création de leurs viles vanités, plutôt que d'être à court d'arguments pour justifier leur conduite, dans leur incapacité (par honte, crainte ou attachement) d'en changer, à ceux-là, dis-je, je répondrai que ce que Dieu a fait pour l'usage de l'homme est bon, et que ce que notre bienheureux Seigneur Jésus-Christ a permis, enjoint, ou recommandé par son exemple céleste, doit être observé, cru et pratiqué (Luc viii. 14 ; xii. 28-31). Mais, dans tout le catalogue que les Écritures nous donnent de l'un et de l'autre, je n'ai jamais trouvé les parures, les divertissements, et la manière de vivre tant prisés de la plupart des Chrétiens de nos jours. Non, certainement, lorsque Dieu créa l'homme, il fit une créature sainte, sage, sobre, grave et raisonnable, capable de se gouverner et de gouverner le monde. Mais alors la connaissance de Dieu était le principal objet de sa raison et de son plaisir. Toutes les jouissances extérieures que Dieu lui avait données n'étaient que pour le nécessaire et la commodité, ou pour ses plaisirs légitimes, et encore, à la condition qu'en chacune d'elles il devait voir, et honorer le Tout-Puissant, et jouir de Sa présence. Mais il est aisé de constater combien les Chrétiens

de notre siècle se sont éloignés de cette institution primitive, bien qu'ils se réclament si haut du nom très saint de Jésus, qui, non seulement a donné au monde un témoignage incontestable d'une heureuse restauration, par sa venue, mais aussi promis son assistance à tous ceux qui Le suivraient dans la voie du renoncement et de sa sainte croix (Jean viii. 12 ; xv. 7, 8 ; xvii. 20) ; et qui, par conséquent, a sévèrement enjoint à chacun d'entre nous de n'y pas manquer, si nous voulions être sauvés à jamais. Mais que les hommes et les femmes consultent leur conscience, et elle leur dira si leurs âmes ne sont pas aussi profondément enfoncées dans les excès et les vanités que celles de ceux qui ne Le connaissent que par ouï-dire ; et si, ayant ainsi perdu de vue la présence du Seigneur, par leur quête avide des choses d'ici-bas, ils n'ont pas perdu le goût des plaisirs divins, et ne se sont pas inventé des plaisirs imaginaires, afin d'apaiser ou d'étouffer leur conscience, et de passer le temps sans éprouver cette angoisse et ce trouble qui sont les conséquences du péché, pour se sentir à l'aise et en sécurité, tant qu'ils seraient dans le monde (Romains ii. 8, 9). La tentation d'Adam est représentée par le fruit d'un arbre (Genèse iii. 6) pour faire comprendre la grande influence que les objets extérieurs exercent sur nos sens, lorsque leur beauté est remarquable. En effet, à moins que l'esprit ne veille constamment, les choses visibles ont tant de pouvoir sur nous qu'il est difficile de ne pas s'y laisser prendre (Marc xiii. 33-37). Il suffit de s'y laisser prendre une fois pour qu'il se répande un voile si épais et si obscur sur les yeux de l'âme, que, non seulement elle continuera à porter avec plaisir les fers de la convoitise et de la vanité, mais elle censurera avec orgueil ceux qui refuseront de les porter, et soutiendra qu'ils sont utiles et commodes. Telle est la passion étrange que les objets périssables allument dans les âmes qui les ont laissé entrer et les ont accueillis. Mais le Christ Jésus s'est manifesté à nous, et nous a donné le sens et l'intelligence pour connaître ce qui est Vrai, et Il a donné à tous une partie de son bon Esprit, qui suffirait, s'ils voulaient lui obéir, pour délivrer leurs âmes de la captivité, de la convoitise et de la vanité dans laquelle ils sont tombés, et pour les racheter entièrement du pouvoir de toutes les choses visibles, et de tout ce qui satisfait la convoitise des yeux, la convoitise de la chair, et l'orgueil de la vie (I Jean ii. 15, 16) afin que leurs âmes puissent être régénérées et leurs affections changées, et que leurs cœurs se fixent sur les choses d'en haut, où ni la teigne ni la rouille ne peuvent s'introduire pour les endommager ou les détruire..

12. On voit aisément de quelle espèce et de quelle trempe sont ceux qui s'enorgueillissent de ces misérables haillons égyptiens, et qui voudraient les justifier. Il faut espérer qu'ils n'ont jamais su, ou plutôt il est à craindre qu'ils ont oublié, ce qu'est la vie humble, simple, douce, sainte, de renoncement et de bon exemple, que l'Esprit éternel inspire à tous les cœurs obéissants qu'il sanctifie. Oui, sans nul doute, ou bien de telles personnes n'ont jamais connu, ou bien elles ont perdu de vue cette terre bénie, ce pays céleste, cet héritage heureux, dont ils avaient vu, jadis, briller la vision (Galates v. 22-25 ; Éphésiens v. 8-11, 15, 16). Oh, s'ils voulaient bien se retirer un moment du monde, s'arrêter, peser et considérer au dedans d'eux-mêmes où ils sont, et de qui ils font l'ouvrage et la volonté ! S'ils voulaient bien se persuader, une fois, que de tous les stratagêmes du diable nul n'est plus permicieux pour leur âme immortelle que d'exercer ainsi leur esprit aux modes extravagantes et aux récréations mondaines du siècle ! Ceux qui ont reçu une bonne éducation et qui jouissent d'une bonne réputation conçoivent une horreur naturelle des impiétés grossières et choquantes ; c'est pourquoi, lorsque le diable voit que c'est en vain qu'il tenterait nombre de personnes par de tels pièges, il a recours à un autre stratagème : il cherche d'autres amusements qui, au premier coup d'œil, paraissent moins criminels (et le piège est d'autant plus sûr que le scandale en est moins apparent), et dont la jouissance offre plus de plaisir, afin d'occuper les hommes et de les empêcher de se consacrer à la quête et à l'étude diligentes des choses qui sont nécessaires pour leur paix éternelle (Éphésiens vi. 12-19). De sorte que, ne connaissant point la vie céleste, ils ne se sentent point enclins à la rechercher, mais que, leur religion ne consistant qu'en formalités conformes aux traditions et aux préceptes fixés par d'autres, ils continuent à se livrer à leurs plaisirs ordinaires, sans que rien ne s'y oppose. Car, leur religion et leur conduite s'accordent à peu près en tous points. Ils ne savent point ce que c'est que de progresser dans la connaissance de Dieu, de recevoir grâce sur grâce, jusqu'à parvenir à la mesure de la stature parfaite du Christ (Éphésiens iv. 12, 13). Tels ils étaient à sept ans, tels ils sont encore à soixante-dix ans, excepté le fait qu'ils sont moins innocents, à moins que l'on n'admette le vieux dicton : « Les vieillards sont doublement des enfants ».

Oh ! le mystère de la sainteté, la vie céleste, le vrai Christianisme, sont bien différents. C'est pourquoi nous concluons que, tout comme le plan du diable, lorsqu'il ne parvient pas à entraîner les hommes et à les faire tomber dans les péchés les plus grossiers, consiste à les occuper, les flatter, et les séduire par des amusements en apparence plus innocents (afin de pouvoir plus aisément les détourner de leur devoir, de leur progrès dans le bien, et de l'obéissance au seul vrai Dieu, qui est la vie éternelle (Jean xvii. 3), et ainsi leur faire perdre de vue les choses célestes et éternelles), de même ceux qui désirent se prémunir contre ces pièges doivent écouter les instructions saintes, justes, et graves de la grâce et de l'Esprit de Dieu en eux-mêmes, afin de pratiquer le renoncement et de rejeter, et d'abandonner pour toujours ces récréations vaines et iniques (Tite ii. 11-15) et de condamner l'intempérance du monde par la réforme de leur conduite. C'est ainsi qu'ils deviendront de vrais disciples, et, s'ils n'agissent pas ainsi, ils doivent s'attendre aux conséquences les plus terribles et les plus pernicieuses. C'est encourager ces personnes impies que de permettre que continuent et se perpétuent des commerces dont le but est d'entretenir la concupiscence des hommes, et, par conséquent c'est participer aux plaies de ceux qui, par des désirs continuels, et toujours nouveaux, pour ces sortes de nouveautés, et par cette manière de prodiguer leur temps et leur argent, les poussent à consacrer plus de temps à étudier comment perdre son temps ; de peur que, dans leur détresse, ces enfants prodigues ne se souviennent de la maison de leur père. Car, quoi qu'ils en pensent, le diable, avec toutes ses ruses, n'a jamais eu de pièges plus flatteurs, d'objets plus tentants, d'amusements plus agréables, d'émissaires plus rusés, de sermons plus persuasifs, de discours plus insinuants, d'orateurs plus engageants, pour séduire et enchaîner l'esprit des hommes et les détourner entièrement des pensées célestes et des méditations divines, que les parures, les divertissements, les récréations, les spectacles et les passe-temps de ce siècle impie. Ils sont, en vérité, l'école et la boutique de Satan, et c'est avec raison que je les ai condamnés.

XVIII

*1. Cependant ces coutumes et autres pratiques ne seraient-elles que superficielles, l'abus même qui en est fait doit entraîner leur rejet. **2.** Ceux qui en font usage reconnaissent qu'ils en abusent, et devraient donc les abandonner. **3.** Ceux qui font profession de sérieux devraient s'abstenir d'un tel laxisme : les parents avisés privent leurs enfants de ce dont ils raffolent en excès ; il est de notre devoir de veiller sur nous-mêmes et sur nos voisins. **4.** Dieu, dans le cas du serpent d'airain, etc., nous donne un exemple de la manière dont nous devons rejeter l'usage de ce dont nous avons abusé. **5.** Quand bien même ces pratiques apporteraient parfois confort et commodité, si leur usage par son exemple cause préjudice, il doit cesser. **6.** Ceux qui, jusqu'à présent, poursuivent la recherche de ces plaisirs illicites, les aiment plus que le Christ et sa Croix ; des maux qu'ils ont causés aux personnes et aux biens, aux corps et aux âmes. **7.** Les gens droits savent que cela est vrai ; pour ce qui est des coupables, il en est appelé au témoignage de Dieu en eux-mêmes ; leur état est celui de Babylone. **8.** Cependant de la tempérance dans la nourriture, de la sobriété dans l'accoutrement et de la retenue dans la conversation conduisent le plus souvent au bien ; comme l'apôtre dans ses Épîtres nous l'enseigne. **9.** La tempérance enrichit un pays ; c'est pour tous les gouvernements un bien, en politique comme en religion. **10.** Quand on se sera acquitté de ses devoirs envers Dieu, il sera encore temps de songer à ses plaisirs. **11.** L'auteur s'adresse aux magistrats et à tous pour qu'ils fassent meilleur usage de leur temps et de leur argent.*

*

1. Mais quand bien même ces coutumes et ces pratiques seraient aussi superficielles qu'elles se révèlent criminelles et pernicieuses (je n'ai en effet jamais entendu quiconque en prendre la défense en avançant plus que leur simple superficialité), cependant leur abus est si grand, leurs tristes effets sont tellement universels, aussi mauvais que ceux d'un mal contagieux, qu'on devrait par conséquent les extirper de tous, notamment de ceux que leur sobriété a contenus en deçà des excès, ou dont les jugements, bien qu'ils soient eux-mêmes coupables, démontrent la folie de cette intempérance. Qu'est donc une pratique superficielle, si ce n'est ce qu'on peut choisir de faire ou de ne pas faire ? En admettant qu'il en soit ainsi, la raison et la religion enseignent toutes deux que si on en use avec trop d'appétit au point que les abandonner serait un obstacle aux désirs qu'elles suscitent, elles ont dépassé les limites de la simple superficialité et sont alors devenues rien moins qu'indispensables. Ceci allant contre la nature même de ces pratiques, s'instaure alors un abus complet. Il s'ensuit qu'on ne doit plus les ranger parmi les pratiques simplement superficielles, mais qu'il faut les classer avec les pratiques illicites.

2. Maintenant que toutes ces pratiques, contre lesquelles je me suis élevé avec tant de rigueur, sont l'objet général d'abus en raison des excès de presque toutes les classes d'âge, tous les représentants des deux sexes et tous les rangs de la société, nombreux sont ceux qui reconnaîtront ces abus tout en affirmant cependant qu'ils ne s'y adonnent point. A ceux-là, à ce qu'il me paraît, cet usage semble simplement licite parce que, selon eux, les abus commis par les autres ne devraient pas servir d'argument afin de les empêcher d'en user. Ma réponse à ces gens-là sera qu'ils ont complètement oublié, ou ne se souviennent plus du tout, qu'ils avaient reconnu le caractère trivial de ces pratiques. S'il en est ainsi, (la vanité n'a jamais eu d'aiguillon plus piquant), je vous le dis, rien n'est plus clair que le devoir d'abandonner ces pratiques puisque leur abus en est reconnu. Car puisqu'on peut aussi bien les laisser de côté que s'y adonner à n'importe quel moment, il est évident qu'elles devraient alors être obligatoirement laissées de côté ; leur usage est pour tous un encouragement aux excès et une incitation pour les autres à persévérer dans leur abus

du fait qu'ils trouvent des personnes réputées sobres qui leur servent de modèle ou encore qui leur donnent un exemple (Philippiens iii.17). Les préceptes ont moitié moins de force de persuasion que les exemples.

3. Chaque homme qui fait profession de sérieux, devrait s'interroger et se demander s'il ne s'est pas trop empressé à favoriser les excès. Il ne pourra jamais se montrer trop prompt à se débarrasser des méfaits que son exemple passé a encouragé d'autres à commettre ; il pourra, par une nouvelle attitude, mettre un terme opportun à l'intempérance des autres. Les parents avisés retirent toujours les objets, bien qu'innocents de par leur nature, qui ont une trop forte emprise sur les faibles sens de leurs enfants, afin qu'ils puissent en être sevrés. Il est aussi fréquent pour les hommes de courber une baguette tordue dans le sens contraire afin de la rendre droite. Ceux qui possèdent plus de sobriété que les autres ne doivent pas oublier leur rôle d'économes, mais exercer ce don de Dieu pour le bien-être de leur voisin. Caïn, le meurtrier, demanda grossièrement à Dieu : « Suis-je le gardien de mon frère ? » (Genèse iv. 9). Car chaque homme est nécessairement tenu à ce devoir et devrait être assez sage pour se refuser l'usage de plaisirs si triviaux qu'il ne peut en user sans encourager de manière trop manifeste la folie de ses voisins.

4. Dieu a suffisamment éveillé les hommes à ce qui est maintenant dit : ainsi dans le cas du serpent d'airain (II Rois xviii. 3, 4), qui était une institution céleste et un emblème du Christ. Dieu, dans son courroux, ordonna que le serpent fût mis en pièces parce que les hommes en étaient trop épris et en perdaient la raison. En fait les bosquets eux-mêmes, malgré l'aménité de leur situation et la beauté de leurs allées et de leurs arbres, durent être abattus. Pourquoi, demanderez-vous ? Simplement parce qu'on en avait abusé dans un but idolâtre. Qu'est-ce qu'une idole, sinon ce que l'esprit surévalue ou surestime ? Nul ne peut tirer de l'usage d'une pratique superficielle autant

de profit qu'en tire celui qui se prive de cette liberté dont on abuse.

5. Quand bien même ces pratiques apporteraient confort et commodité, ce qui est d'un degré plus proche du nécessaire plutôt que d'être simplement superficielles, cependant, lorsque les circonstances les rendent préjudiciables, leur confort et leur commodité doivent être rejetés ; à plus forte raison, ce qui est purement superficiel doit être rejeté. Les hommes ne devraient jamais préférer leur satisfaction personnelle au bien public, ni se permettre un usage trop libre d'agissements superficiels qui risqueraient d'être préjudiciables à la société en général ; et ils le sont certainement, puisqu'en se conduisant ainsi on donne un exemple aux autres (si on ne fait pas pire) et on engendre dans leur esprit le désir d'agir de même. C'est pourquoi il est à la fois raisonnable et du devoir de tous de ne tenir pour nécessaires que les choses qui contribuent à la vie et à la piété (II Pierre i. 3) et d'employer notre liberté pour le plus grand bien du prochain. De sorte que nous avons une double obligation : la première, de ne point donner l'exemple de ces choses qui, tout en étant permises, encouragent les abus et une vanité excessive chez le prochain ; la seconde, d'avoir suffisamment d'égard envers les personnes pieuses, que ces modes et ces sortes de conduite offensent, pour y renoncer (Romains xiv. 1-23).

6. Quant à ceux qui, en dépit de ce que je viens d'alléguer, persistent dans ces pratiques, la raison en est simplement qu'ils y sont tellement plongés, et tellement attachés, qu'il ne leur est presque plus possible d'en changer ; et que, bien qu'ils aient maintes fois protesté qu'ils n'avaient aucun attachement pour ces futilités, en réalité ils les aiment davantage que Jésus et sa Croix. De telles gens, qui s'occupent si peu de leur propre bien, ne peuvent chercher celui des autres. Si l'on y réfléchit sérieusement, on verra combien il y a eu, et combien il y a encore, de vanité, d'orgueil, d'oisiveté, de temps et d'argent perdus dans le monde ; combien de personnes ont été détournées de leur sobriété initiale, et combien de femmes ont perdu leur douceur et leur innocence naturelles et ont adopté des pratiques débauchées, vaines, impudiques, et souvent bien pires ; combien de grandes fortunes ont été englouties par une avalanche de dettes ; combien de personnes chastes se sont trouvées engagées dans des intrigues luxurieuses et maudites ; combien de jeunes gens ont vu leur santé détruite par des maladies qu'ils n'auraient jamais dû connaître et ont passé le reste de leurs jours dans les tourments que leurs vices leur avaient apportés, et sont ainsi devenus les esclaves des effets terribles, mais inévitables, de leurs plaisirs désordonnés. Lorsqu'ils se trouvent dans ces affres, ils promettent de garder la plus grande tempérance ; mais ils n'en sont pas plus tôt sortis qu'ils se plongent de nouveau dans le vice (Lamentations iv. 5 ; Job xxi. 13, 14 ; Psaumes lv. 23 ; xxxvii. 10 ; Ecclésiaste viii. 12 ; Psaumes xxxvii. 1, 2 ; Proverbes ii. 22).

7. Je suis persuadé qu'aucune personne douée d'honnêteté et d'expérience ne niera que les choses que j'avance, ainsi qu'infiniment d'autres, sont vraies. Comment donc, des hommes qui prétendent avoir de la conscience et craindre Dieu Tout-Puissant peuvent-ils, après y avoir réfléchi sérieusement, continuer à adopter le costume, la livrée, et la conduite de gens dont toute la vie ne peut guère les mener qu'à ce que j'ai dit et redit ? A plus forte raison, comment peuvent-ils les rejoindre dans leurs excès abominables ? J'en laisse juge le principe de justice qui est en eux (Jérémie xvi. 5-9). Non, assurément ! Ce n'est pas là obéir à la voix de Dieu, qui, de tous temps, a crié avec force à tous les hommes de « sortir » — mais de quoi donc ? : des voies, des modes, de la conversation, et de l'esprit de Babylone (Esaïe iii. 13-16 ; Jérémie l. 8 ; xv. 6, 7 ; Amos vi. 3-7). Or, quelle est cette Babylone ? C'est la grande cité de toutes ces pratiques vaines, folles, débauchées, superflues et iniques, contre lesquelles les Écritures prononcent les plus terribles jugements, attribuant toute l'intempérance des hommes et des femmes à la coupe d'iniquité qu'elle leur a donnée à boire et d'où proviennent ces pratiques futiles, si tant est qu'on puisse leur donner ce nom. Témoin ce que Jean, dans l'Apocalypse, dit

lorsqu'il la décrit : de même qu'elle s'est glorifiée et plongée dans le luxe, de même lui donnera-t-on tourment et deuil ; et les marchands de la terre pleurent et sont dans le deuil à cause d'elle, parce que personne n'achète plus leur marchandise, cargaison d'or, d'argent, de pierres précieuses, de perles, de fin lin, de pourpre, de soie, d'écarlate, de bois de senteur, de toute espèce d'objets d'ivoire, de toute espèce d'objets en bois très précieux, en airain, en fer, et en marbre, de cannelle, de parfums, d'onguents, d'encens, de vin, d'huile, de fine farine, de blé, de bœufs, de brebis, de chevaux, de chars, de corps et d'âmes d'hommes (Apocalypse xviii. 7, 9, 11-13). Voilà la nature du luxe et le jugement qui lui est réservé. Et, bien que je sache qu'au-delà du sens littéral il y en a un autre, cela suffit cependant pour représenter la pompe, l'abondance, la prospérité, l'oisiveté, l'aisance, l'impudicité, la vanité, la concupiscence, et l'excès de luxe qui y régnaient. Mais, quand le jour terrible sera venu, qui fréquentera son marché et ses théâtres ? Qui suivra ses modes ? Qui fera commerce de ses inventions raffinées ? Personne ; car alors elle sera jugée. Aucun argument ne pourra l'excuser ou la soustraire à la colère du Juge ; car il est puissant, le Seigneur Dieu qui la jugera (Apocalypse xviii. 8). Si ces arguments raisonnables demeurent sans effet, il faut pourtant que je mette les hommes en garde contre une répétition partielle du sort misérable de Babylone. Occupez-vous, mes amis, de choses plus célestes, hâtez-vous d'obéir à ce principe juste qui vous stimulerait et vous ferait prendre plaisir à ce qui est éternel. Sinon, comme Babylone, mère de la concupiscence et de la vanité, les fruits que votre âme désire s'en iront loin de vous et seront perdus pour vous. Ô Dives ! Tu ne seras plus jamais riche (Apocalypse xviii. 14). Faites-vous donc un trésor dans les cieux, Ô vous habitants de la terre, où rien ne peut s'en approcher pour le gâter (Luc xii. 33, 34), mais où le temps sera bientôt englouti par l'éternité.

8. Mais ce ne sont pas là mes seuls arguments contre ces choses ; je veux faire voir que celles qui leur sont opposées conduisent surtout au bien : à savoir, la sobriété quant à la nourriture, la simplicité dans les vêtements, un esprit doux, modeste et tranquille, et une conduite qui en soit le reflet, en toute pieuse honnêteté. Comme dit l'apôtre : « Qu'il ne sorte de votre bouche aucune mauvaise parole, mais, s'il y a lieu, quelque bonne parole qui serve à l'édification et communique une grâce à ceux qui l'entendent... qu'on n'entende ni paroles déshonnêtes, ni propos insensés, ni plaisanteries... ; qu'on entende plutôt des actions de grâces... Que personne ne vous séduise par de vains discours ; car c'est à cause de ces choses que la colère de Dieu vient sur les fils de la rebellion » (Colossiens iv. 5, 6 ; I Thessaloniciens iv. 11, 12 ; I Pierre iii. 1, 4 ; Éphésiens iv. 29 ; v. 3-6 ; I Timothée iv. 12 ; Philippiens iii. 16-20). Et si les hommes et les femmes étaient parés de cette manière vraiment chrétienne, l'impudence serait bientôt rabaissée, et la concupiscence, l'orgueil, la vanité et l'impudicité ne pourraient échapper à la censure (I Pierre ii. 12 ; Proverbes xxxi. 23-31 ; Jacques ii. 2-9). Ces errements ne pourraient attaquer une chasteté aussi universelle, ni résister à une austérité aussi sainte : la vertu triompherait, le vice serait craintif et honteux, et l'excès n'oserait montrer son visage. Cela mettrait fin à la gourmandise, au luxe des vêtements, aux titres flatteurs, et à la vie somptueuse (II Pierre iii. 11 ; Psaumes xxvi. 6). Alors on verrait reparaître l'innocence et la simplicité primitives, et cette vie simple, droite et innocente où l'on ne se met point en peine de ce qu'on mangera, de ce qu'on boira, de quoi on sera vêtu (Luc xii. 22-30), ainsi que le Christ nous dit que les Gentils faisaient, et ainsi que nous voyons le faire les gens de ce siècle, en dépit de tous leurs discours sur la religion. Mais on imiterait les anciens qui, ne s'occupant qu'avec modération des nécessités et des commodités de la vie, se consacraient aux soins d'un royaume céleste, et s'inquiétaient plus de progresser sur le chemin de la justice que d'augmenter leurs richesses. Car ils se faisaient un trésor dans les cieux (Matthieu xxv. 21) [1] et enduraient les tribulations dans l'espérance d'un héritage que personne ne peut enlever.

---

1. Penn donne ici une référence erronée. La référence est plutôt, à nouveau : Luc xii. 33-34.

9. Mais la sobriété que je recommande est un bien, non seulement dans un sens religieux, mais aussi dans un sens politique. Il est de l'intérêt de tout bon gouvernement de réprouver et d'arrêter les excès ; cela prévient nombre de maux. Le luxe entraîne la mollesse, l'oisiveté, la pauvreté et la misère (Proverbes x. 4 ; Écclésiaste x. 16-18), alors que la tempérance entretient la prospérité d'un pays. Elle écarte l'entrée de futilités fabriquées par les pays étrangers, et améliore nos propres produits. Alors qu'aujourd'hui nous sommes endettés auprès des étrangers, ceux-ci deviendraient nos débiteurs par l'achat qu'ils feraient de nos propres produits. Par ce moyen, des personnes qui, par leurs excès, et non par charité, ont gravement hypothéqué leurs biens, pourraient en peu de temps se débarrasser de dettes qui, autrement, auraient tôt fait de manger des revenus considérables, à l'instar des teignes. Par ce même moyen, des personnes aux ressources modestes pourraient augmenter leur petit fonds sans dépenser les profits et les gages qu'ils ont eu tant de peine à gagner en parures superflues, en réjouissances du premier jour de mai, en comédies, en danses, en spectacles, à la taverne, au cabaret, ou autres occasions de folie et d'intempérance, dont ce pays est plus infesté (et par là-même rendu plus ridicule) que n'importe quel autre pays au monde. Car je n'en connais aucun qui soit si rempli de charlatans qui dupent le peuple, de danseurs de mauresque, de voleurs, de bateleurs et de comédiens impies ; cela, au grand mépris de la religion, et à la honte du gouvernement, car c'est une source d'oisiveté, de dépense et de débauche pour le peuple. L'Esprit du Seigneur en est affligé, les jugements du Tout-Puissant sont à la porte, et la sentence prête à être prononcée : « Que celui qui est injuste soit encore injuste » (Apocalypse xxii ; Ecclésiaste xii. 1). C'est pourquoi il est de notre devoir de crier d'une voix forte aux hommes de ce siècle, et de témoigner par notre vie et notre doctrine, contre ces vanités et ces abus, pour sevrer, si cela se peut, certains de leur folie et les faire rentrer dans l'ancien et salutaire chemin de la tempérance, de la sagesse, de la charité, et de la sainteté. Car c'est là la seule voie pour obtenir la paix et l'abondance ici-bas et le bonheur éternel au-delà.

10. Enfin, quand bien même nous ne disposerions pas des arguments que je viens d'exposer pour dénoncer, avec raison, les usages de ce pays en ces domaines, il nous suffit de dire ceci : quand les hommes auront d'abord appris à craindre, à respecter leur Créateur, et à lui obéir, à payer toutes les dettes qu'ils ont contractées pour leurs vices, à soulager, et à ne point tant opprimer leurs locataires et leurs fermiers, et (ce qui doit passer avant toute considération extérieure) quand on aura montré plus de pitié envers les malheureux au visage blême, quand on aura pourvu aux besoins des pauvres affamés, de la veuve dans la détresse et de l'orphelin sans ressource, qui sont les créatures de Dieu et vos semblables, alors, il sera encore temps de plaider en faveur de vos pratiques superficielles. Mais que les sueurs et les longs travaux du laboureur, du matin jusqu'au soir, par le froid et par le chaud, par la pluie et le temps sec, doivent être destinés aux plaisirs, à l'aisance, et au passe-temps d'un petit nombre d'hommes, que dix-neuf vingtièmes des habitants de la terre doivent subir continuellement les dures fatigues du charroi, de la charrue et du fléau, pour satisfaire les convoitises immodérées et les appétits luxurieux du dernier vingtième, cela paraît si contraire aux intentions du grand Gouverneur du monde, du Dieu des esprits de toute chair, que ce serait un crime et un blasphème d'imaginer qu'une injustice si horrible fût l'effet de ses décrets, et non de l'intempérance des hommes. De même que ce serait se rendre indigne de toute pitié, de tout secours, de toute assistance de la part du Tout-Puissant, que de continuer de dépenser en vanités et en plaisirs, alors qu'on n'a pas pourvu aux besoins des malheureux dont je viens de parler ; surtout si l'on se rappelle que Dieu a voulu que les fils des hommes ne soient que des économes prêts à soulager leurs frères dans le besoin. Et cela nous est enjoint avec tant de rigueur que c'est en partie contre l'omission de ces devoirs que fut prononcée la terrible sentence : « Retirez-vous de moi, maudits, allez dans le feu éternel », etc. (Matthieu xxv. 34-41). Alors qu'au contraire, visiter les malades, et les prisonniers, soulager ceux qui sont dans le besoin, etc. sont, aux yeux du Christ, des actions si méritoires qu'Il donne à ceux qui les font le nom de bénis, et leur dit : « Venez, vous qui êtes bénis de mon Père ; prenez possession du royaume qui vous a été

préparé », etc. (Matthieu xxv. 34-41). De sorte que les petits de la terre ne sont pas faits pour servir de proie aux grands, comme dans la mer les petits poissons servent de nourriture au léviathan ; et, à plus forte raison, les grands ne doivent pas se jouer de la vie et du travail des petits pour satisfaire leurs appétits désordonnés.

11. Je me permettrai donc de présenter humblement aux gouvernants la réflexion suivante : si, dans chaque paroisse, on pouvait rassembler tout l'argent qui se dépense pour ces vaines modes, comme porter des dentelles, des joyaux, des broderies, des rubans superflus, des franges, acquérir des meubles coûteux et une suite nombreuse, à quoi j'ajouterai ce que l'on dépense ordinairement dans les tavernes, les festins, ou au jeu, etc., on pourrait, au lieu de ces dépenses extravagantes et inutiles, constituer un fonds collectif suffisant pour dédommager les fermiers ruinés, fonder des ateliers publics pour les pauvres capables de travailler, et des institutions charitables pour les vieux et les impotents. Alors, nous n'aurions plus de mendiants, on n'entendrait plus le cri de la veuve et de l'orphelin, et on pourrait étendre la charité jusqu'à racheter de pauvres captifs et envoyer des secours aux Protestants dans la détresse qui sont exposés aux persécutions dans d'autres pays. Et même, dans certains cas d'urgence, cette sorte de banque pourrait renflouer le Trésor Public. Ce sacrifice, et ce service, plairait au Dieu juste et miséricordieux. Ce serait un noble exemple de sagesse et de sobriété pour les nations étrangères, et une source de profit incalculable pour ce pays.

Hélas ! pourquoi faut-il tant d'arguments pour persuader les hommes de faire ce que leur propre bonheur demande d'eux ? Si les mondains de ce siècle possédaient ne serait-ce qu'un soupçon de la générosité de Caton, qui pourtant n'était qu'un païen, ils aimeraient mieux renoncer à leurs appétits charnels, plutôt que de ne pas tenter des entreprises aussi nobles. Mais ils préfèrent manger, boire, jouer, gaspiller leur santé, leurs biens, et, par-dessus tout, leur temps précieux et irrécupérable, qu'ils devraient consacrer au Seigneur comme une introduction nécessaire pour une bienheureuse éternité (qu'ils n'hésiteraient pas, s'ils la connaissaient, à préférer à toute consolation mondaine). Mais ils préfèrent s'occuper continuellement à ces pauvres et viles choses. Si bien qu'au grand jour de Dieu, le jugement des païens les condamnera, tout comme les préceptes et les exemples du Christianisme les condamnent. Et leur sentence dernière sera d'autant plus étonnante qu'ils se seront adonnés à leur vanité et à leur excès tout en professant la religion de renoncement de Jésus, dont la vie et la doctrine sont un perpétuel reproche pour la plupart des Chrétiens. Car Il était humble, et eux sont orgueilleux ; Il pardonnait, et eux se vengent ; Il était doux, et eux sont fiers ; Il était simple, et eux font étalage de leur richesse ; Il était sobre, et eux sont voluptueux. Il était chaste, et eux sont lascifs ; Il était un pèlerin sur la terre, et eux sont des citoyens du siècle, enfin, Il était de basse origine, il fut mal servi et fut élevé dans l'obscurité ; Il a vécu méprisé, et Il est mort haï des hommes de sa propre nation. Ô vous prétendus disciples de Jésus crucifié ! examinez-vous vous-mêmes, éprouvez-vous vous-mêmes. Ne reconnaissez-vous pas que Jésus-Christ est en vous, à moins peut-être que vous ne soyez réprouvés (II Corinthiens xiii. 5). Ne vous y trompez pas : on ne se moque pas de Dieu (tout à la fin, par des repentirs forcés) ; ce qu'un homme aura semé, il le moissonnera aussi (Galates v. 7, 8). Je vous supplie de m'écouter, et de vous rappeler que vous avez été invités et conviés au salut divin. Je le répète : ce que vous aurez semé, vous le moissonnerez. Si vous êtes hostiles à la Croix du Christ — et vous l'êtes si vous refusez de la porter et si vous faites ce que vous voulez, et non ce que vous devriez —, si vous êtes incirconcis de cœur et d'oreilles (et vous l'êtes si vous refusez d'entendre et si vous refusez d'ouvrir à Celui qui frappe à la porte au-dedans de vous), et si vous résistez à l'Esprit au-dedans de vous lorsqu'il lutte avec vous pour tenter de vous ramener à Dieu — et vous le faites certainement lorsque vous vous révoltez contre ses mouvements, ses reproches et ses instructions —, alors vous semez pour votre chair, pour en satisfaire les appétits, et de la chair vous moissonnerez les fruits de la corruption : le malheur, l'angoisse et la tribulation (Romains ii. 8, 9), envoyés par Dieu, le Juge des vivants et des morts, et par Jésus-Christ. Mais si vous acceptez de porter chaque jour la sainte Croix du Christ, et de semer pour l'Esprit ; si vous acceptez d'écouter la lumière et la grâce qui vient par Jésus, et qu'Il a donnée à tous les hommes pour les sauver ; et si vous conformez vos pensées, vos paroles, et vos actions à sa doctrine (ce qui conduit ceux qui l'aiment à renoncer à toute impiété et aux convoitises du monde, et à vivre sobrement, justement et religieusement dans ce siècle d'iniquité), alors vous pouvez attendre avec confiance l'espérance bénie, la venue heureuse, et la manifestation de la gloire du grand Dieu et de notre Sauveur Jésus-Christ (Tite ii. 11-13). Puisse-t-il en être ainsi, Ô Chrétiens, et puissiez-vous échapper à la colère à venir ! Pourquoi souhaitez-vous mourir ? Que le passé vous suffise : rappelez-vous que, Sans Croix, Point de Couronne. Rachetez donc le temps, car les jours sont mauvais (Éphésiens v. 16), et les vôtres sont comptés. En conséquence, ceignez les reins de votre entendement, soyez sobres, craignez, veillez, priez, et persévérez jusqu'à la fin, en vous rappelant, pour votre encouragement et votre consolation, que tous ceux qui persévèrent à bien faire et cherchent l'immortalité (Romains ii. 7) moissonneront la gloire, l'honneur et la vie éternelle dans le royaume du Père, à qui appartiennent le règne, la puissance et la gloire pour les siècles des siècles. Amen.

TABLE DES MATIÈRES

Dans la même collection
« Nouveau Monde »
dirigée par J. Henriette Louis

Les Quakers en Amérique du Nord au XVIIe siècle et au début du XVIIIe, par Pierre Brodin.

Achevé d'imprimer sur les presses de l'imprimerie Durand,
28600 Luisant (France)
4e trimestre 1988
Dépôt légal imprimeur : 6213